沖ノ島
高宮
多賀大社
東海道本線
湖岸道路
西明寺
堅田
愛知川
日吉大社
近江八幡
金剛輪寺
坂本
八日市
延暦寺
京阪石山坂本線
武佐
百済寺
中山道
比叡山
守山
八風街道
浜大津
三上山
近江鉄道
矢橋
鈴鹿山系
大津
石部
日野
草津
山科
膳所
東海道
水口
至京都
御代参街道
瀬田
石山
土山
貴生川
石山寺
信楽
瀬田川
至三重
至奈良

シリーズ近江文庫
Ohmi Library

近江骨董紀行

城下町彦根から中山道・琵琶湖へ

筒井正夫
tsutsui masao

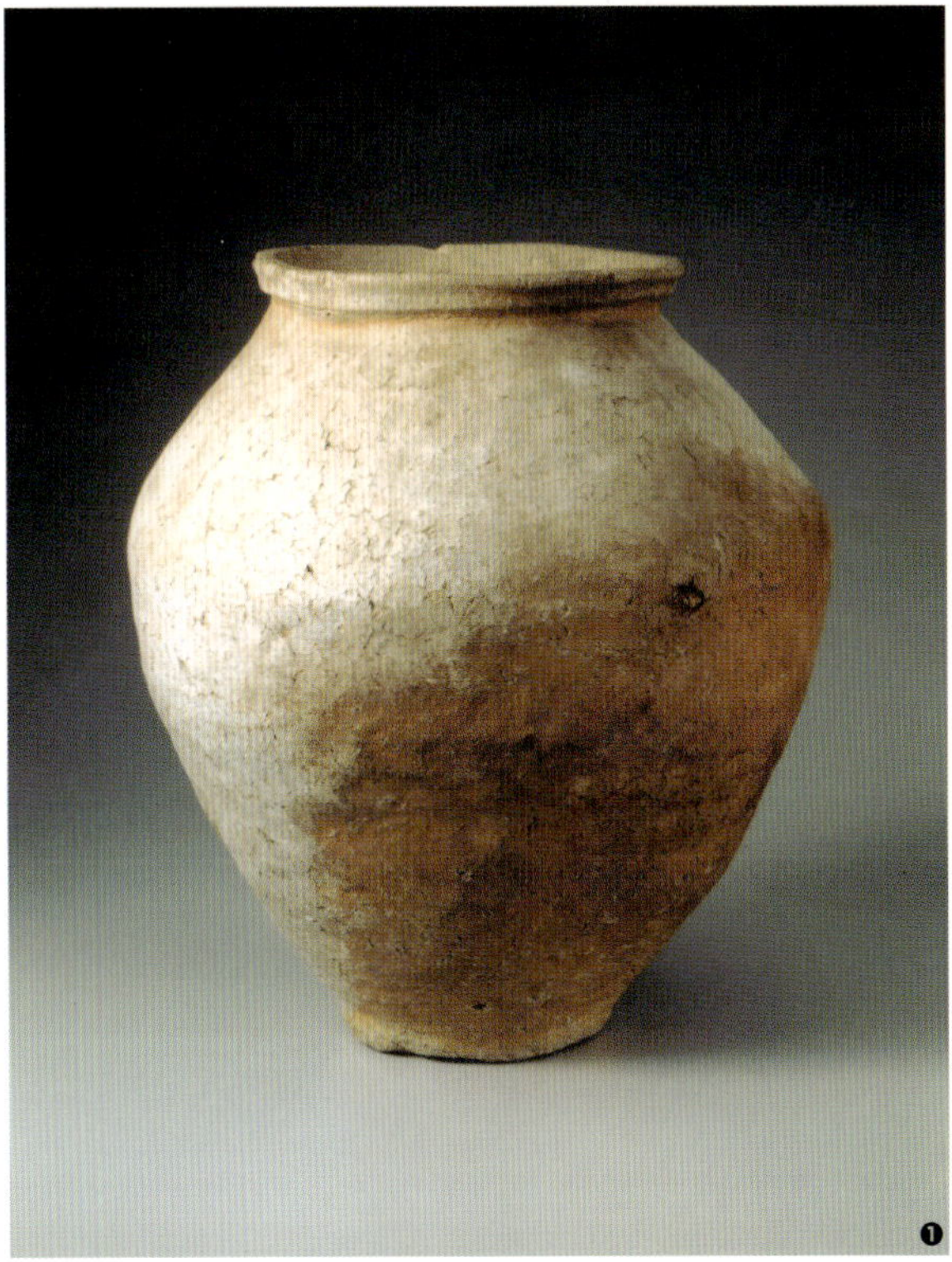

新評論

❷

①古信楽　大甕　室町時代末期
MIHO 美術館蔵
②湖東焼　幸斎作
赤絵金襴絵図嘉永年製向付
たねや美濠の舎湖東焼美術館蔵
③姥ヶ餅焼　１８世紀後半　個人蔵
④比良焼　抹茶茶碗　個人蔵
⑤本阿弥光悦作　膳所光悦茶碗
１６３０年代　膳所美術館蔵

❹

❸

❺

❻

❼

⑥山元春挙筆、瀞峡碧潭　昭和初期　膳所焼美術館蔵
⑦野口謙蔵作　油絵　雪後　個人蔵
⑧岡島徹州筆、白梅図（下は部分拡大）大正期　個人蔵

❽

❾

⓫

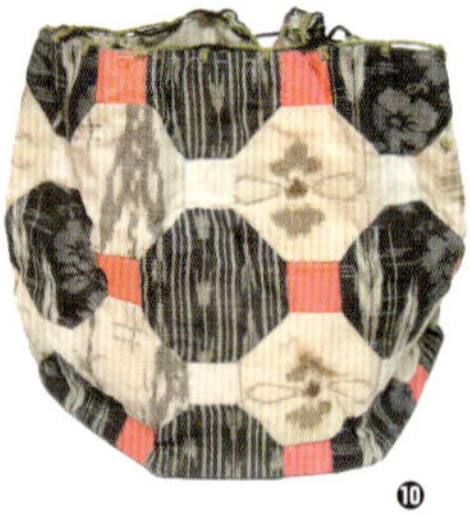

❿

⑨縮緬古布のパッチワーク
⑩米袋　赤麻使用　個人蔵
⑪縮緬つまみ細工のびん
手まり　明治～大正期
愛荘町立愛知川図書館・
びん手まりの館蔵
⑫大津絵　「鬼の行水」
個人蔵
⑬貼仏供と牡丹図の木型
藤屋内匠蔵

⓬

⓭

プロローグ

　これから、近江という歴史と文化に彩られた国に分け入って、魅惑的な数々の骨董・古美術をめぐる旅に出かけることにしよう。だが、骨董と聞くと、それは高価で稀少な美術品で、一部の有産者や好事家・趣味人の興味の対象であるか、「古いばかりで役に立たないもの」というイメージが付きまとって、現代に生きる一般庶民の生活とは縁遠いものと思われている方も少なくないであろう。たしかに、一つ数千万円もする壺や、また時代遅れになった使用済みの品々は、現実生活には無縁と感じる人も多いだろう。

　しかし、ちょっと立ち止まって考えてみよう。無数につくられて消費されてきた過去の品々は、ほとんどが捨てられ廃棄されたか、戦乱や災害のなかで無残に破壊されてしまってその影を偲ぶこともできないのが事実である。それにもかかわらず、骨董店に並べられている品々は、数々の荒波を乗り越えて、人の手から手へと大切に受け継がれ、今日まで生き延びてきたものばかりである。そしてそれらは、私たちの祖先たちが、どうしても次代に残したいと思って今日まで必死に守り伝えてきたものたちなのである。そこには、先人たちが見いだしたさまざまな美や価値がいわば凝縮されているといっても過言ではない。いわば、骨董店とは、日本に受け継がれてきた文化遺産・歴史遺産そのものの展示場なのである。

それならば、「美術館や博物館に行けばよいではないか」と言う人もあろう。しかり、骨董店はまさに文化財を収納・展示している点では美術館、博物館とまったく異なるところはない。一番異なる点は、それらのものを直《じか》に見て、実際に手にとって触ることができ、どうしても欲しければ購入することで自分のものとすることができる点である。また、わからないことがあったら、品物について気軽に根掘り葉掘りと直接店員に聞くこともできる。そしてときには、美術館の学芸員の説明からは聴けないようなとっておきの美にまつわる逸話に出合うこともある。

どんなに素晴らしい国宝級の抹茶茶碗でも、ただガラスケース越しに眺めているだけでは本当の価値はわからない。実際に自分の手元に置き、直に手に触れ、唇に触れて使い心地を味わい、一緒に暮らしてみてその味は身にしみて感得することができる。骨董とは、いわば過去の世界と現実世界をつなぐ貴重なタイムトンネルなのである。たしかに、歴史史料を読めれば過去の時代をそれなりに理解することはできる。しかし、江戸時代の飯茶碗を使うということは、過去の実在の文物が現代生活に直接入り込み、過去の世界と五感によって直接会話することを意味する。

そして、骨董を買うという行為は、その品に惚れ、それを自腹を切ってわが物にすることである。それは、一種恋愛行為にも似て、自分一人だけのきわめて主観的な美に対する価値判断に委ねられた危険な冒険行為でもある。骨董店には、美術館のようにすでに用意されたガイドブックも既成の解説パンフレットもない。すべてが、来訪者の主観に委ねられているのだ。その人なりの美の意識で、ドキッとくるような感動できるものに出合えたら、それが至福の経験となる。そのときの発見の喜びと、そしてついにそれを購入して獲得したときの喜びは格別である。

しかし、そこに至る過程で、ときに迷い、また買った結果に満足できずに傷つくこともある。とはいえ、そうした過程もまたスリリングで面白い。値段も、相場は決まっているがたしかな基準があるわけでなく、店主との交渉の余地も多いに残されている。そして、こうした諸々の過程を通じて、初めて「美」は外在的な他人事ではなくなり、自分自身の五臓六腑に染みわたるものとして骨肉化されていくのである。やや大げさに言えば、「伝統」といわれる過去の遺産を、既成の権威に委ねて現実生活と切り離して上座に置き崇め奉っているのではなく、自分なりに「発見」して実生活に取り込み、実生活の創造行為に内在化させることが可能になるのである。

それはまた、過去を単なる死者として葬ってしまうのではなく、現実生活に蘇生させてともに生きていくことでもある。私は、大学時代より長らく歴史学を勉強し研究してきたが、骨董と出合うまでは、過去は研究の対象物でしかなく、自分の実生活とは切り離されたものであった。しかし、この過去からのメッセンジャーと出合って暮らすようになってからは、私の「生」は無数の過去の人々の営々とした営みの延長線上にあることが痛いほど実感できるようになった。

そして、骨董と交わることで得られるいま一つの大きな喜びは、それを生んだ地域の生きた文化や風土、歴史といったものをより身近に感じることができることである。一例を挙げると、彦根には幕末文政期に地元商人の絹屋半兵衛が興し、井伊直亮、直弼の代に藩窯として最盛期を迎えた「湖東焼」というすばらしい焼物がある。その焼成技術は、当時最高水準に達し、赤絵や染付けの絵付けは実に繊細緻密にして豪華絢爛な美を醸しだして世間を瞠目《どうもく》させたが、直弼が桜田門外の変（一八六〇年）で横死し、彦根藩の力が急速に衰えるとともに衰微し、わずか二〇年余りにしてまぼろしのように消えていった。

この湖東焼を手に取ると、直弼や彦根藩が藩勢の興隆と文化振興にかけた熱い想いが直に肌に伝わってくる。そして、その華やかな美しさとまぼろしのような儚《はかな》い命運が、直弼の文武両道に通じ、華々しく政治の舞台で活躍した姿と、一転して訪れたその後の悲劇というドラマティックな生き様に重なり、よりリアルなものとして脳裏に立ち現れてくるのである。

「そんな魅力的な品なら、さぞかし値が張るんだろうね」と言う人がいるかもしれないが、骨董店には何も金満家にしか手の届かない高価なものばかりが置かれているわけではない。骨董蒐集家で著名な歴史学者の奈良本辰也さんの『骨董入門』（平凡社、一九七九年）によれば、幕末の勤皇の志士で近代日本陸軍の産みの親でもある大村益次郎は、一両以上の骨董は買わないと言っていたそうである。一両という当時の相場をいまの金額で換算することは難しいが、おおよそ一万円から一〇万円の範囲と見積もっておけば間違いなかろう。

ところが、私の友人には「やっぱり、一〇万円以下の骨董には見るべきものがないね」とうそぶく人もいる。私も現代の大村益次郎を気取って、「いやいや、一〇万円どころか一万円以下だって面白いものはたくさんありますよ」と言い返してみるが、本当は一生に一度くらい、白洲正子さんのように一目惚れした骨董を見るなり値段も聞かずに「これちょうだい」と言い放ってみたいのである。

残念ながらそれができないわれわれ庶民にとっては、近江という国は、十分人生の楽しみを与えてくれる安価で貴重な骨董にめぐりあえる実にありがたい土地柄なのである。

私が住み生活している近江という国は、実にそうした過去からの贈り物が豊富に残されている地域である。この国は、古《いにしえ》より京の都を隣に控える交通の要衝として栄え、全国津々浦々からさまざまな人、モノ、情報、文化がいくつもの街道や琵琶湖をわたって集まってきた。また、優れた技術をもった渡来人が古来より住み着き、豊かな自然環境に支えられて地方ごとに魅力ある特産品を多く生み出してきた。そして、江戸期には城下町や宿場町の形成が進み、職人たちの熟練の手わざによって数々の精緻な品々が世に送り出されてきた。こうした多くの品々が、ここに生まれた近江商人によって全国に運ばれ、帰りにはまた全国の物産がもたらされてこの国をさらに魅力ある物産の宝庫にしたのである。

これからみなさんを、近江の国に残された魅惑的な骨董の世界にご案内しよう。だが、この旅は、これまでの多くの骨董解説書のように近江の国の名だたる高価な名品を示し、その専門的なありきたりの解説を施すことを目的としているわけではない。この旅は、誰でもすぐ隣にあって接することができる親しみやすい近江の骨董をめぐりながら、私がさまざまな人とモノに出会って魅力ある地域文化を「発見」し、歴史や現代社会について考えて自分を見つめ、社会を捉えなおし、時に新たな創造に向かってチャレンジしていった心の軌跡を綴った物語である。

私とこの旅をともにしてくださるみなさんが、骨董と親しむ楽しさを知っていただき、近江という国の魅力に少しでも感じ入っていただけたのなら、これに勝る喜びはない。

さあ、一緒に旅に出かけよう。

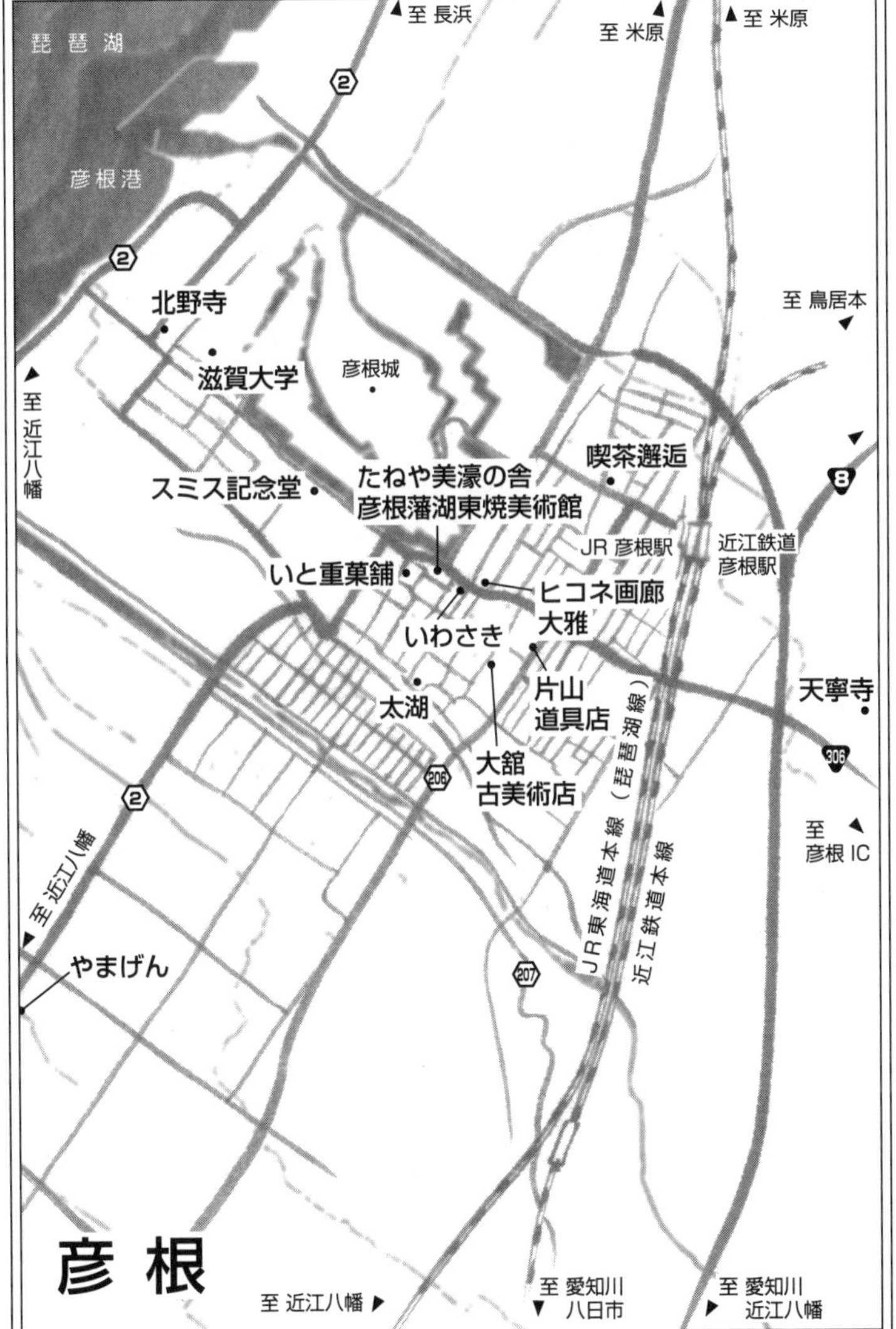
彦根
琵琶湖
彦根港
至 長浜
至 米原
至 米原
2
2
2
北野寺
滋賀大学
彦根城
至 近江八幡
至 鳥居本
喫茶邂逅
8
スミス記念堂
たねや美濠の舎
彦根藩湖東焼美術館
JR 彦根駅
近江鉄道
彦根駅
いと重菓舗
ヒコネ画廊
大雅
いわさき
片山
道具店
天寧寺
太湖
306
大舘
古美術店
206
至
彦根 IC
JR東海道本線（琵琶湖線）
近江鉄道本線
至 近江八幡
やまげん
207
至 近江八幡
至 愛知川
八日市
至 愛知川
近江八幡

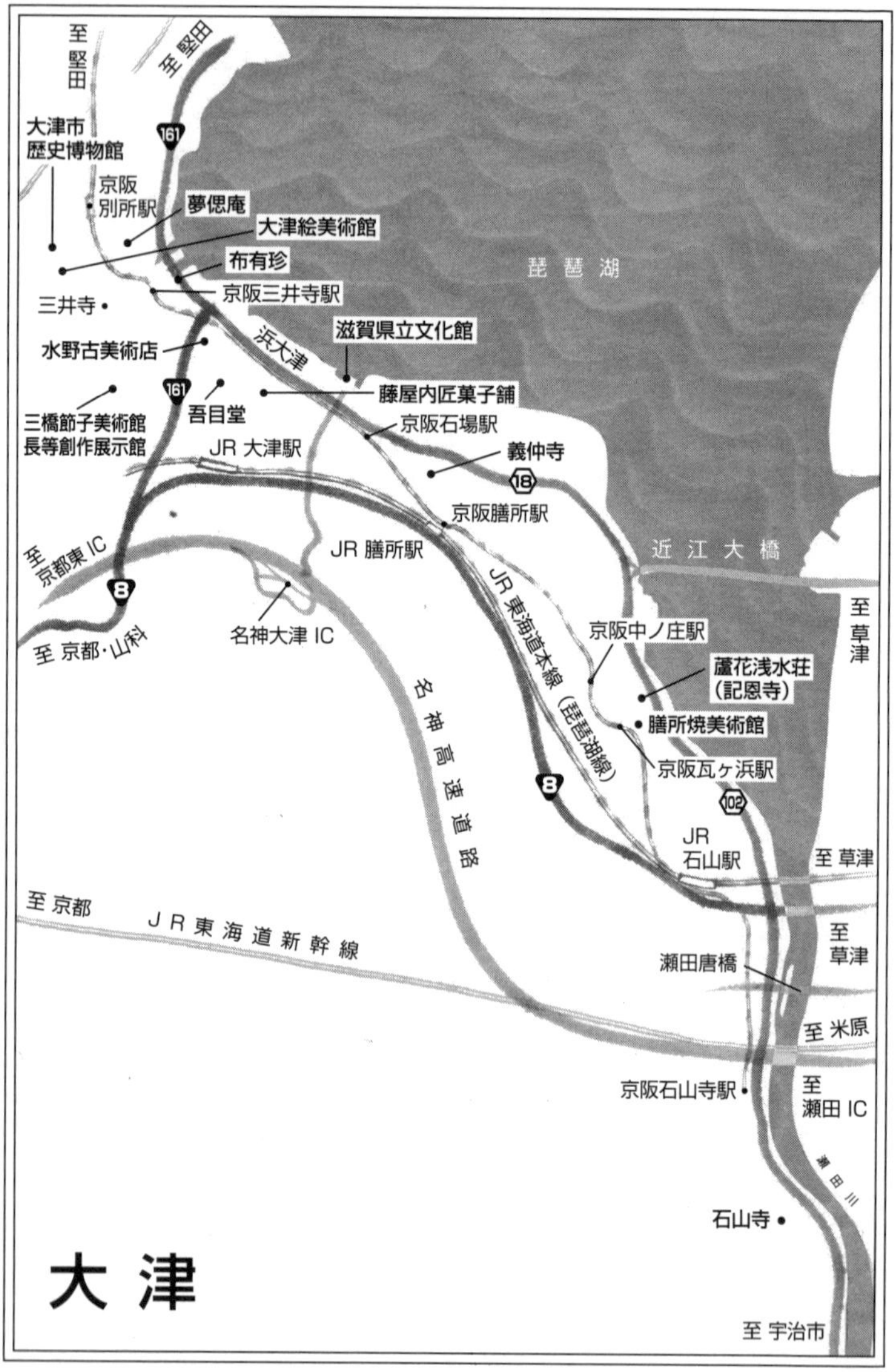
大津
至堅田
至堅田
161
大津市歴史博物館
京阪別所駅
夢偲庵
大津絵美術館
布有珍
京阪三井寺駅
三井寺
琵琶湖
滋賀県立文化館
浜大津
水野古美術店
161
藤屋内匠菓子舗
三橋節子美術館
長等創作展示館
吾目堂
京阪石場駅
JR 大津駅
義仲寺
18
京阪膳所駅
近江大橋
至京都東 IC
8
JR 膳所駅
名神大津 IC
至 京都・山科
JR 東海道本線（琵琶湖線）
京阪中ノ庄駅
至草津
蘆花浅水荘（記恩寺）
膳所焼美術館
京阪瓦ヶ浜駅
名神高速道路
8
102
JR石山駅
至 草津
至 京都
JR 東海道新幹線
至草津
瀬田唐橋
至 米原
京阪石山寺駅
至瀬田 IC
瀬田川
石山寺
至 宇治市

もくじ

プロローグ

第1章 ―― 城下町彦根にて 3

1 私の骨董入門　土川釉好堂にて 6
2 雛祭りの憂い　弥生土器と湖東焼菱形三段重 18
3 湖東焼絢爛　たねや美濠の舎湖東焼美術館訪問記 23
4 彦根近代の生き証人　日下部鳴鶴の書 28
5 天寧寺逍遥　パーソンズの絵と鳴鶴筆石碑 36
6 彦根高商の開校記念　亀文堂、近江商人像の花器 45
7 街角を彩る店の顔　近江商人の看板 50
8 近代商業広告の生き証人　引札 56
9 彦根高商の青春時代　オマケ博士宮本順三が残したもの 64
10 隠れた郷土自慢　彦根りんごと岡島徹州の絵 71
11 茶の心を伝える　北野寺にて 76
12 市民による文化財保護運動の象徴　スミス記念堂 84

13 喫茶「邂逅」で出合ったもの　民芸の心と大津絵　91

第 2 章 ── 琵琶湖、中山道、大津への旅　97

1 琵琶湖多景島へ謎解きの旅　誓之御柱　100
2 中山道愛知川宿、竹平樓にて　107
3 愛知川宿に残る近江上布とびん手まり　113
4 中山道草津宿の姥ヶ餅焼　120
5 膳所焼美術館にて　127
6 蘆花浅水荘と山元春挙　138
7 粟津が原の義仲寺にて　芭蕉の句碑と保田與重郎の碑　150
8 歴史に生きる和菓子の味　藤屋内匠といと重菓子舗が伝えるもの　157
9 大津から琵琶湖を巡る文明開化　錦絵の蒸気船　169
10 夢をかけた美術館　夢偲庵　176

第3章——四季をめぐる暮らしのなかで 183

春

1 春の光と影　古伊万里、桜の杯洗 186

2 近江桜逍遥　永楽保全の酒器・急須、織田瑟瑟の桜絵 190

3 花と蝶　山本梅逸の絵と初期伊万里蝶図小皿 194

4 藍の牡丹と百花繚乱の古布たち 198

5 小円のなかの宇宙　古伊万里等、小皿・豆皿 204

夏

6 燕、来る　燕図の掛軸 209

7 時代ガラスの温もりと涼感 213

8 手と唇の小さな恋人たち　のぞきと湯呑 218

9 夏の信楽　信楽焼再発見 222

秋

11 実りの秋　秋収穫図掛軸、古伊万里秋模様食器　236
12 たかが飯碗、されど飯碗　古伊万里など飯茶碗　240
13 食卓を彩る名脇役　古伊万里等、向付・猪口　244
14 菊への思い　朽木盆と菊紋古伊万里　249

冬

15 正月の初酒　湖東焼の酒器　253
16 雪輪と水仙　古伊万里の皿、高麗青磁の壺　258
17 赤い命　野口謙蔵、冬の蒲生野の絵　262
18 生活のなかの木の文化　火鉢・臼　267
19 木の存在感　時代箪笥あれこれ　274
20 冬の厳しさ、温かさ　茨木杉風の絵と比良焼茶碗　279

エピローグ　285
事項解説　292
人名索引　306

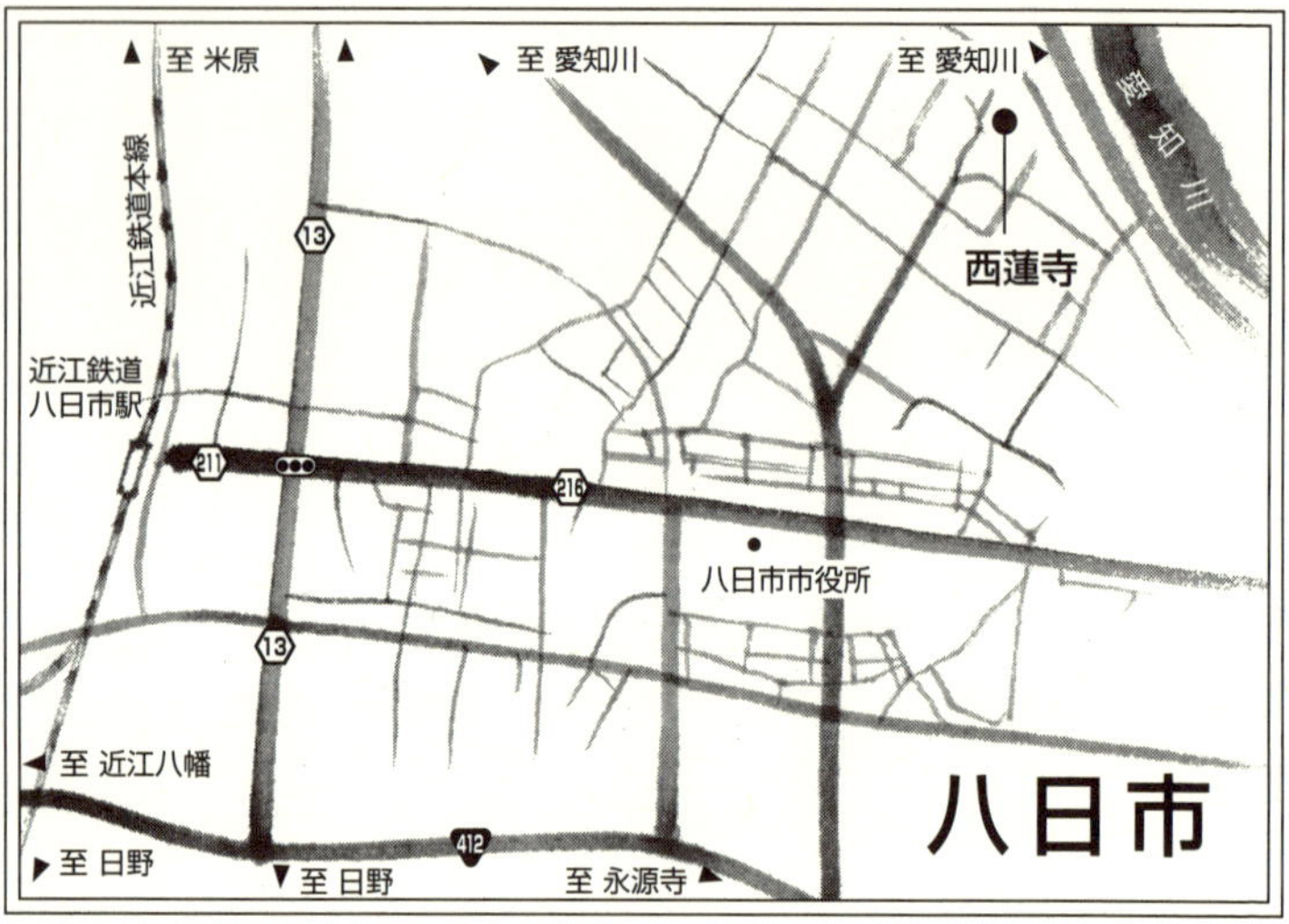
至 米原
至 愛知川
至 愛知川
愛知川
近江鉄道本線
13
西蓮寺
近江鉄道
八日市駅
211
216
八日市市役所
13
至 近江八幡
八日市
至 日野
412
至 日野
至 永源寺

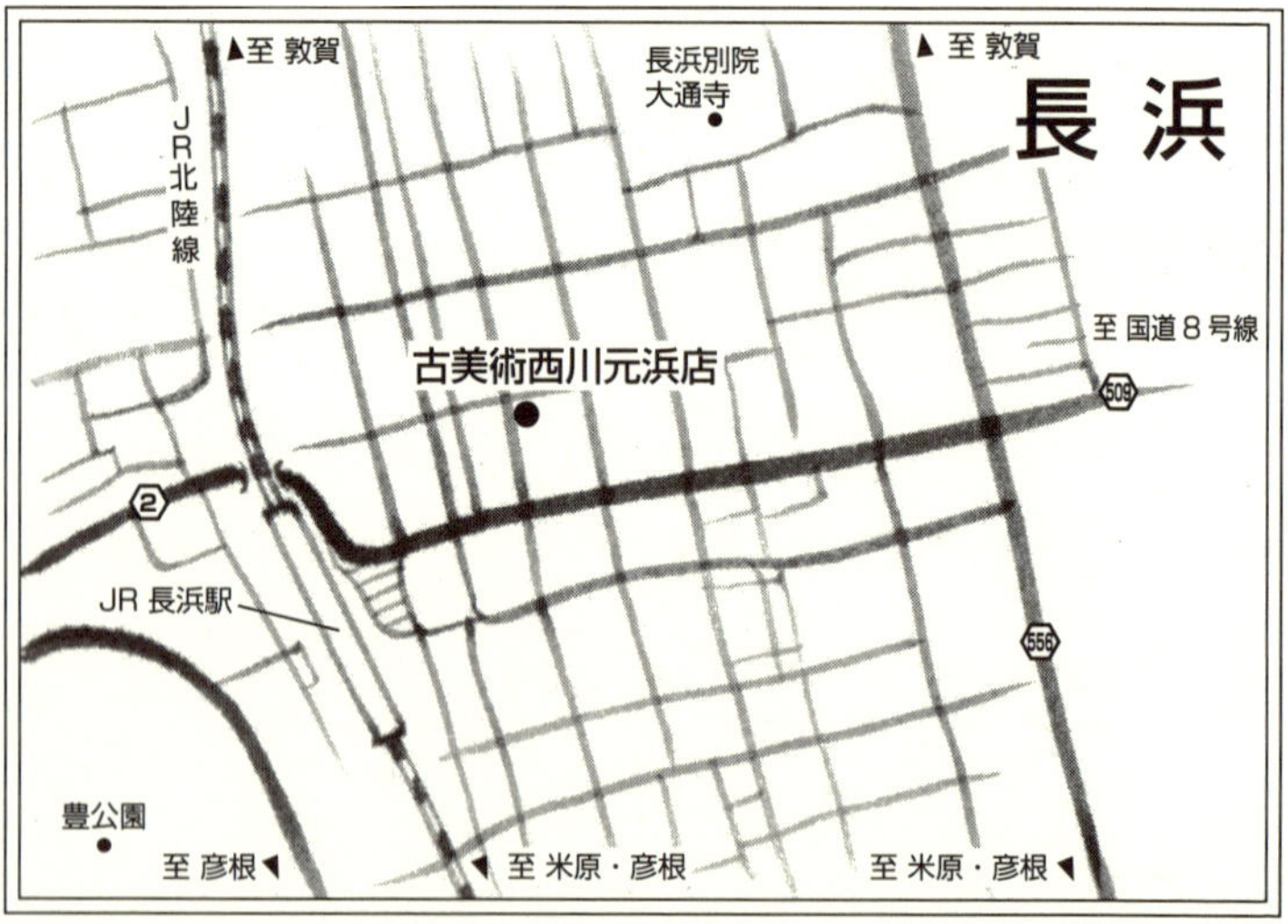
至 敦賀
長浜別院
大通寺
至 敦賀
長浜
JR北陸線
至 国道８号線
古美術西川元浜店
509
2
JR 長浜駅
556
豊公園
至 彦根
至 米原・彦根
至 米原・彦根

近江骨董紀行

——城下町彦根から中山道・琵琶湖へ

第1章

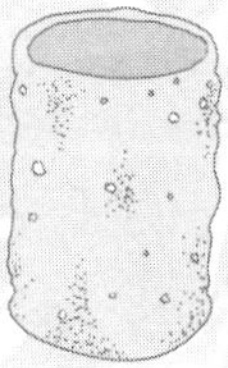

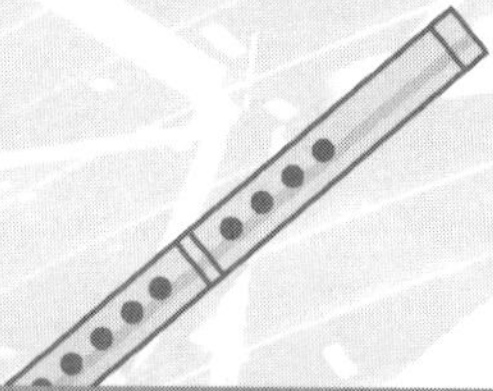

城下町彦根にて

駅前通りから彦根城を望む

近江骨董の旅を、江戸時代から近江の要の位置にあった彦根の街からはじめよう。新幹線を米原駅で降りて、一つ東海道線を南に行ったところが彦根である。駅を降りると、真っ直ぐに道が伸びて名城彦根城へと導かれる。そう、彦根は何といっても「国宝彦根城」を擁する城下町なのだ。

徳川家康の腹心井伊直政がその赤備えのつわものどもを率いて関が原で先陣を務め、その勲功あって石田光成の佐和山城が与えられ、その子直勝が慶長六年（一六〇六）に彦根に築城してから今年で四〇〇年を迎える。彦根藩は京都に目を光らせる京都守護という重要な任務を負い、また大老も輩出する譜代大名として幕府を支え、幕末開港にあたっては井伊直弼の八面六臂の活躍と桜田門外による凄絶な死が、いまでもこの町の人々の意識には通奏低音のように響いている。

城下町彦根には、武士や町人たちの生活を支えるさまざまな職人たちの手わざが残っており、茶道・華道・謡などの文化が庶民に至るまでしみ込んでいる。幕末には、直弼が「一期一会」の語に象徴されるように茶の奥義を窮め、地元商人絹屋半兵衛や井伊家によってたぐい稀な水準をもつ湖東焼が創作された。そうした厚い文化的背景のなかで、いまに至るまでさまざまな文物が骨董として人から人に受け継がれてきたのである。

彦根はまた、県庁所在地は大津に譲ったものの、大正一一年（一九二二）、県下唯一の国立の高等教育機関として彦根高等商業学校（現在の滋賀大学経済学部）が設置され、学都としても栄えてきた。そのおかげで、私もいまから二二年前、一介の助手として滋賀大学経済学部に赴任し、第二の人生をスタートすることができた。

彦根に赴任してから三年ばかりはただ仕事に追われるばかりで、周囲の文物にはほとんど興味を抱くことがなかった。その理由は、ただ忙しかったからというわけではない。地域独自の文化を見、味わい、発見する眼と心が備わっていなかったのである。しかし、それから数年後にイギリス留学を終えて帰ってきてからは、出身地の横浜や東京と比べて、古びた地方都市としか映っていなかった彦根や近江の街々がまるで宝の山のように輝きだした。いままでさほど興味を惹かなかった神社仏閣や茶道などの日本文化に目が開かれ、さまざまな特徴を示す近代化遺産などの建造物が彦根のそこかしこに残されていることにも瞠目《どうもく》した。そして、以前はあることにさえ気付かなかった骨董店が私設美術館か博物館のように私の前に立ち現れてきた。

彦根駅を左に折れ、突き当たった道を右折するとすぐにそこは旧市街地である。しばらく歩を進め、右手が大きく開け外濠越しに彦根城の雄姿が望めるまでの街中に、個性的な骨董店が七、八軒点在している。帰朝後の私は、そのうちの一つ、道沿いに小さく居を構える「土川釉好堂」に初めて恐る恐る入ってみた。そして、この土川店が私の骨董の小学校となり、この店を一人で切り盛りしている品のいいおばあさんが、骨董の魅力を私に教えてくれた最初の教師となった。

それでは、この土川釉好堂から骨董をめぐる旅をはじめることにしよう。

1 私の骨董入門
――土川釉好堂にて

いまからもう一六年も前のことである。英国留学中にすっかり骨董の魅力に目覚めた私は、平成二年（一九九〇）の秋、一年半ぶりに帰ってきた彦根の街を歩き、留学前には目もくれなかった骨董店の多さに驚いたが、何となく格式ばった高級そうな雰囲気のする土川釉好堂にはなかなか入れないでいた。

五月晴れのある日、思い切って足を踏み入れてみた。店内はあまり広くなく、品数も多くはなかったが、センスのいいとても魅力的な逸品ばかりがきれいに並べられて私を眺めていた。どれも高そうなので、一番手ごろそうな蕎麦猪口《そばちょこ》を三つばかり手にとって、恐る恐る値段を聞いてみた。どれも四〇〇〇円から六〇〇〇円という値段であったので、その安さにすっかり驚いてしまった。江戸中期から後期の伊万里で、一つは薫風漂う季節によく似合う下り藤の文様の洒落た猪口であった。私の様子を見ていた店主の土川秀子さんが、「こんなもの、バブルとやらですっかり値が上がってしまって、ひと昔前にはもっと小粋なものが安う手に入ったものや」と、不満顔に呟いたのをいまでも覚えている。

私がこの猪口のことをいろいろと尋ねると、年代や模様の特徴、材質の違いなどを丁寧に教えてくれ、そして、「これでいまの若い人はコーヒー飲んだりするのよ。それにほら、こうやってちょっとかわいい花やらを生けるとよう似合うでしょ」と言って、すぐ脇にあった野草をいくつかさして見せてくれた。それまで草花などにそれほど興味もなかった私にも、野草と伊万里の猪口がお互いを生かし合って輝いているように映った。

「ほんとだ。素敵ですね」と相づちを打つと、ニコニコと喜んで顔を崩して笑っていた。でも、いざ買おうとすると、「買うのはいつでもできるから、もっとよく勉強をして、目を養って、それから財布と相談してからにしなさい」とたしなめられた。

忠告どおりにその日は帰ったが、やはりどうしても忘れられずに、三日後に再びお店を覗いてとうとう買ってしまった。

「本当に気に入ったものは夢にまで出てくるのよ。そして、もう一度何日かあとに見て、それでもなお魅力を失っていなかったら買ったらいいわ」と、また笑って教えてくれた。

「でも、その間に買われてしまったらどうするの？」

「そしたら、それは縁がなかったとあきらめるんやね。人間の出会いと一緒や。でも、そういうときは言うててくれたら

下がり藤文様のそば猪口

とっといてあげるよ」と、微笑み返してくれた。

そのときに買った猪口は、コーヒーやお茶を飲んだりするのに実に使いやすくて飽きがこず、しかも手にしたときのなんとも言えない質感と肌触りのよさ、そして青い呉須《ごす》が少し焼け焦げたような独特の味わいも伊万里焼特有のものであった。

土川さんのところでは、伊万里や湖東、古九谷などの磁器、信楽や瀬戸、備前、越前などの陶器、高麗や李朝、さまざまな中国陶磁、箪笥から火鉢、椀物に至る木工製品、鉄や銅の器物、ガラス器、照明器具、布類、仏像、軸物などの古美術全般を扱っており、私は多くの貴重な耳学問をさせていただいた。湖東焼についても、皿・徳利・茶碗・猪口・水瓶などいくつもの優品を見せていただき、多いに勉強になった。

薄青みかかった独特の地肌に、刺されるような怖さで鋭く発色した濃紺の呉須、澄んだ青空を思わせる明るいブルーの呉須、それとまた違う少しくすんだ地味な味わいの冬の琵琶湖の曇天を思わせるような渋い色調……染付けだけでもそうしたさまざまな彩りと変化が湖東焼にあることを知ったのもこのころのことである。さらに、目の覚めるような赤絵で細密に描かれた七賢人や山水、古九谷写、皿や碗からいまにも飛び出さんとする鶴や鯉や龍、また深い静寂に沈む琵琶湖周辺の風物の描写……こうした湖東焼の奥深い魅力を教えてくれたのも土川さんである。

彼女は、こうした深い骨董に対する素養をいったいどこから学んだのであろうか。いまは亡きご主人の喜太郎氏は、現在テレビなどで活躍しておられる中島誠之助氏とも若き日から親交があり、骨董には強いこだわりをもつ目利きであったと聞く[1]。いつぞやか、その夫君が残した陶磁器に関する研究ノートを見せてもらったことがあった。形状を模写し、その特徴や歴史、作者、評価などが実に事細かに書き込まれていたことに驚かされた。

　彼女も、その夫君から自然とさまざまなことを学んだのであろうが、そればかりでなく、彼女自身が骨董や古美術に関して常日頃から熱心に勉強を怠らなかったと私は確信している。というのも、

（1）中島誠之助氏には、土川喜太郎氏との二〇年近い交流のエピソードを綴った「おはぐろ壺」なるエッセーがある（同氏著『骨董屋からくさ主人』実業之日本社、一九九七年所収）。

土川釉好堂店内にて笑む土川秀子さん

私がいろいろな質問をして答えに窮すると、いつも「たしか、どこかの本や雑誌に書いてあったと思うけど」と言っては奥にある専門書を引っ張り出して探してくれたのだ。そして、「どんなことでも一生勉強」と口癖のように言っていた。

そういう骨董に対する目と知識をもって土川さんが店に揃えられた品々は、決して目の飛び出るような高いものばかりでなく、むしろ「こんなよいものが何故こんなに安いの」と感嘆の声を上げてしまうようなものばかりである。その品揃えに、土川さんの骨董に対する趣味や好み、いやポリシーとでも言うようなものが貫かれていたような気がする。「安かろう悪かろう」という品は一切ない。また、ただ銘があるからというだけで飛び抜けた値がついているような品も見当たらない。

土川さんは、お客の欲しがっているものをお客の身になって市《いち》などで探してくるのが常であった。「これは誰々が好きな香炉だから」、「これは誰々が集めている豆皿だから」というようにいつもお客の喜ぶ顔を思い浮かべて品物を買い揃えてきたようである。しかも、土川さんには商売人としてまったく欲がないのではないかと思われるほど、仕入値を離れた高値はつけられなかったように思われる。「買い値の一割があればいいの」といつも言っていたが、こちらが恐縮してしまうほど求めやすい価格で、本当によいものを分けてもらったといまでも心から感謝している。

私はいつもそれらの魅力や使い方、材質などについて時間を忘れて土川さんに聞き、また語り合った。しかも彼女は、それらをどのように現代生活のなかに活かして使っていったらよいのかについてもさりげなく素敵なアイデアを教えてくれた。夏には夏の過ごし方、人のもてなし方、そうしたときの器の選び方がある。そんな先人の知恵を、私はそうした会話のなかからどれほど多く学んだかわからない。話がどんどん発展して、ときには私の研究する柳宗悦のことや、昨日読んだばかりの小泉八雲のことや、著名な陶芸家や書家、見てきたばかりの美術館・博物館の話をしても、いつも気の利いたウィットや私の気がつかないいろいろな見方を聞かせてくれて、話していて飽きることがなかった。

話はまた、季節の草花や得意の料理、畑仕事や身近な動植物たちのことなどさまざまな分野に及び、二〜三時間が経過してしまうことも稀ではなかった。それは私にとって大変楽しいひと時であり、本や大学の教師たちとの会話からは得られない、生きた教養と暮らし方の知恵に満ち満ちた豊かな内容を備えたものであった。

このような、楽しく豊かな会話のできるお店であったからであろう。そこには、いつもさまざまな分野の趣味人・教養人たちが集まっていて、一種のサロンのようになっていた。盆栽の達人、詩吟の先生、琵琶の名人、茶の師匠、陶芸家、そして種々の骨董好きの人々——私も間接的ながらそうした人たちの暮らしぶりに触れることで人生の「よい肥やし」を受け取ることができた。

そのうちの一人で、琵琶の名人である人に演奏会に誘われて、その語りの美しさや力強さ、そして琵琶が奏でる平家物語の仏教の無常観に裏打ちされた魅力にすっかり魅せられてしまった。土川さんも本当に琵琶が好きで、よくお店で平家物語のカセットを心行くまで聞いていたし、私にも何回かそれを貸してくれた。西洋音楽しか興味がなかった私が、日本の伝統音楽の魅力に心を開いたのも、このことが大きなきっかけとなっている。

　また、本当に感謝しなければならないことであるが、土川さんは歴史史料の発掘にも大きな貢献をされた。

「せんせい、こんな書き物の山があるんだけど、捨ててしまおうかと思ったけど、有名な近江商人の家のものらしいから、せんせいに見てもらおうと思って取っておいたのよ」と言うのでそれを見てみたら、何と伊藤長兵衛家の文書ではないか。

　伊藤長兵衛家は、彦根市に隣接する豊郷《とよさと》町出身で、現伊藤忠商事の創業者である伊藤忠兵衛家の本家にあたる近江商人である。江戸後期より商っていた近在相手の商売を、明治五年（一八七二）には九州博多に支店を出して拡大し、その後、大正一〇年（一九二一）には伊藤忠商店と合併して「株式会社丸紅商店」を設立し、今日の総合商社「丸紅」の発展へと至るのである。土川さんがとっておいてくれたこの伊藤長兵衛家の文書類は、滋賀大学経済学部附属史料館に寄贈していただき、その後、さらなる伊藤家の文書発掘と調査研究の進展に大きくつながるきっかけとなったのである。

土川さんからはさらに、骨董だけでなく、その実に豊かな日々の暮らし方から多くのものを学ばせていただいた。彼女は、昔の日本人がもっていた、季節季節の自然の恵みを活かしながら生活を営んでいく知恵を身につけていた。一つには、季節の旬のものをじょうずに加工してつくられる料理が実に素晴らしかったことである。

とくに、琵琶湖特産の稚鮎、もろこ、いさざ、氷魚、小海老、そのほかの魚類を季節の香味野菜や豆などと炊き合わせてつくった料理は、どこの土産物屋で売っているものよりおいしかった。それは、化学調味料を使ったり、また手抜きをしたりすることなく心を込めて手間隙かけてつくっているからである。六月ごろに供された彦根市八坂町あたりで取れるラッキョウの酢漬けも、そのカリカリッとした舌触りとともにこれが本当のラッキョウの味なのかと思うほど新鮮で、いまでも忘れることができない。

このように、彼女は一年中、ひまなく季節の旬を料理して、それをお客や家族に提供することを無上の喜びとしていたわけだから、休むまもなく手を動かしていたことと思う。四月ごろの山椒と小魚の炊き合わせ、五月の蕗料理、六月のラッキョウ、梅干、秋からはまたもろこと小海老と豆の炊き合わせに忙しい。かつては、鮒《ふな》寿司も漬けておられたという。もう一つ、お店で出されるお茶が本当においしい。聞いてみると、長年にわたっていろいろと試された結果、その山口県産のお茶にたどり着いたのだという。

「せんせい、よかったら一緒に頼んであげるよ」と言って、私にもそのお茶を注文してくれた。そして、お店で話し込むと、「せんせい、ちょっとちょっと」と言って今度は奥から手づくりの料理を出してきて持たせてくれた。そのどれもが素材のもっともおいしい味を引き出していたから、こういう料理が琵琶湖の幸なのだなと、この地方の食文化の豊かさに触れる思いがした。早速、家に帰ってその手づくりの料理を肴に、いま分けてもらったばかりの杯《さかずき》や猪口《ちょこ》で晩酌をするのが私の無上の楽しみとなった。

琵琶湖の旬と近江の地酒、古伊万里や湖東焼の深い味わい、それらに土川さんの思いやりの心が溶け合って、いつも幸福な気持ちになったものである。彦根に来て親戚もなく、あまり親しい友もいなかったころのこうした親切は、私にはしみじみとありがたく嬉しいものであった。

土川さんはまた、土いじりというか簡単な畑仕事が好きで、よくお店にいないときは裏のミニ菜園で畑仕事をしていて、手を土だらけにして笑いながら出てくることがあった。

「土をなぶっていると、嫌なことも何も忘れて、ほんまによい気分転換になるわ」

畑だけでなく草花が好きで、茶花になる山野草や簡単な盆栽なども丹精に栽培しておられた。そして、店の前に植えてある楠の街路樹の周囲に、いつもさまざまな花を植えて管理しておられ、土川さんのお店の前の街路樹だけがきれいに花で囲まれていたのを、私は自分のことのように自慢げに眺めていた。また、その心遣いは駐車場の奥のわずかな土の部分にもゆきわたっていた。

そして、それらの一枝、花の一輪をいつもじょうずにお店の骨董の器に生けて楽しんでいた。漢の緑釉壺に何気なく生けられた逢着草《ほうちゃくそう》や撫子《なでしこ》、越前のお歯黒壺に生けられた紫陽花《あじさい》や半夏生《はんげしょう》など、器と花とが互いに照らし合って、古器物に新たな息吹が吹き込まれて輝いている姿がまぶしく瞼に焼き付いて残っている。何も知らない私は、日本の山野草の美しい名前やそれにまつわるさまざまな逸話などもずいぶん土川さんから教えてもらったし、「せんせい、よかったら持ってって」と一株二株と持たせてくれた山野草が次の年に立派に花をつけると、まるで自分のことのように喜んでくれた。

いつも春になるとお店のお客さんたちの仲間に加えてもらって、醒井《さめがい》の山の奥にピクニックを兼ねて山野草を見に行ったものである。醒井は彦根から車で二〇分ぐらいの所にある中山道の宿場町で、日本《ヤマト》武尊《タケルノミコト》が伊吹山の大蛇と闘った際に負った傷を癒したという「井醒《いざめ》の清水」が湧く清流の里として知られるところである。その醒井宿から霊山《りょうぜん》山へ登っていく山道の端に美しい野草が群れ咲いているの

漢の緑釉壺

だ。私はそれを見たとき初めて、日本の山野草が自然のなかでひっそりと咲いている姿の美しさに触れた思いがした。

土川さんはまた草花だけでなく、虫や小鳥などの小動物もとてもよくかわいがっておられた。秋には前年から育てていた鈴虫が鳴き、季節に相応しい軸物をかけて、ススキを一輪壺にさして、「せんせい、これでお月見ができるわね」と言ってくれる。いつも時間に追われ、ギスギスした生活を送っている私には、虫の音を聞きながら秋の風情を古器物に囲まれて過ごすことなどいままで考えたこともなかった。それだけ、それまでの生活には心の余裕がなかったのである。

秋にはまたウグイスとメジロを買ってきて、じょうずに手なずけて春には見事に鳴かせるのである。土川さんから畑の虫や水をもらい、時に話しかけられたりして、それらの鳥たちはお店のかわいいマスコットのような存在となって私を迎えてくれた。ウグイスが見事に鳴き、メジロは愛らしく「ピョロロロ」とさえずる。私も負けじとウグイスとメジロを買ってきて育ててみたが、鳴かせるどころかすぐに死なせてしまった。じょうずにウグイスやメジロを鳴かせたあと、土川さんは初夏の野山に放ってやるのが常であった。

私はこうした交流を通して、草花や虫や鳥たちの「小さきものの命」の素晴らしさと不思議さを知り、それらを日常の生活のなかで感じ、慈しみ、楽しむことの喜びを知ったのである。そして、草花や鳥や虫たちのことをいとおしむようになると、昔の人たちがいかにそれらをよく観察し、愛着を込めて皿や碗や猪口などに描いていたのかがわかってくる。

「そうか、昔の人はこんなに身近な自然を愛し、小動物に愛着を抱いていたからこんなに生き生きとそれらを描くことができるのだ」

そう思い至ったときに、土川さんの骨董を見て味わうその仕方が、動植物や草花を愛し育みながら生活を楽しむその暮らしぶりと実は根っこのところでつながっていたのだと改めて気付かされたのである。自然を愛する心といにしえ人が残してくれた骨董という宝を愛する心とは、実は深いところで結びついていたのである。土川さんは、飾らない普段のままの暮らしぶりから、そのことをそっと私に示してくれた人であった。

こうして土川さんのことを書いていると、在りし日の彼女の生き生きとした思い出が蘇ってくる。そう、私の初めての骨董の師匠は、平成一〇年二月一七日に享年七六歳で亡くなられ、いまはお店も閉じられている。それからもうかれこれ九年という歳月が流れた。しかし、土川さんの思い出は、彼女からいただいたさまざまな宝物とともに、その後の私の骨董探求、それを取り入れた暮らし方のなかに生き続けているのである。

2

雛祭りの憂い

――弥生土器と湖東焼菱形三段重

最近では昔ほど大雪は降らなくなったというが、やはり彦根の冬は寒い。その彦根でも、三月になればようやく春の足音が聞こえだす。

「弥生の月」といえば、語呂合わせではないが、土川さんのお店で出合った弥生土器が思い出される。弥生土器の名称は、周知のように東京本郷弥生町の貝塚から発見されたことに由来するが、私はこの三月の弥生月こそ、この土器のイメージと名称にぴったりすると思っている。

最近、大津の老舗の骨董店である「水野骨董店」（一一三ページ参照）で弥生土器の流れを汲む土師《はじ》器《き》の壺と出合った。これもまた忘れがたい。土師器とは、弥生土器よりわずかに年を下り四世紀の古墳時代からのものであるが、赤土の土味には変わりがない。これは、大津の名刹から出たものという。

土師器

これらの土器のふっくらとした形状、やわらかい地肌、薄紅色の丹塗りの跡や黒いこげ跡、それを包む薄桃色に変化するほのかに明るく温かい色合い――そこには、縄文祭器に見られる自然への畏怖や祈り、その思いを凝縮した猛々しさや雄雄しさ、そしてドラマティックな異形の様相はない。しかし、太古の日本人がようやく農耕を定着させた喜びと安堵感、まさに春が到来したことへの喜びがこれら弥生期の土器には自然とにじみ出ているような気がする。

そんな古代の弥生土器や土師器《はじき》には、春を告げる花でもあり、古代の日本を覆っていた照葉樹林帯を代表する樹木「藪椿」がもっともよく似合う。「椿」という字は、まさに木偏に「春」の字をあてたものであるが、中国で「椿」の字が示す植物は日本で私たちがそれと認める樹木とまったく異なるものである。

巨勢《こせ》山のつらつら椿つらつらに見つつ思《しの》はな巨勢の春野を

（坂門人足『万葉集』巻一―五四）

万葉人が詠んだこの歌のように、生命力みなぎる濃い緑の葉をもち、春に真赤な花を一面に咲かせるこの樹木に、我々の祖先は春の到来の喜びを込めて「椿」の字を冠して命名したのであった。土川さんがよくしたように、私もいま、長い間土に埋もれてようやく発掘された弥生土器や土師器《はじき》にそっと庭に咲いた藪椿を生けてみる。太古から咲き続けてきた深紅の藪椿と古代の土器が二〇〇〇年の歳月を経て再会し、お互いに生かしあって輝いている。この姿のなかには、古《いにしえ》より変わらぬ日本人の美しさへの思いが宿っている。

三月という月は、彦根にとってはまた特別な月である。安政七年（一八六〇）三月三日の雛祭りの日、大雪の降るなかで大老井伊直弼が桜田門外で暗殺されたからである。その雛祭りにちなんだ素敵な骨董が、私の手元には二つある。一つは江戸期の雛掛軸で、立雛の姿を実に細やかに描いている。これを得たのは、銀座通りに向かう中央町の商店街にある「太湖」という小粋な骨董店で、いつもご夫婦で仲良くお店を営んでおられ、私を温かく迎えてくれる。店内に入って、いつもながら魅力的な掛軸が幾本も並べられているなかで、この逸品が私の目に

彦根善寿藤原久吉筆、雛掛軸

古美術、太湖店

留まったのである。このお店は近江や彦根ならではの書画を数多く揃えておられ、店主夫妻のそれらに対する造詣も深い。

この立雛の絵には色彩豊かな顔料が豊富に使われており、着物の柄には緑の松に下り藤の文様が鮮やかに描かれている。「彦根善寿藤原久吉筆」とあり、箱にも「井伊善寿候筆」と書かれている。だが、この井伊善寿なる人物がどのような経歴の者なのかは判然としない。たしかに、井伊家の系譜に連なる人と思われるが……ミステリアスな逸品である。

いま一つは、土川さんのところでいただいた、雛祭に供される菱餅をかたどったと思われる湖東焼の小さな三段重である。

「せんせい、見てごらん。これが湖東焼というのよ。雛祭りのために用意されたものでしょう。珍しい菱形の三段重よ」

そう言って土川さんから見せられた器を手に取ると、その菱形の成形の鋭さと、三段それぞれがピタッと重なり合う技術の精巧さにまず驚かされた。さらに、花唐草《からくさ》のなかに永遠の命をもつとされる鳳凰が最上段から下段にかけて満面に翼を広げて描かれており、その澄んだ青い呉須《ごす》の発色の見事さに感嘆させられた。これが、私の湖東焼との遭遇であった。

すでに破れ朽ちかけた箱には「彦右衛門」の名が残されている。雛祭りの日に、雛あられなどを入れてかわいい娘たちを喜ばせるためにつくらせたものであろうか。元来、菱の実は心臓の形をしていると信じられ、形代《かたしろ》人形として子どもの厄除けにしたところから、菱餅を雛祭りに供える風習が生まれたという。その緑、白、ピンクの三色は、それぞれ草萌える大地と白雪と桃の花を表し、子どもの健やかな成長と春の訪れを祝う人々の心が込められていた。

なごやかに雛人形の掛軸が掛けられ、この菱形三段重が雛祭りに飾られていたとき、まさに直弼が雪のなかに散り、彦根に計り知れない悲しみとその後の苦難に満ちた命運をもたらしたのである。

春を告げる喜びの花であった椿は、突然、ぽとりとその花の命を地上に落とすことから彦根人の敬遠する花になったのだという。

湖東焼菱形三段重

3 湖東焼絢爛——たねや美《み》濠《ほり》の舎《や》
湖東焼美術館訪問記

土川さんのお店で出合った湖東焼については、彦根や滋賀県以外の土地では案外その価値がいまだ広くは知られていないようである。湖東焼のみでなく、井伊家に伝わる国宝彦根屏風をはじめとするさまざまな美術品を鑑賞されたい方は、ぜひ彦根城に併設されている彦根城博物館を訪ねられたい。だが、こと湖東焼にかぎっては、その魅力を存分に味わえる洒落た美術館が新たに彦根に登場した。土川釉好堂から琵琶湖方面に向かって歩くと、彦根城を望む外濠に面して、和洋の菓子舗「たねや」さんが経営する素敵な食事処「美濠の舎」がある。そしてここに、湖東焼の名品を展示した美術館が併設されているのだ。たねやさんは、本業以外にも地域文化の発掘と評価、学問・研究の援助・促進に力を入れており、そうした社会貢献の一環として六年前に開設されたのがこの美術館である。

私にとっては、ここの二階の洋菓子処でケーキセットを頼み、ゆったりとしたアンティークの椅子にもたれながら、濠と石垣の上に顔を出す彦根城を眺めながら優雅なひと時を過ごすのが無上の安らぎである。そして、ケーキセットのあとに、もう一つの楽しみである湖東焼美術館をの

たねや美濠の舎湖東焼美術館

同上の館内

ぞいてみる。ここでは、幕末創業の民窯絹屋窯から藩窯時代の黄金期を経て直弼没後に急速に衰微し、明治中期にその灯火が消えるまでの湖東焼の歩みと特徴を各時代の名品によって辿ることができる。加えて、同館の学芸員である杉岡茂郎さんによる解説は、最新の湖東焼研究の成果を踏まえた実に興味深い内容で、湖東焼への汲めども尽きない魅力を伝えてくれる。

そのなかで、私がとくに興味をひかれたのは、当時の京焼、九谷焼と湖東焼の関連である。京焼の名工永楽和全や青木木米は九谷（現在の石川県金沢市）に絵付けなどを教えに行く途中に彦根に立ち寄っており、湖東焼のなかに木米の銘が確認できるものもあるという。木米や、また直亮の時代に召し抱えられたという名工幸斎の足跡は、すでに絹屋窯の時代に確認できるのだという。そうなると、絹屋窯の評価はこれまで以上に高くなってくるに違いない。そうした人々の交流のなかから、湖東焼に京焼と九谷焼の精華が混入していったのであろう。写真に掲げた絵皿は、直弼時代に赤水の絵付によってつくられたものであるが、その豪胆な迫力は、まさに青手九谷と見まがうばかりである。

藩窯時代には、すでに独自の様式美を確立していたブランドである鍋島や柿右衛門、九谷などと短期間で

赤水作、青手九谷写松鶴図中皿

比肩できる特徴を打ち出すことは難しかったので、範を中国にとり、清朝磁器の精華をかなり忠実に模したのだという。そして、その本体である唐物の名品を井伊家自身が所有していたのであろう。肥前からの天草土に鉄分の多い地元の磁土を含ませ、最高品質の唐呉須《からごす》を用い、京都などから名工を召し抱えて最高水準の焼物を焼かせた。当時は絵付けも分業体制で、人物、模様、背景など、それぞれの得意分野を各人が受け持つことも多かったという。そこでは、赤絵、金襴手、色絵、染付けなど多彩な様式において、大名への贈答に供される茶器や花器などの名品がつくられたのである。

　唐様《からよう》を忠実に模し、また京焼や九谷焼の影響を受けたとはいえ、そこには彦根ならではの独特の景色を配したり、細部の模様には元の京焼や九谷焼にはない微妙な違いを加えたりして湖東焼の独自性を打ち出そうとした。直亮時代（一八四八〜一八五〇年ころ）の鳴鳳がつくった碗には、オランダの牧童と煉瓦造りの家を描いたものがあったり、可水作の夏茶碗には玄宮園

可水作、抹茶碗、銘「ほとり」

鳴鳳作、金襴手窓絵山水図龍濤紋菓子鉢

の池のなかから花菖蒲と河骨《こうほね》（スイレン科の多年草）が現れる趣向の「ほとり」の銘がある逸品が見られるなど、湖東焼にはやはり開国を目指した直弼の心情と彦根の風土が色濃く映し出されているのである。

　また、名工鳴鳳や幸斎などがつくった金襴手や赤絵の細密な描写は、ちょっとこの世のものとは思えないほどのあでやかさを表現している。右に掲げた鳴鳳の菓子鉢やカラー口絵に載せた幸斎作の赤絵金彩向付の細密描写などは、熊ネズミの産毛でつくられた蒔絵用の筆を用いたもので、一般の絵描きや陶磁器の絵付けとは異なる蒔絵製作における絵画描写の技法との共通性があるという。直弼が著名な月次棗《つきなみなつめ》を作成したり、また職人たちが京都や金沢との交流があり、鳴鳳の弟などは堆朱《ついしゅ》づくりの塗師であったというから、そうした関連には説得性がある。

　最後に杉岡さんに湖東焼の最大の魅力を尋ねると、次のような答えが返ってきた。

「作品そのものの魅力とともに、やはり幕末の動乱期に突然現れ、当時の最高水準の領域にまで一気に登りつめながら直弼の死とともに急速に歴史の表舞台から消えていった、その劇的なドラマ性にあるのでしょう」

　まことに然《しか》り。この歴史的なドラマ性こそ、ほかの焼物にない、妖しくはかない魅力を湖東焼に刻みつけ、人々をいまだに虜にしてしまう魔性なのかもしれない。

4 彦根近代の生き証人
——日下部鳴鶴の書

彦根で「骨董」というと、第一に湖東焼を挙げる人が多いだろう。それは、彦根のイメージが何よりも彦根城と井伊直弼に直結させて語られるからであろう。戦後高度経済成長期の彦根は、名神高速と新幹線の開通とともにさまざまな工場が進出して栄え、しかも直弼の子孫にあたる井伊直愛市長の時代、直弼の生涯を描いた舟橋聖一作『花の生涯』がNHK大河ドラマで放映されたり（一九六三年）、世界古城博や彦根城博物館が開かれたりしたことから、戦後彦根の繁栄は直弼や彦根城のイメージと重ね合わされて人々の脳裏に焼きついているからである。

だが、彦根と聞いて、昭和二九年（一九五四）にこの地で起こった近江絹糸株式会社の大労働争議[1]を思い浮かべる方もおられよう。戦後の民主化のうねりのなかで「人権争議」と呼ばれ、一〇〇日間にも及ぶストを敢行した工女さんたちの記憶は、当時、強烈な印象を人々に与えた。それでは、幕末開港に尽力し桜田門外で散った井伊直弼と、戦後全国に名をとどろかせた近江絹糸労働争議の間に横たわる一〇〇年間の彦根はいったいどんな歴史を歩んできたのかと問われると、案外明確なイメージをもって答えられる人は少ないのである。

そんな彦根の、近代史の生き証人とでもいえる作品に出合った。土川さんのお店から少し琵琶湖に向かって歩を進めると、「大雅」というお店がある。このお店では彦根や近江の書画を中心に扱われており、ご主人の中嶋章さんはとくにこの分野への造詣が深い。明るい店内には、いくつかの古伊万里や湖東焼などとともに、数本の軸物や野口謙蔵（二六五ページ参照）の洋画の小品も展示されている。ご主人の父高名さんは、戦後早い時期から近代滋賀県が生んだ洋画家の奇才である野口謙蔵の多くの名画を世に

大雅店

（1）近江絹糸株式会社は、大正六年（一九一七）夏川熊次郎など地元企業家によって半製品の絹綿の製造を目的に彦根の琵琶湖岸に設立され、昭和二八年ごろには資本金一〇億円を擁する業界トップにまで急成長したが、二九年六月三日、自主的労働組合が結成され、八時間労働制、外出の自由、仏教の強制反対、信書の開封や私物検査の停止などを要求して無期限ストに突入し「人権スト」と呼ばれた。中央労働委員会の斡旋で要求のほとんどが容れられて九月一六日に解決したが、その後、労働協約などの団体交渉が難航し、重役陣の更迭などの経緯を経て一二月四日に全面解決した。

送り出し、野口謙蔵顕彰会の会長として、その発掘評価に尽力された方としても知られている。

今回、私がここで出合った作品は、明治の書聖と謳われた日下部鳴鶴の書で、四季それぞれの風情を詠った七言絶句の漢詩が六曲からなる屏風に仕立てられている。彦根では鳴鶴人気が高く、これを求める同好の士が多いため、屏風の一面ずつを分割して分けていただくことになった。私は、鳴鶴最晩年の「鶴叟」の銘が刻された初夏の山河を表した一曲を選んだ。「流水」、「白雲」、「石苔」、「松露」などの文字のなかに、夏の清々しさ、清涼感とともに澄み切った心の安寧を感じたからである。

それでは、日下部鳴鶴という人物はどんな人生を歩んだのであろうか。

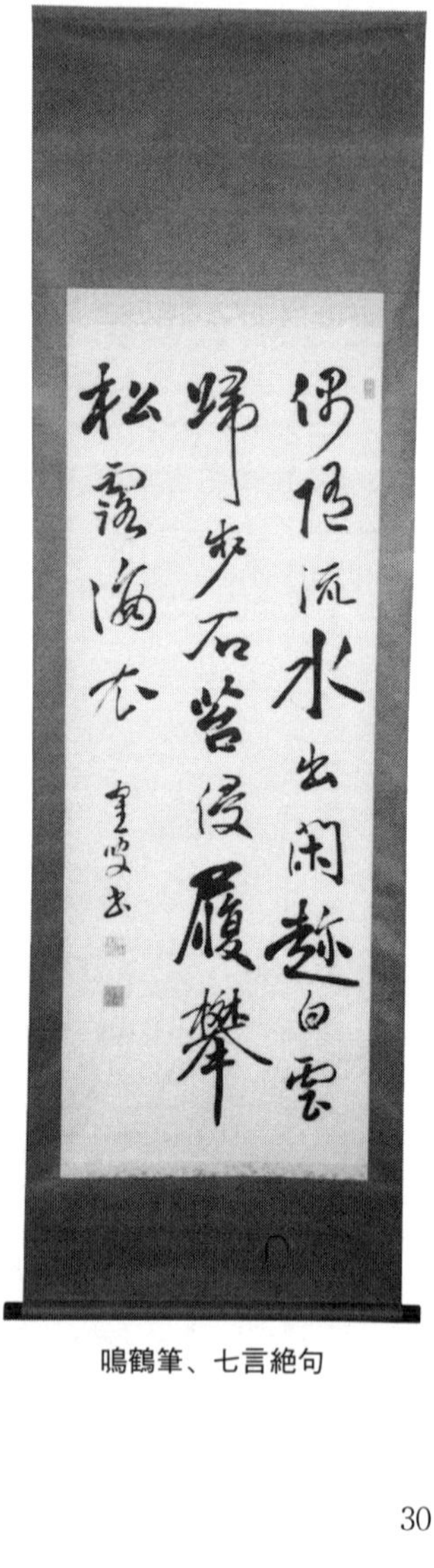

鳴鶴筆、七言絶句

私の勤める滋賀大学経済学部の生協食堂脇の濠端に、「日下部鳴鶴屋敷跡」と記された小さな碑が立てられている。「鳴鶴」とは号で名を「東作」といい、「野鶴」、「鶴叟」などの号ももっている。東作は、天保九年（一八三八）、現中島町北野寺の西隣にあった彦根藩士田中惣右衛門家の次男として生まれ、その後、惣右衛門の実家にあたる日下部家の養子となり、その娘の琴子と結婚して日下部家を継いでいる。その日下部家の居宅が、生協食堂のあたりにあったわけである。

だが、東作が日下部家に入ってわずか一年後に悲劇が襲う。桜田門外の変が起こり、井伊家行列の供頭の任にあった養父日下部三郎右衛門が真先に水戸浪士の一撃に遭い、雪合羽と柄袋のために行動のきかないところを反撃もできずに斬り倒されたのである。敬愛する藩主と養父を瞬時にして失った東作の悲しみと憤りは、いかばかりであったろうか。

直弼亡きあとの幕政は、かつての政敵・反直弼派の水戸派に牛耳られ、彦根藩でも尊攘派が台頭して、直弼の腹心であった長野主膳と側用人の宇津木六之丞を極刑に処して直弼派を一掃し、同時にこれによって藩の存続を図ろうとした。だが、幕府は彦根藩懲罰の手を緩めようとはせず、京都守護の職を解任して二郡一〇万石の上知《あげち》を命じた。

こうしたなか、鳴鶴はただ直弼の亡きあとを偲んでいたわけではなく、政治的には彦根藩の尊攘派の頭目である家老岡本半介に師事して尊攘派に与していった。そして、元治元年（一八六四）に水戸で起こった天狗党事件が思わぬ方向に発展して彦根にも累を及ぼす事態が迫り来ると、特筆すべき行動力を示してその災いを払いのけた。

水戸藩では、急進的な尊皇攘夷派と公武合体をよしとする穏健派との対立が熾烈をきわめ、当時、家老であった武田耕雲斎らの急進派が「天狗党」と名乗って筑波山で蜂起して旧守派と争ったが、これに破れた彼らは、京都で禁裏御守衛総監督の任にあった一橋慶喜を頼って一〇〇〇名に及ぶ大軍を率いて中山道を西下し、一二月には関ヶ原に到着した。これを聞いた慶喜は、むしろ彼らを「不逞《ふてい》の輩《やから》」と決めつけ、彼らを鎮圧しようと勅許を得て兵を大津にまで進めてきた。

こうした事態を耳にした彦根藩の血気盛んな若い藩士たちは、慶喜の思いは知らず、主君直弼公の桜田門の仇を討つ絶好の機会到来とばかり、慶喜の軍を彦根で迎え討たんとはやり立っていた。もし、そうした騒擾を起こせば彦根藩も責を免れがたく、存亡の危機に陥ると岡本ら藩の首脳たちは大いに憂慮した。このとき鳴鶴は、一計があると申し出て大津に向かい、慶喜に会って「天狗党は進路を越前方面へ変えたので、公が彦根に入って事を大きくする必要はなくなりました」と進言した。これを信じた慶喜は京都に帰還したという。天狗党は、その後、道を北に向け今庄に出て加賀藩で投降したが、鳴鶴はそのことを知ってか知らずか、とにかく決死の覚悟で慶喜の来彦を食い止めて事なきを得たのであった。

その後、彦根藩は再び藩論を倒幕派に転換し、鳥羽伏見の戦いでは討幕軍の主力として活躍し、戊辰戦争でも多くの戦功を残した。たとえ政敵水戸派が幕府を牛耳っていたとはいえ、家康以来二六〇余年の間にわたって幕府の中枢を支えてきた彦根藩が討幕派に転じたことの政治的意義は、もっと注目されて良いだろう。そして、維新後になると、鳴鶴は中央政府に出仕して太政官大書記官となり、当時内務卿として飛ぶ鳥を落とす勢いで殖産興業や国内行政の近代化に取り組んでいた大久保利通の深い信任を得るところまで上りつめた。

しかしながら、大きな悲劇がまたも彼を襲うこととなる。明治一一年（一八七八）五月一四日、大久保が参朝の途路、紀尾井坂で石川県の不平士族によって暗殺された。しかも鳴鶴は、その場に通り合わせて大久保の死に直面している。桜田門の悲劇を何とか乗り越えて苦渋の選択のなかから政府に出仕し、ようやく認められて国家のために奔走していた矢先のことであった。

時に鳴鶴四二歳、政治の非常さ、運命の過酷さがほとほと身にしみたのであろう。潔く官を辞している。しかし彼は、その蹉跌を今度は新たな生きるエネルギーに変えていった。もともと才覚の秀でていた書の世界に後半生を賭ける決意をした彼は、中国から来朝していた楊守敬に私淑して、漢魏六朝以来の一万余の碑版と各種法帖を刻苦勉励して学び、中国に伝来する廻腕執筆法という独特の書法を会得していった。

その後、彼は独自の書風を確立して書聖と称えられ、巌谷一六、中林梧竹とともに明治の三筆と称せられるまでにその道を窮めている。彼はまた、「談書会」なる組織を設立して書の展覧会や鑑賞会を開き、書壇を組織し書誌を発行して多くの門弟を育成し、近代書道の確立と普及に多大な貢献をなしたのである。

鳴鶴は、たしかに近代書道の確立を図ってその普及と弟子の要請には大きな功績を残したが、その書は彼の激動の人生ほどドラマティックでなく、「書聖」としての完成された形式のなかに納まり、今日の書の世界には大きな影響を与えていないと言う人もいる。だが私は、鳴鶴の二度の大きな蹉跌を乗り越えた人生のなかに、直弼の死以後の彦根の歩んだ苦難の道が凝縮されているように思えてならない。

直弼亡きあとの彦根藩は倒幕派へと転回し、維新後も、県庁所在地こそをはずされるが明治政府に協力して近代化を推し進め、県営彦根製糸場、近江絹糸工場、近江鉄道、国立彦根高等商業学校などを設立・誘致して近代都市へと変貌していったのである。

だが、彦根の人に聞くと、直弼亡きあとの彦根が倒幕派に転向していったことさえ知らない人が多い。また、彦根はただひっそりと発展せずに世を忍んでいたなどと真顔で慨嘆《がいたん》する人もいる。そして、戦後になって直弼の偉大さが顕彰されればされるほど、直弼を大老に登用した江戸幕府を倒した明治政府と、それに就き従って近代化に勤しんだ明治以降の彦根の姿は、人々の脳裏のなかでは、声高に語ってはならない一つのタブーとして記憶の奥底に封印されていったように思われる。ここに、歴史意識の大きな欠落が生じた。

しかし私は、直弼亡きあとの困難な状況に直面しつつ、水戸藩のように大きな混乱や対立も見ず、激動の政治情勢を見きわめて苦渋の決断を行って最善の道を選び取っていった明治以降の彦根の歩みこそ、今日、改めて顕彰すべきではないかと考えている。

最後に、彦根の老舗の骨董店「片山道具店」で拝見した鳴鶴晩年の作品「梅竹図画賛双幅図」を掲げよう。ここには、激動の明治維新を乗り切ったあとの、澄み切った閑雅の風情が梅竹の枝葉や花にそこはかとなく漂っているのを感じることができよう。二〇〇七年の春からスタートした「国宝彦根城築城四〇〇年祭」では、日下部鳴鶴展が大々的に繰り広げられている。これを機に、鳴鶴の再評価がなされることを期待したい。

鳴鶴、梅竹画賛双幅図

5 天寧寺逍遥

——パーソンズの絵と鳴鶴筆石碑

日下部鳴鶴は、近代書道を確立普及させる活動のほか、全国の名所旧跡を巡り、著名人を顕彰した数百に上る石碑揮毫を行い、「大久保公神道碑」など幾多の傑作を残している。彦根にも鳴鶴筆の碑がいくつか残されているが、天寧寺には、盟友で司法大臣まで務めた大東義徹を顕彰した石碑があるので、それを訪ねてみよう。

天寧寺は、彦根の東部、佐和山の麓にある井伊家ゆかりの名刹で、春の桜、秋の萩が素晴らしいところである。駅からタクシーで五分、いつもながらその庭園前に立つと彦根の町が一望できて清々しい。ここは、幾重にも鎮魂の魂が重なる寺である。

文政一一年（一八二八）、一一代藩主井伊直中は、腰元の若竹が不義の子を宿したことを知って咎《とが》めたが、若竹は頑として子を宿した経緯や父親の名を明かそうとしない。そこでやむなく手打ちにしたが、その後、宿した子の父親が自分の長子直清であることがわかった。それを知った直中は、自らの過ちを悔い、直清に咎が及ぶのを一死をもって阻まんとした若竹の心を思い、その憐れな腰元と初孫の菩提を弔うために創建したのがこの曹洞宗の天寧寺なのである。本尊の聖観世音菩薩は、領内花沢村から献上された聖徳太子お手植えとの言い伝えがある霊木の風損木《ふうそんぼく》に、直中自らがその鎮魂の思いを込めて彫刻したものである。

天寧寺には、京都の名工駒井朝運の作になる木造五百羅漢が収められている羅漢堂がある。なかに入ると、人間の喜怒哀楽のすべてを表現したとされる羅漢たちの無限の表情に邂逅《かいこう》する。これらの表情を見ていると、若竹と直清が恋に落ちた喜び、その子を宿したわきあがる幸福感、愛と忠義と自己犠牲との狭間で呻吟《しんぎん》する地獄のような苦しみ、隠し押し殺そうとした怨念、罪なく死してゆくわが子への哀情、無念の思い、直清の若竹への愛情と自己保身、不義を知った直中の激怒と一転した悔恨の情、そして若竹と初孫への憐憫の情……これら人が一生のうちに経験するであろう喜怒

天寧寺五百羅像

哀楽のすべてがここに現れ、五百羅漢はそのすべてを赦し鎮めようとしているかのように思えてくる。

また、本堂の奥には書院があり、そこから眺める石州流の庭園は赴き深い。明治二五年（一八九二）五月に来彦し、天寧寺に二週間余滞在したイギリス人の水彩画家アルフレッド・パーソンズも、次のように庭園からの眺めを活写して数枚の水彩画を残している。

「前に広園ありて其向に小山あり、つゝじ今を盛りと咲きみだれ其間に仏像及十六羅漢像あり、いづれも自然石を彫りたるものにて苔蘇深く蝕す、山に上れば琵琶の湖水を眼下にし眺望極めてよし、余は屢々月明に乗じて此処により畑樹蒼茫たる間につゝじの花の香を送るを楽みたり」（島戸繁「水彩画家アルフレット・パーソンの事」滋賀県立短期大学雑誌Ｂ４号、昭和二八年三月）

庭園にはそのまま裏山が続き、そこにはパーソンズが写したごとく西国一六大名から贈られたという一六羅漢が配置され、背後の谷からは清水が池に水を落としている。幕末の動乱期に井伊直弼は、その腹心となり国学の師でもあった長野主膳義言《よしとき》とこの寺をよく訪れ、奥の書院から庭園に咲く萩の花を愛でながら信頼と友情の契りを深めていったという。そのとき、二人の詠んだ歌がいまも残されている。

パーソンズ筆、十六羅漢像

現　十六羅漢像

パーソンズ筆、書院と庭

現　書院と庭

パーソンズ筆、天寧寺より彦根展望風景

現　同左風景

（注）上記パーソンズ水彩画の写真は、パーソンズ著『NOTES IN JAPAN』Harper & Brothers Publishers, New York,1896.による。

影うつす池の錦のその上に
　なお咲きかかる糸萩の花　（直弼）
君がこの今日の出でまし待ち得てぞ
　萩の錦ぞ映えまさりける　（主膳）

　この歌に見るように、直弼と主膳の心に残る花は、幕府と日本の存亡の危機を前にした憂いを含んだ秋の花「萩」であり、三〇年後にこの地を訪れた異国人パーソンズの目に焼きついたのは、直弼が死を賭して断行した開国を経て近代の道を歩みはじめた新国家日本の、明るい春を告げるツツジの花であった[1]。

　幕末から明治維新にかけての彦根藩は、直弼の大老就任と桜田門外の変による横死、その後の戊辰戦争とまさに激動の時代を迎える。その

直弼供養塔

跡を生々しく伝える史跡が、羅漢堂前の広々とした境内に残っている。

桜田門外で散った直弼の亡骸は、四月九日、江戸の井伊家の菩提寺である豪徳寺に埋葬されたが、血染めの遺品は四斗樽に詰めて彦根に運ばれてこの天寧寺に埋設され、その上に直弼の供養塔が建立された。桜田門外の変直後は、世情の混乱を避けるため直弼の死は幕府によって秘匿されたため、彦根では井伊家のいわば公的な弔いの場である清涼寺を避け、その私的な供養寺ともいえる天寧寺に直弼の供養塔は建てられたのである。

そして、その傍らには、直弼の腹心長野主膳の墓が寄り添っている。直弼亡きあと、京都における尊攘派の運動が勢いづき、かつて安政の大獄（一八五八～一八五九）の際に直弼に与した連中が次々に天誅の血祭りに上げられていった。その手は、直弼の懐刀として活躍した長野主膳や側用人宇津木六之丞にも及んだ。こうした動きと呼応して、彦根藩でも藩情が急転して尊攘派の岡本半介が政権を握り、かつての開国派長野と宇津木は捕らえて斬首された。

無残にもしばらく獄内に捨て置かれていた長野の亡骸《なきがら》は、維新後に門弟たちによってようやく

（1）彦根におけるアルフレッド・パーソンズについては、街の駅「寺子屋力石」築城四〇〇年祭《談話室》開催レポート、それぞれの彦根物語第二二回江竜美子「一〇〇年前に描かれた彦根――イギリス人水彩画家アルフレッド・パーソンズのまなざし」、第二三回谷田博幸「画家パーソンズが日本に見ようとしたもの」（ホームページ公開）を参照願いたい。

天寧寺に移し替えられたが、なおも時勢をはばかって、建てられた小さな墓碑に彼の名はなく、前掲の長野の歌が刻まれているのみであった。いまの墓は、ＮＨＫ大河ドラマ『花の生涯』の放映によって直弼の再評価がなされ、改めて長野を偲ぶ同志の方々によって建立されたものである。そして、そのときには、二人の寵愛を受けながらも激動の歴史に翻弄された村山たか女を偲ぶ小さな碑も建てられている。

　これら直弼らの悲劇を弔う碑をあとにし、さらに彦根市街を一望できる高みに出ると、そこには日下部鳴鶴が盟友の大東義徹の功績を称えた大きな石碑に遭遇する。大東は、天保一三年（一八四二）彦根藩士小西貞徹の次男として生まれたが、大望を抱く身として小西という姓はふさわしくないと思って「大東」に改名し、戊辰戦争では西郷隆盛の率いる天皇方の軍隊の先鋒隊として活躍した。これが西郷

日下部鳴鶴筆、大東義徹

同右拡大

に大いに認められたこともあって大東も西郷に心酔し、その豪胆な気性と風貌から「近江西郷」と呼ばれるようになった。

明治四年（一八七一）、政府の岩倉欧米使節団に加えられた大東は、西洋の巨大な近代文明をつぶさに見聞して帰国し、そこで得た知識を生かして司法省に出仕し、大阪、山梨などの裁判所長を歴任した。

大東は、尊敬する西郷隆盛が「征韓論」に破れ、鹿児島に結集した士族たちとともに政府に反旗を翻して西南戦争（一八七七年）を起こすと、これを支援して捕えられている。だが、出獄後はあくまでも武力を排した「輿論政治」の実現を訴えて、明治二三年（一八九〇）七月に第一回帝国議会が創設されると衆議院議員に当選し、同三一年六月、憲政党の大隈内閣のもとで滋賀県では初の大臣として司法大臣に就任した。この間、彦根においても開明的士族らと「衆義社」なる結社をつくり、法律・司法制度の研究・教育と新聞の閲覧、演説会の開催などの活動を展開し、のちの彦根中学校（現在の彦根東高等学校）の前身となる「彦根学校」の設立にも尽力している。

こうして、明治新政府のもとでも日本の近代と彦根の発展に尽力して出世頭ともなった大東は、日露戦争の最中、明治三八年（一九〇五）四月に没し、鳴鶴の手になるその顕彰碑が井伊家ゆかりの天寧寺に建立されたのである。鳴鶴は、大東の足跡と功績を忠実にその謹厳な楷書で認めている。

この石碑に静かに見入っていると、突然、一陣の風が肌を襲い、私は寒気を覚えて再び羅漢堂に戻った。そこでは、五百羅漢の顔、顔、顔が私をじっと眺めている。

埋もれ木の身として苦節を偲んだ直弼の思い、世継となり大老となり政局に乗り出していった精悍な面持ち、主膳とともに国学を学び、歌を詠い、恋をしたときの喜び、ときめき、国政を憂い断腸の思いで勤皇の志士を切った慙愧《ざんき》の思い、処断された志士たちの無念の思い、重なる恨み、直弼を失った彦根藩士たちの悲憤慷慨、斬首された長野たちの遺恨、それを乗り越えて尊攘、倒幕へと進んでいった彦根藩志士たちの苦渋の思い、明治政府に仕え彦根の近代的発展の基礎をつくった大東たちの誇りと安堵感……そうした無数の、重なり合い、交錯しあい、縺れ合う思いのすべてを羅漢の顔々は伝え、鎮魂している。

一〇〇年前、パーソンズが写した天寧寺眼下の風景には美しい内湖が描かれている。その内湖もすでに干拓されて、いまはもう見る影もなく、代わりに多くの近代的ビル群が視界をさえぎっている。江戸から明治に至る激動の時代を生き抜いた、天寧寺に眠る無数の魂たちは、眼下に刻々と移りゆく現代彦根の風景をいまどのような思いで眺めているのであろうか。

この地に立つと、いつもそのような感慨に包まれるのである。

6 彦根高商の開校記念
——亀文堂、近江商人像の花器

天寧寺から再び彦根市街に戻り、骨董をめぐる旅を続けよう。

「たねや美濠の舎」から外濠に沿って、右手にお城を眺めながら歩いていくと、私が奉職する滋賀大学経済学部のキャンパスに至る。この濠端の道は、春は石垣越しにしな垂れかかる桜の饗宴、秋は紅葉、冬は葉を落とした木立越しに浮かぶ雪の彦根城の雄姿と、それぞれの季節に心を奪われる絶好の散歩道である。大手門へと続く京橋を過ぎて、いよいよ濠が切れたところを右に曲がると滋賀大学の玄関が見えてくる。中島町という住所からわかるように、もともと濠に囲まれた島のなかに位置していた。

門をくぐるとすぐ、彦根高等商業学校設立当時に建てられた講堂が屋根中央にドーム型の小塔を聳えさせて、大正時代のレトロな雰囲気をそのまま漂わせながら堂々と佇んでいる。さらに進むと、昭和一三年（一九三八）にヴォーリーズによって建てられた陵水会館がその優雅な姿を見せている。赤い瓦屋根とクリーム色の波打つ壁が光に映えて、なんとも瀟洒な雰囲気を醸し出している。

講堂

陵水会館

そんな彦根高商ゆかりの品に、かつて彦根の骨董店で出合った。

「せんせい、これはほんまにせんせいが喜ぶと思って取っておいたのよ」

　私がお店に入っていくなり、店主の土川さんがもうずいぶん待ちくたびれたかのように私に向かって切り出してきた。お客の好みを熟知していて、その人の喜ぶ顔を見たさにさまざまな品を仕入れてくる土川さんに、やっと私の顔も覚えてもらうことができたのだ……そんな思いがこみ上げてきて急に嬉しくなった。

「黄銅製のほんまにこましな花器やわ。近江商人が星空の下を二人並んで行商に出ている図やわな。なんともよう彫られている。せんせい、それから底を返してみてごらん。それせんせいの学校のことと違いますの。『開校記念彦根高等商業学校』と刻印が押してますやろ。だから、早うこれをせんせいに見せたいと思うて、待ってましたのや」

　矢継ぎ早にせき立てられるままにその花器を手にとると、高さ一〇センチほどの小さな黄銅製の一輪挿の器に近江商人の行商の図が見事に彫られ、裏面には「亀文堂」の銘があった。

「土川さん、ありがとう。私も滋賀大学に勤めてからもう一〇年以上になるから、本当にいい記念になるよ」

　こう言って、土川さんの気持ちとともに喜んでこの貴重な花器を手に入れた私は、さっそくこれがつくられた由来を調べてみた。するとこの花器は、昭和八年（一九三三）、彦根高商の開校一〇周年記念行事のときに関係者に配られた記念品であることがわかった。製作者の亀文堂は、京都から出た波多野庄平が能登川に居を構えた鋳金を業とする店で黄銅器をはじめとする銅器の製作に長じ、文房具や鉄瓶、茶釜などを得意とし、文人や茶人たちの間で評価が高い著名な店であった。その店に、わざわざ開校一〇周年記念の品を注文してつくらせたのがこの器なのである。

　彦根高商は、県庁所在地でもない彦根に本来建てられるべきものではなかったかも知れない。大津や近江八幡との競争に勝ってそれが彦根に誘致されたのは、地元の並々ならぬ熱意と数多くの善意の寄付に支えられた誘致運動のたまも

青銅器花器

裏面

のであった。開校一〇周年の記念品にこれほど見事な品を関係者に配った思いには、設立時に尽力された関係者への感謝の気持ちと、「士魂商才《しこんしょうさい》」を建学の理念とし、近江商人研究の拠点たらんとする当時の高商側の熱い志が込められていたのである。

ところで、この花器に刻まれた九つの星は何を意味するのであろうか。明け方に朝星、夜は夜星を仰いで日夜商いに精魂傾けた近江商人の精神を表したものであろうか。あるいは、行商の暗夜を照らす一条の星明かりを示したものであろうか。私にはこの図を見るたび、高い理想や真理を追い求めて日夜刻苦勉励する学徒や活動家の姿が髣髴とされてならない。しかも、幸いなことにそれは一人ではなく決して孤独ではない。友か人生の伴侶か、二人がともに相並んで目標に向かう姿が描かれているのである。

平成一五年（二〇〇三）には滋賀大学経済学部生誕八〇周年を迎え、この花器は再びその記念行事に展示されることとなった。横浜から二〇年も前に彦根にやって来た私だが、近江商人から彦根高商に引き継がれた商魂を引き継ぎ、やがてこの花器に立派な花が生けられるようになりたいものだと、思いを新たにした次第である。

7

街角を彩る店の顔
——近江商人の看板

滋賀大学経済学部の門を入って陵水会館の手前に出ると、二双の蔵風の建物が聳えている。経済学部が誇る附属史料館である。ここには、彦根高商時代から近江商人研究、郷土史研究のために蒐集された約一五万点の史料が収納され、多くの研究者や学生たちの利用に供されている。収蔵資史料は常設展示されているほか、毎年春と秋に企画展が開催され、テーマ別に広く公開展示している。今回は、この史料館にまつわる骨董の話をしよう。

土川さんのお店のすぐ手前に千代神社に通ずる道が伸びていて、そこを入っていくと「大舘古美術店」がある。春の陽光がまぶしいころには、お店のそばに聳

滋賀大学経済学部附属史料館

える大木に絡まる藤がいっせいに開花し、薄紫色の花が空高くから舞い落ちてくる様は見事とし か言いようがない。

土川さん亡きあと私は、ほとんどこのお店に入り浸るようになった。それは何といっても店主の大舘路子さんの底抜けに明るくて人情味豊かな人柄のためである。大舘さんと骨董談義や世間話に花を咲かせていると、多くの人がこのキャラクターに魅せられて集まってくるのもよくわかる。さまざまなお客が顔を見せ、私はここでどれだけの人と知り合いになったかわからない。それほど、このお店は気のおけないオアシスになっているのである。

取り揃えている品物の多くはいわゆる生活骨董の範疇にあるもので、とにかくふだんの生活のなかに活かして使える骨董が信じられないほどリーズナブルな値で提供されている。得意な分野は古伊万里の皿、猪口《ちょこ》、のぞき類、箪笥《たんす》、火鉢《ひばち》などの和家具類、絣《かすり》、縮緬《ちりめん》などの古布類で

大舘古美術店

ある。そして、安く求めやすいもののなかにキラリと光る逸品が必ず見つかるのがこのお店の最大の魅力であろう。そんな大舘さんのお店に、いつものようにブラッと入ったときのことである。まるで、大舘さんは私を待っていたかのように、興奮気味に声をかけてくれた。

「せんせい、せんせい、いま面白い看板が入っているんだけど、ちょっと見てみない」

返事もそこそこにさっそく覗いてみると、私の目は、その一つの黒漆の看板に金文字で書かれた文字に釘付けになってしまった。

近江国日野町　本家中井源三郎製　小児感應丸　萬感應丸
特約　細田開明堂

本家中井源三郎とは、まさしく日野に居を構えて、薬をはじめ服地や生糸などの商品を京都や関東、さらには東北に至るまで手広く商いを展開した著名な近江商人である中井源左衛門家の本家にあたる家であった。彦根の薬舗「細田開明堂」はその中井源三郎家と特約契約を結び、薬を仕入れて販売していたことをこの看板は物語っている。見れば、ほかの四枚の看板もすべて細田開明堂のもので、全面金箔を施したいわゆる金看板や富士山の絵を雄大に描いたものなどどれも興味深いものばかりであったが、著名な近江商人との関わりを明確に示すものは見られなかった。

大舘さんの話では、これらはすでに売り手が半ば決まってしまっているとのことであったが、私は何としても近江商人と彦根の関係が明瞭に記されたこの看板を彦根に留めたいと思い、無理を言って譲ってもらうことにした。なにしろ、中井家こそ、私が勤める滋賀大学経済学部の大先輩で近江商人研究の泰斗である江頭恒治博士が、その大著『近江商人中井家の研究』（雄山閣、一九六五年）によってその経営構造を総合的に明らかにした商家であり、まさに近江商人の典型として世に知られた家であったからである。

　私は大舘さんの好意にこたえるためにも、我が家の大蔵大臣にお小遣いを前借りしてこの看板類を手に入れた。しばらくは家に飾っておいたが、どうにも嵩《かき》を取り、またぜひ近江商人の資史料を多く扱う滋賀大学の史料館の展示物に加えてもらいたいと思って史料館に保管していただくことになった。その後、これらの中井家本家のものも含めた五つの看板はゆえあって好事家の手にわたるところを、大学の知人が好意で買い取ってくれていまも滋賀大学経済

看板「近江国日野町本家中井源三郎製」（上）
同「近江日野正野法橋玄三謹製」（下）

学部附属史料館に保管・展示されている。

それからいく月かたって、日野町の著名な近江商人で、主として薬を取り扱うほか大阪などで綿織物の製造販売にも活躍した正野玄三家の看板も彦根の「片山道具店」で見つけることができた。写真に見るように、多数の薬の名をズラリと表示している見事な金看板で、これも附属史料館の所蔵するところとなった。そのほか史料館には、中山道の鳥居本宿で万治元年（一六五八）から「赤玉神教丸」を製造販売している老舗有川家の看板も展示されている。

これらには、明治一七年に登録を義務づけられた商標が刻印されていることから近代のものであることがわかるが、史料館にはそれ以前の江戸期の興味深い看板も数点展示されている。江戸時代中後期以降になると、商業の顕著な発展にともなって都市にはさまざまな商店が軒を並べるようになり、多くの客を獲得するために自家の商品の特徴をはっきり示し、また信用のおける良品を扱っている印象を通行人に与えるために、多種多様な看板がさまざまな意匠を凝らして商店の軒先を飾るようになった。

看板　筆屋・糸屋・両替商・薬舗（有川製薬）

そのなかでもとくに面白いのが商品の現物模型を掲げたもので、写真に見るような筆屋（文具店）や糸屋の看板、さらに「永楽通寳」を吊るした両替商の看板などがその典型といえる。また、中山道の柏原宿で伊吹百草の販売を手懸け、江戸に出ても遊里などで伊吹百草の宣伝歌をはやらせて商品販路の拡大に励んだという「亀屋」の看板も展示されている。この置き看板の隣には、安藤広重筆「木曾街道六十九次」の柏原宿の絵に描かれた番頭福助の巨大な人形が鎮座していたに違いない。

それにしても、これほど用に則した美を備え、デザイン性に富み、笑いと幸福感に包まれる看板文化を生み出してきたかつての日本と、ギラギラのネオンや横文字で飾られた品のない商魂ばかりが露骨にむき出しになった看板が幹線道路を覆い尽くす現代の日本とは、どこでどうつながるのであろうか。かつての看板文化の美やデザインのエッセンスがもう少し現代のグラフィックアートのなかに活かされていたならば、都市の顔ともいうべき道路風景も粋で、洒落た遊び心に包まれたものに変貌するに違いないと夢想するのは私だけであろうか。

看板　柏原宿「亀屋」の「伊吹もぐさ」

8 近代商業広告の生き証人

——引札

滋賀大学経済学部附属史料館では、明治以降の商業主義時代の到来を告げる商品広告に焦点を当てて、商品広告・絵ビラ・引札に関する企画展を平成一三年（二〇〇一）から一九年（二〇〇七）の春にかけて三度行っている。今回は、そうしたなかから興味深い品々を紹介しよう。

江戸末期には、すでに商品流通の活性化を背景として、江戸や大阪の商業地では商店の開業や売り出す商品の魅力などを、絵やキャッチコピーでアピールする絵ビラ（チラシ広告）や「引札《ひきふだ》」（ポスター）と呼ばれる刷り物が生まれ、辻々で配られたり店の前に貼り出されたりしていた。当時はまだ一色か二色の粗雑なチラシであったが、明治維新以後、殖産興業、産業革命の時代を迎えると、西洋で発展しつつあった商業美術（グラフィックアート）の影響や木版錦絵の応用、さらに銅版や機械刷といった印刷技術の進歩があいまって、商業広告としての絵ビラ・引札の大量頒布時代がもたらされた。また、その絵柄にも、明治時代の社会思潮が表れていて面白い。

引札①は、明治二三年（一八九〇）一一月[illegible]日に彦根停車場前の「内国運送所」が発行したものであるが、当時開通して間もない東海道線と、蒸気機関車が黒煙を上げながら驀進している様がリアルに描かれている。東海道線が開通したのは明治二二年（一八八九）四月一日であったが、彦根を含む大津―米原間は三か月あまり遅れてようやく七月一日に全通の日を迎えたのである。当時、大津―米原間は琵琶湖上を蒸気船が鉄道連絡船として運航しており、陸路を鉄道で結ぶ必要は長らく認められず、全国で最後の工事となった。

　そうした事情のもとで、彦根では東海道線の開通を待ち望む声がひときわ強かった。開通後一年あまりしてつくられたこの引札には、待ちわびた蒸気機関車の開通を喜ぶ町民の声がこだましているようである。蒸気機関車の上には、各駅の発着時間と賃金の表が出ている。これによると、京都―彦根間の運行は日に四回あり、上りは二時間二五分を要し、運賃は四一銭であった。当時、人夫の日当が五〇銭ぐらいであったから、運賃はかな

引札①　内国運送所、滋賀県彦根停車場前

りの高額であったといえる。現在は新快速で四五分、一〇〇〇円程で行くことができるわけだが、当時においては高額の運賃を支払っても、汽車を使えば彦根−京都間を一日四往復できるということは驚異的なスピードであったに違いない。鉄道とは、都会と都会を結ぶ、まさに文明の利器を実感できる新時代の乗り物であった。

　こうした文明開化とは趣を異にした、のどかな湖上の風景を題材にした引札も見られる。水口町（現在の甲賀市）の「八尾勝」という商店が出した引札②である。ここでは、近江富士の三上山をバックに日の出と鶴というおめでたい図柄を配し、その中央の湖の上では、恵比寿様と大黒様が仲良く藻を刈っている。「藻を刈る」とは「儲かる」を隠喩した絵言葉であるが、琵琶湖では実際に藻を刈って藻泥を採取してこれ

引札②　江州水口町八百勝

を田畑の肥料に供していたので、まんざら単なる語呂合わせでもなさそうである。

こうして、おめでたいキャラクターと図柄を組込んだ絵ビラや引札は、単に自店をアピールすることだけを強調しているのではなく、商売繁盛や幸福といったイメージを全面に演出して、これをもらって店や部屋に貼った人々にも福の神が宿ることを願っているのである。こうした引札は、とくに「正月引札」と呼ばれる年に一度の刷り物として、顧客に対して感謝の印として配られるものが多かった。

「正月引札」のなかには、現在の企業や商店が配布する顧客用カレンダーのはしりといえる暦を載せたものも登場した。明治五年にいわゆる新暦として太陽暦が制定され、公的な場では新暦の採用が義務づけられ、維新以後に制定された国家行事や新たな休日も新暦によって運行された。だが、新暦は旧暦と約一か月のずれが生じたため、盆暮れの商売上の決済やこれまでの生活に密着した年中行事や祭などはなかなか新暦に改まらず、旧暦のままで営まれている地方が少なくなかったのである。

こうした状況のなかで、明治一六年、一枚刷の略暦なら自由に印刷配布できることが出版条例で定められた。これ以後、新旧の暦と年中行事を対照させた略暦を掲載した絵ビラや引札が数多く登場してくる。

以上は、史料館が所有および展示したものであるが、私が近年購入した興味深い引札を二点紹介しよう。一つは大津の「水野骨董店」（一二三ページ参照）で見つけたもので、文明開化を象徴する蒸気船と新暦が組み合わされて描かれており、しかも私の大津の知己である「中川美術館」の館長中川清之（一七八ページ参照）さんゆかりの「御銘茶所」が明治一八年（一八八五）一一月二一日に発行したものである（③）。明治一五年（一八八二）三月には、敦賀と長浜を結ぶ鉄道が柳ヶ瀬トンネル部分を残して開通し、同五月には琵琶湖をわたる鉄道連絡船が大津―長浜間の運航を開始し、同一六年九月には初の鉄船となる第一・第二太湖丸が就航している。㊁のマークを旗印に掲げるこの絵の舟は「第二太湖丸」であろうか。

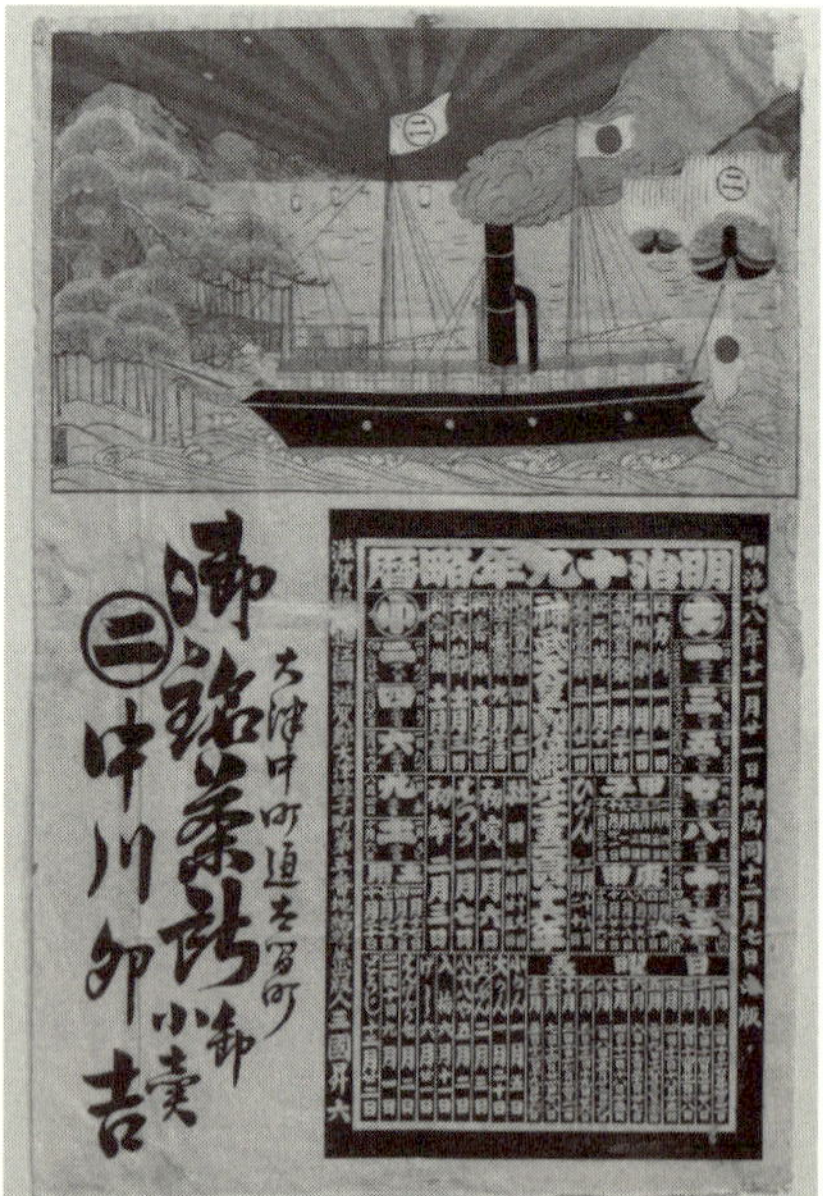

引札③　蒸汽船と新暦

こうした汽車や汽船の運航が、定時法の太陽暦の必要性をいやがうえにも社会に浸透させていった。この引札にも太陽暦に則った明治一九年略歴が示され、主な新旧の行事日がわかりやすく掲示されている。

いま一つは、彦根の「片山道具店」で紹介されて得たもので、「大津実業家案内寿語録」と銘打ち、明治三五年（一九〇二）の大津の主《おも》な商店を双六《すごろく》に仕立てた珍しいもので（④）、正月の祝いに得意先に配られたものである。四六もの商店が、店舗の構えや周囲の風景、お店の商標などとともに描かれているので当時の大津の街並みが髣髴とされて、まるでタイムスリップでもしたような実に楽しい気分になってくる。

双六の「振り出し」は「滋賀県商品陳列場」となっているが、その正式名称は滋賀県物産陳列場といい、殖産興業を目指す政府が地方の有力な物産や新製品を一同に集めて陳列・展示して同時に販売も行わせた施設で、百貨店のはしりと見る人もいる。明治三五年五月に起工し、翌三六年に竣工したこの建物は、三井寺の麓、

引札④　大津実業家寿語録（明治35年12月発行）

琵琶湖疏水辺りに位置する二階建ての豪壮な建築物で、双六の図には、人力車や自転車で来館する者も含めて行き交う人で賑わっている様が描かれている。

「上がり」は三井寺で、境内から大津の街並みと琵琶湖が眼下に映し出されている。現在のような高層マンションもなく、さまざまな伝統的な瓦屋根の商家や町屋の家並みが続き、遠くに比良の山系や近江八景の「唐崎《からさきの》夜雨《やう》」に登場する老松が浮かび、琵琶湖に帆掛け舟が点在する風景は一服の絵のように美しい。

さて、四六の商店を順次進んでいくと、酒・味噌・醤油等醸造業、薬舗、茶屋、旅館、料理屋、下駄・合羽・傘・陶器・銅器・文具などの日常品店、呉服・糸屋など、伝統的な品々を取り扱う商店が軒を並べている。そのうちのいくつかの商店が姿を消しているなかで、「中川茶舗」や日本一美味という「かねよ」の鰻料理店などがいまも健在なのは嬉しいかぎりである。そのほか、ランプ、時計、舶来雑貨、煙草、無煙炭、石油、洋服、銀行など、維新以降の近代化・洋風化のなかで新たに登場した店舗も多く見られる。当時の大津が、伝統的な文物を豊富に保ちながら近代都市へと変貌を遂げていこうとする様が髣髴とされる。

お正月、この双六を囲んで子どもたちがさまざまなお店の噂話をして興じ、またお店や大津の町なかのことを親に尋ねながら、「このお店でこんど何々買って」とおねだりする平和な光景が目に浮ぶようである。

以上、明治期の数々の引札類を見てきたが、それは日本が明治維新による文明開化を経て産業革命に突入し、コマーシャリズムが社会に普及しいく様を広告として記録した歴史の生き証人とでもいうべき存在であった。そこに描かれた風物や店舗・商標などからは、当時の商品事情や変化する地域社会の風俗や世相などをもうかがうことができ、機械文明や近代文明への無邪気な賛歌が見られる反面、いまだ恵比寿、大黒、旧暦といった伝統社会の神や慣習への配慮が見られ、広告のあり方も、消費欲をむやみにかきたてる商品そのものの露骨な表現というよりも世間全体の繁栄への願いのようなものが込められていたように思われる。

現在、われわれは、こうした引札類とは比べものにならない無数の商品広告の渦に囲まれて生活している。それらのなかには、洒落たデザインや心和むコマーシャルも見受けられるが、どぎつく欲望を直接刺激する節度のない商品顕示欲剥き出しのものも多い。そうした商品情報の洪水に溺れそうになりながら、古い商品広告を見るにつけ、商品広告のあり方は本来どうあるべきなのか、また受け手の側も、溢れ来る情報のなかでどのようにしたら己を失わず、ものと直《じか》に、そして心通う付き合い方ができるのかを改めて考えさせられるのである。

9

彦根高商の青春時代

――オマケ博士宮本順三が残したもの

いま一つ、私の職場である滋賀大学経済学部ゆかりの品々を紹介しよう。

経済学部の玄関には、大きな一五〇号の絵が飾られている。それは、韓国斉州島に伝わる伝統的な祭である「漢帑文化祭」を描いたもので、この島に伝わる民俗色豊かな数々の神話、伝説にもとづき、漁民・農民それぞれの生業を踊りの形で表現したものである。そこには、斉州島の民俗服に身をまとい、牛や馬を引きながらさまざまな楽器を打ち鳴らして踊り興じる大勢の人々が生き生きと極彩色で描かれている。

この作者は誰あろう、昭和一〇年（一九三五）に本学部の前身となる彦根高商を卒業し、グリコに入社してからは子どもの喜ぶ数々のおまけを考案し、グリコ隆盛の礎を築いた宮本順三氏であった。氏は在校中には美術部を創設し、大

湖東文藝

阪の中之島洋画研究所で東郷青児や鍋井克之に洋画を学び、東北地方に飢饉あると聞くや救援のために彦根の丸菱百貨店で絵画即売会を開催したり、文芸部に所属して『湖東文藝』を発行するなど、旺盛な文化芸術活動を展開した。

　氏はまた、当時近江の小幡《おばた》人形が廃絶寸前と知るとそれを買い集めるなど郷土玩具の魅力に早くから目覚め、のちのおまけ創作の素地を培ってゆく。戦後、グリコを退社したあとも、日本あるいは世界中を旅して各地の玩具や人形を集め、郷土色豊かな祭を見聞してはその感動を数多くの絵にしたためた。そして、それらは、ことごとく各地の病院や学校などの公共機関に寄贈されてきたのである。

　そんな氏が、それらの数多くの絵画のなかでもこの韓国斎州島の漢拏文化祭の絵をなぜ本学

宮本順三作、漢拏文化祭

部に寄贈されたのであろうか。氏はその理由として、江戸時代朝鮮通信使がいわゆる朝鮮人街道を通って彦根の宗安寺を宿所にしていたという当地と朝鮮との浅からぬ歴史的結びつきを挙げている。しかし、私にはいま一つ氏の心の奥底に去来した事由があったのではなかったかと想像する。宮本氏の自伝的回想録『ぼくは豆玩《オマケ》』（山三化学工業株式会社発行、一九九一年）のなかには、次のような彦根高商時代の一節が登場する。

> 私たちの学生時代、戦争の暗い影は常につきまとってはいたが、やりたいことを精一杯して友人達と青春を謳歌していた。昭和八年の学報には、ヒューマニズムに富んだ記事も見られる。金富栄先輩の論文「在満朝鮮人の現状について一考察」と「同胞へ差別の警告」のタイトルで、朝鮮人学校訪問の記事がある。人口三万ばかりの彦根にアメリカ人のスミス牧師が教会内に朝鮮人学校を開き、十歳から二十歳くらいの生徒に、朝鮮語と商業、算数、地理などを高商の学生達が先生となり教えていたのである（五一ページ）。

ここに登場するパーシー・アルメリン・スミス氏は八七ページにおいて改めて紹介するが、当時、彦根高商の英語教師も務めたアメリカ人牧師で、彦根城とキリスト教の文様を取入れた美しい和風教会を建立し、日米小学校児童の相互交流を図ったり「朝鮮人学校」を開設したりするなどの注目すべき活動を展開していた。宮本氏は、まさにその「朝鮮人学校」をまじかに見、記憶のなかに強く刻み込んで自伝に書き残したのである。

私は、このスミス牧師が抱く和と洋、そして日本とアジアおよび朝鮮の文化を相互尊敬する思想と、宮本氏の世界各地の独自の民俗文化を尊重する心との間に通い合うものがあるように感じる。また、子どもたちの心をつなぎ、そこに幸せをもたらそうとしたところも共通している。

国際化、グローバリズムが叫ばれる昨今、氏は自らの絵画によって、それが単なる欧米礼賛に終わらず、世界各民族、あるいは東西相互の固有の文化の相互尊敬にもとづかなければならないことを母校の若い学生たちに伝えようとしたのではないかと思われてならない。氏は、平成一六年（二〇〇四）一月一三日に八八歳で天寿をまっとうされたが、氏の思いは、その絵画とともに、これからも母校の学生たちを励まし続けるにちがいない。

私はさらに、宮本氏の彦根高商での青春時代の足跡を確かめるために、氏が終生にわたって収集したさまざまな玩具やオモチャを展示している「小さなおもちゃの博物館　豆玩《おまけ》舎《や》ズンゾ」を訪ねてみた。

近鉄奈良線の八戸ノ里駅で降りてビルの三階に足を踏み入れると、そこはまさしく宮本氏が築き上げた「心なごむ都会のオアシス」であった。そこには、氏が工夫に工夫を重ねて生涯かけてつくり続けたグリコのオモチャの数々、全国各地、いや全世界にわたる民俗色豊かな郷土玩具のコレクション、世界の人形や氏が描いた祭の絵画などが所狭しと並べられており、どれもがユーモアと機知と遊び心、そして郷土の香りに包まれていて、そのすべてから子どもの心を和ませようとするつくり手の温かい気持ちがにじみ出ていた。

そのなかで、彦根高商に関係するもので注目されるのは、氏が在校時代に集められた小幡人形であろう。小幡人形はいまから三〇〇年前の享保年間、京都通いの飛脚をしていた初代細居安兵衛が京で人気の伏見人形の製作技法を習い、郷里の小幡（現五箇荘町）に帰って土人形をつくりはじめたのが起源といい、現在では九代目の細居源悟氏が製作に励んでいる。

宮本青年が彦根で集めた小幡人形は、相撲取り、七福神、ニワトリ・キツネ・馬・鯛といった人間に親しい動物や魚たち、武将や兵隊、そしてお城

小幡人形

など色とりどりである。その奥には、氏が青春時代の下宿部屋を描いた絵が立てかけられている。きっと、当時はこんな風に下宿部屋いっぱいに集められた小幡人形が並べられていたのであろう。

いま一つ興味深いのは、氏が昭和九年の七月から八月にかけて彦根高商が主催した満州・朝鮮・北京への旅行に赴いたときに大連の「土俗玩具館」を訪れ、そこの館長であった須知善一氏から贈られた満州郷土玩具の秀品である「遼陽の泥鶏」一対が展示されていたことである。日本の主導による満州国樹立といった帝国主義のきな臭い時代のなかにあっても、そこの民衆が愛した郷土玩具を収集展示した玩具館があったことを私は初めて知った。

宮本氏は、日中戦争が本格化し、中国への侮蔑意識が昂揚していく当時の社会風潮のなかにあっ

遼陽の泥鶏

てさえ、中国文化と中国人への尊敬の念を忘れなかった数少ない日本人の一人であった。氏は、彦根高商時代にも第二外国語として中国語を選択していた。そのときの中国人教師でる白廷賁先生は宮本青年をはじめとする学生たちから心より慕われ、昭和五三年には九〇歳になられた白先生を訪ねる訪中団が形成されて、戦争で引き裂かれた半世紀後の師弟の再会が実現したという（前掲、宮本順三著『ぼくは豆玩』参照）。

氏はまた、あの悲惨な日中戦争のさなかでさえ、派遣されたグリコ奉天工場の勤務の合間に日中の小学校児童の文化交流を図り、両国の児童の絵や作文を携えて小学校を訪問したり、絵本や児童文庫などの交換を行うなどの活動を展開している。氏が彦根高商時代の大陸旅行のときに賜った満州郷土玩具の一つが日本の地に渡り、その手づくりの素朴な土の温かさは、いまもなおこの小さな博物館を訪れる者の心に伝わってくる。その温かさは、近江の郷土玩具である小幡人形から醸し出されるそれと何ら遜色はない。

各国各地方の生活に根ざした固有の文化を訪ねるとき、またそこに暮らす人々の子どもたちを愛する心に触れるとき、人間は国境を越えて手を携え合って血を通いあわせることができるのだということを、素朴で愛くるしい玩具の数々を通して宮本氏は私たちに告げたかったにちがいない。豆玩具一筋にかけた宮本氏の人生から、強い平和と郷土愛のメーセージが伝わってくるのである。

10

隠れた郷土自慢

――彦根りんごと岡島徹州の絵

私は二二年前、滋賀大学に奉職したての若かりしころ、住んでいた官舎の周りの空地に姫りんごの木を植えて、春にその可憐な白い花が咲き誇るのを毎年楽しみにしていた。というのも、学生時代の夏休みによく訪れていた信州の高原いっぱいに咲き誇るりんご畑の光景が青春時代の思い出とともに私の脳裏に焼きついていて、青くピュアで甘酸っぱいイメージがりんごの木に重なっていたからである。

そんな私に、大学の友人で附属史料館で助手を務めている堀井靖枝さんは、かつて彦根に固有の「彦根りんご」という木があったことを教えてくれ、それを忠実に写生したという一枚の日本画を見せてくれた。私はその絵を見たとたん、思わず「わあ、いい絵ですね」とつぶやいた。

単純明快な絵である。しかし、ここに描かれた

岡島徹州「彦根りんご図」

りんごの木の葉の一枚一枚、たわみながら伸びる幹の一本一本、その枝に嬉しそうに留まっているカワラヒワ一羽、そしてそれらのなかにいくつもの風船玉や丸い風鈴のように熟れているりんごの実——これらの一つ一つに瑞々しい生命が宿り息づいている。とくに画家の目は、この独特のりんごの丸い黄緑色の地肌に鮮やかな紅がさして、えも言われぬ輝きを放っているところを見逃していない。それは、私がいままでに見たこともない色彩の不思議なりんごであった。

　彦根りんごの来歴については定かではないが、古来中国から伝えられ、日本各地に伝播して育成されていった和りんごの一種であり、彦根藩では、一八世紀中後期にはりんごを藩主に進上したり、りんごの木を屋敷の庭木の一つとして植えたりする風習が見られ、文化一三年（一八一六）には藩士が借金をしてりんごの苗二〇〇本の栽培を試みた、という史実が確認できる。旧暦七月中旬に結実期を迎えることからお盆のお供物として重宝がられ、維新後は明治三〇年（一八九七）ごろまでは特産品としても名高く、りんご園を経営する農家もあり、多くの家々の軒先にも植えられていたという。だが、昭和の初めころより青森や信州方面から西洋りんごが進出してくるとこれに圧せられて衰退し、昭和三〇年（一九五五）ごろには消滅してしまったという（堀井靖枝「史料にあらわれた彦根りんご」『近江地方史研究』三八号、二〇〇六年九月）。

　この彦根りんごを描いた画家は彦根藩のお抱え絵師の家に生まれた岡島正夫氏で、号を徹州という。戦前は東京の画壇に出て大作を発表して活躍したが、戦災で多くの作品を焼失し、戦後は彦根京町にて刺繍業の下絵を描いて糊口をしのぎつつ絵を描いていたという。この絵は、岡島画伯が、彦根りんご存続に最後まで尽力した八木原太郎作氏の庭先に咲いているりんごの木を、まさに消えんとするのを惜しむかのように心を込めて描いたものであった。

いま彦根では有為の市民たちによって「彦根りんごを復活する会」が結成され、この彦根りんごをもう一度蘇らせようとする活動が本格的に始動している。「復活する会」では、彦根りんごのルーツの調査・研究を深めるとともに、和りんごの木を保存している岩手・石川・長野などの農業機関に協力を求めて、それらの苗木の栽培をオーナーを募りながら実践している。そうして得た原種の和りんごの枝をもとに、農園で接ぎ木を行って数を増やし開花の季節には花見を行ったり、また二〇〇七年の三月には「国宝彦根城四〇〇年祭」の協賛事業として彦根市内のりんご園で市民約四〇〇人による接ぎ木体験イベントを実施するなど、運動の輪は着実に広がっている。

明治維新以降の日本は、脱亜入欧を唱え、西洋社会に範をとった近代化を推進してきた。その結果、あらゆる分野で西洋化が進展したことによって新たに得られたものも決して少なくない。しかし、その過程で長年月にわたって培ってきた独自の地方文化のなかには省みられずに消滅・衰退してしまったものも見られる。彦根りんごはそうしたものの象徴のようにも思われ、それを復活する試みは忘れられた大切なものをもう一度取り戻し、本来地域に根ざしていた文化を再建しようとする試みの一つに思われてならない。今後の、彦根りんご復活の歩みにぜひ期待したい。

さて、そんな彦根りんごと岡島徹州のことを彦根のなじみの骨董店である片山道具店で話題にしていると、「先生、徹州さんならとてもいい絵がありますよ。ご覧になりますか」という思わぬ返事が返ってきた。

その絵が、巻頭の口絵（三ページ）に掲げたものである。これを見て一瞬息を呑んだ。彦根りんごの絵に触れたときに感じた新鮮な命の息吹が、画面全体からほとばしり出ているからである。大正一〇年（一九二一）、徹州若かりしころに描いた白梅図であるが、伝統的な日本画の形式にとらわれず、複雑に曲がりくねり交錯する枝を縦横無尽に描き、その枝先に白梅の花弁があふれんばかりに咲き誇っている。まるで、アール・ヌーボーの絵画を観るようである。

ほんのり薄桃色に色ずんだ白い花弁とその中心にやや濃く染まった紅の芯、そして濃い茶をにじませた朱色の萼《がく》とが絶妙なコントラストをなして、絵全体に心地よいアクセントを醸し出している。そして、右上部の一枝にはシジュウカラが一羽静かにとまっている。薄紅色の白梅のなかに、白い頬かむりと黒のキャップ、すーっと伸ばした青緑の羽が輝いている。さらによく目を凝らすと、中央少し下の画面には二羽の小鳥がさっと飛翔する様が裏面からとらえられている。この鳥たちの静と動、花たちの色彩の多彩なきらめきが一体となって、この絵全体に生命の躍動感を与えているのである。

この絵を紹介してくださった片山道具店は、彦根旧市街の京町に居を構える彦根随一の骨董店といってよかろう。古陶磁（湖東焼・信楽・梅林・比良など）、掛軸（直弼・鳴鶴など）、絵画、ガラス器（ランプ類・酒器・瓶手毬など）、布（近江麻布）、木製品（朽木盆など）、看板・引札類では近江商人や地元商店にかかわるものなど、その品揃えの豊富さと品質のたしかさには定評があるだけでなく、彦根または滋賀県全般にゆかりのある品を豊富に取り揃えている。いまはご主人夫妻に加えて若い息子さんも店を預かっているが、その骨董を見る眼の確かさにはいつもながら感心させられる。

いつぞや、他店で購入した湖東焼の杯《さかずき》を持参したところ、言下にそれが大正期の「湖東写し」であることを見抜かれた。また、骨董にまつわる近江の人物・風土・歴史にも造詣が深く、常々話のなかから多くのものを教えられる。

こんな郷土文化博物館のような骨董店が健在であることが、彦根の町に大きな魅力をもたらしているのである。

片山道具店の店内

11 茶の心を伝える
――北野寺にて

私が勤める滋賀大学経済学部のすぐ裏手に、北野寺という由緒正しいお寺がある。喧騒の世界から一歩山門をくぐってなかに入ると、いつも季節の草花がさりげなく咲いて参詣者を迎えてくれる。目の前には、広々とした境内と大きな伽藍の本堂が控えている。ここに来るとなぜか自然と手をあわせたくなり、穏やかな気分に満たされてくる。

北野寺は、かつては彦根山（現在の城山）にあって彦根寺といい、養老四年（七二〇）元正天皇の勅願により、彦根山麓に居を構えていたという藤原鎌足の孫にあたる房前が建立したも

北野寺境内

のと伝えられている。近世になって井伊家入府のあとは、真言宗を拝する井伊家の祈願寺として栄えてきた。本尊には金色の亀に乗って現れたという聖観世音菩薩を奉り、彦根山にあったときには、とくに眼病や耳の病の難を払うご利益があるということから、天皇や摂関家などの高貴な方々をはじめとして多くの人々が都からの巡礼に馳せ参じたことから、その参詣道は「巡礼街道」と呼ばれるようになった。そして、今日でも、近江西国観音霊場第十四番札所として庶民からの厚い信仰を集めている。

だが、興味深いのは、そうした観音信仰と並んで、彦根山が吉野系の山岳信仰に連なる霊場でもあったということである。応永一七年（一四一〇）に吉野山の竹林院にいた俊乗という別当が「役《えん》の行者《ぎょうじゃ》（小角《おづぬ》）」の仏像をつくらせて彦根寺に奉納し、いまもそれが北野寺に伝えられて現存しているのである。役の行者こそ、日本の古来からの土着の自然崇拝・山岳信仰の神の化身であり、それが外来の仏教のなかに取り込まれつつなお生き生きとその信仰を衆生に保っていたことの証である。観音信仰とともにこの山岳信仰が共存していたことに、日本の神仏習合

役の行者

の見事な実例を見ることができる。

総欅《けやき》で彫られたこの像は、仏像というよりも山野の生き物とともに生きる仙人か修験者の風貌を漂わせている。そして、私には、この像の面持ちがどうしてもいまも北野寺を守られている野路井宏之老師と重なり合ってしまう。厳父のような厳しい面持ちながら、やさしい慈愛にあふれ、しかもどことなく飄々として物事にとらわれない軽やかさも身につけておられる。野路井老師は、生涯を福祉事業に捧げられる傍ら、山野草をはじめとして身近にある動植物を心から慈しんでこられた方である。また、高齢になられてからも鋭い社会批判の眼差しを忘れず、しかも少年のような遊び心と暖かなユーモアを湛えた人でもある。私には、この老師がいまの日本になくてはならない現代の「役の行者」のように思われてならないのである。

もう一つ、今度は観音信仰の心をそのまま表したような書が北野寺に残されている。大慈大悲で衆生を済度《さいど》することを本願とした観世音菩薩の心そのままに「慈眼」と書かれたもので、北野寺に親しく通ったという井伊直忠氏（直弼の孫。号を琴堂《きんどう》という）の手になるもので「為野路井

井伊直忠書「慈眼」

氏」と添え書きされ、長らく広間の茶室に額装にして掲げられていた。私も野路井老師の奥様を師に、一〇年以上も茶道を嗜んでいる不肖の弟子であるが、この「慈眼」という言葉ほど北野寺の茶室の雰囲気と両先生の心根を表している言葉はなかろう。

奥様は、茶道を通してあまねく慈愛の眼差しを誰彼の隔てなく弟子のみんなに降り注いでこられた。知育一辺倒な現在の高等教育のなかにあって、学生たちに少しでも「和敬清寂《わけいせいじゃく》」の心を身につけてもらいたいと数年前に茶道部を創設し、奥様にご指導を仰いだ。そして、初めは理屈ばかりで角々しい心の学生が先生のもとで茶道に精進するにつれ、卒業するころにはすっかり心の内側から美しくなっていく姿をこの眼で何度となく見てきた。

野路井先生は、いつでも自然の花々や生きとし生けるものの息吹きに新鮮な驚きと感激を忘れない、少女のようにきれいな心をもった方だとつくづく思う。先生がただ居るだけで座が穏やかで明るく和やかになり、そのお人柄にひかれて何十人、いや何百人もの老若男女がこの茶室に集って稽古を積んできたのである。

稽古風景

最近も、忘れがたい茶会のなかで、やはり忘れがたい逸品に出合った。その一つは、平成一八年一一月に野路井先生が「ホテルニュー近江」の茶室で催された秋の茶会である。先生の長年にわたる茶への思いと客人たちへの細やかで温かい心遣いが随所に感じられ、感慨一入《ひとしお》であった。

　そのときの待ち合いに掛けられていた茶掛けの一服が、私の心をとらえた。それは、当代一流の女流画家上村松園の子息で、日本画家の泰斗上村松篁の若かりしころの作品であった。上村家が野路井家の遠い親戚にあたるというえにしから北野寺に残されたもので、戦時期の最中に松篁青年から送られたものだという。黄緑色に実った金柑を素直、素朴に描いたものであるが、秋というたそがれの雰囲気のなかでさえ、いまだに初々しい青年の心が表されているようでなぜか心ひかれるものがあった。おそらくそこに、長い茶道の道のりを経てもなお溌剌とした清らかさを失わない先生の面持ちを感じたからにほかならない。

　いま一つは、平成一九年一月七日に催された恒例の初釜の茶会である。本当に老若男女という言葉がぴったり当てはまるように、一〇代後半の学生から壮年、老年の親しいお弟子さんたちが

上村松篁筆、金柑図

一同に会した。「白珪尚可磨」の裏千家家元の軸が掲げられ、初雪がちらつく中庭を眺めながら、彦根の老舗の菓子舗「いと重」さん（一六六ページ参照）から届けられた花びら餅を口に含み、おごそかな気持ちで金銀の泊が施された茶碗で濃茶をいただいた。

深い味わいの濃茶が口のなかに染み入るのを感じながら、こうしてまた野路井先生のもとにみんなが集い、今年も健やかに茶の道に精進できるのだという喜びがふつふつとわき上がってきた。そして、この濃茶を容れるために用意された茶入れには、彦根における茶の伝承を物語る特別な逸話が宿っていた。

大ぶりでふくよかな容姿をたたえたこの茶入れは古瀬戸の文琳《ぶんりん》茶入れで、井伊家に伝来したものという。代々の当主が茶の湯を嗜んできた井伊家では、名物と称されるさまざまな茶器が伝来していたが、その多くは江戸屋敷に保管されていた。ところが、関東大震災で被災した際に大八車にできるだけのお宝を積んで必死で持ち出そうとしたが、それでも多くの名品が焼失してしまったという。そのとき、箱や仕覆《しふく》は消失したが、かろうじて焼け跡から救い出された茶器がこの古瀬戸の茶入れであった。

それを救い出したのは、井伊家に仕えていた中村元麻呂氏で、その奥方が野路井先生の茶の師匠である中村宗芳さんであった。宗芳さんは京都の老舗料亭である「瓢亭」から中村家に嫁いできた方で、京都仕込みの茶の文化を彦根に伝えたのであった。そして、焼失した仕覆の代わりに、宗芳さんはご自分の嫁入りのときの内掛けと帯の生地で新たに二つの仕覆をしつられたのである。一つは「宝尽くし」、いま一つは「亀甲文様」で、現代のようなきらびやかで派手な文様ではないが、渋いなかに華やかさを宿していぶし銀のような味わいを醸しだしている。

　いまから四〇年以上前、野路井先生は師匠である中村宗芳さんから茶の教えを受け継ぎ、その形見の品としてこの茶入れと仕覆を賜ったのだという。こうして、井伊家が育んだ茶の精神はそこに伝来した茶器とともに北野寺に伝わり、私たちのもとにまで届けられたのである。

　近江はいまなお仏様の力が人々の生活を支え、また茶道が人々の生活に息づいている国といえるかもしれない。いや、いつまでもそうあって欲しいと願う国である。知育をきわめる現代教育と心根を正し清める精神修養の場がバランスよく保たれてこそ、人は初めて心身の安寧を保てるのであるから。

古瀬戸茶入れ

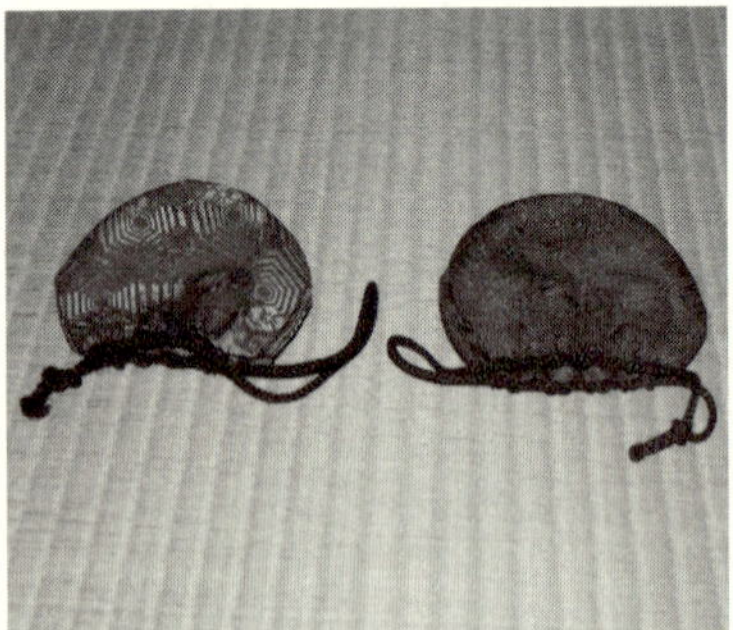

仕覆

仏の教えを伝え続ける北野寺にいまも残されている「役《えん》の行者《ぎょうじゃ》」像と「慈眼」の書は、日本の良き心と美しい姿を伝え続ける野路井先生御夫妻の肖像そのもののように思えてならない。両先生はまた、この一〇年あまり私が心血を注いできたスミス記念堂の保存運動に対しても、常に陰になり日なたになって私を応援し支えてくれた。野路井宏之老師は、ご自身が主催される山野草会の収益をいつも再建費用に寄せられ、また奥様も常に私を励ましてくれ、公私にわたる温かい援助を惜しまれなかった。私が一〇年にわたってこの運動を続けてこれたのも、両先生の温かい励ましがあったからこそと心から感謝している。

　この記念堂そのものが東西両洋の文化の相互尊敬という茶道精神につながる精神を宿しており、記念堂再建の運動と茶道の精神とは私のなかでは深くつながるものであった。再建が成った暁には、先生や学生たちに平和を祈る茶会を催していただくつもりであり、またそれが夢でもある。

12 市民による文化財保護運動の象徴
——スミス記念堂

骨董とは、古《いにしえ》より人々が美しい、いとしいと感じた品々を大事に使い、鑑賞しつつ後代にまで残し伝えてきたものである。そこからわれわれは日本文化のエッセンスを手に取って味わうことができ、今日に引き継ぐことができる。そういう意味で市井《しせい》に出てみると、前代より大事に扱われ、そして残されてきた貴重な建造物に遭遇する。今度は骨董店から外に出て、彦根の街なかに残る貴重な建造物のなかに骨董的な価値を見いだしてみよう。

そんな思いで、私がいま一番魅力を感じ、後世にまでぜひ残し伝えたい建物がある。大学に至る少し手前の濠端に、その建物はひっそりと佇《たたず》んでいた。私は大学へ通う道すがら、いつも不思議な気持ちでその建物を外から眺めていた。キリスト教の教会の敷地内に立てられているのに外観はまるで日本の寺社のお堂のようではないか。それに、外屋根の一部は風雨で崩れかけている。平成八年（一九九六）の初夏、なんとも怪しげな雰囲気を漂わせているその建物に、私は一度足を踏み入れる機会を得た。

この建物のなかに一歩足を踏み入れたときの感動を、いまでも私は鮮明に覚えている。「何という、美しい清浄な空間だろう」と、思わず心のなかで叫んでいた。

建てられてから六五年となる歳月は屋根の一部を朽ち果てさせていたが、内部は良質の檜がまだ赤光をして輝いておりまったく損傷はない。そして、木の香りが室内を満たして心地よく体を包んでくれる。梁や欄間にも装飾があるが、実にシンプルである。これまでここを大事に、そして清浄な場所として使ってきた人々の気持ちのありようがそのままこの部屋には満ちているようである。そう、この部屋は長らく教会の礼拝堂として使われてきたのだ。

そして、この部屋にはなんとも不思議な響きが奏でられている。寺院や神社のお堂のような佇まいは、日本の伝統的家屋そのままである。向背《ごはい》の唐破風《からはふ》や花頭窓は、彦根城のそれを模しているという。しかし、よく見ると、扉にはキリスト教ゆかりの葡萄の文様と日本人になじみ深い松竹梅が仲良く描かれている。そして、十字や鳩や葡萄の文様も当たり前のように日本の瓦や梁に刻み込まれている。聖書の書見台はケヤキの一木で彫られたマリア像が支え、その下には二体の天使が見守っているが、そのお顔や姿は遠くはなれた異国人の風貌というよりも、どこか東洋人になじみ深い親しみを感じる。よく見ると、マリア様は救済に向かおうとする仏のように、半歩おみ足を前に踏み出されている。

不思議と感じたのは、この和と洋の本来相反する要素が実にしっくりと、違和感なく溶けあっていることである。葡萄や十字の文様は自己主張が強すぎて、それを包む伝統的な日本の建築様

平成８年夏、崩れかけるスミス記念堂

内部

式の雰囲気を潰してしまうということは決してない。むしろ、両者は寄り添いあい、互いにその魅力を照らしあって輝いているのだ。

もうおわかりであろうか。この建物は、昭和六年（一九三一）、アメリカ人牧師で彦根高商の英語教師でもあったパーシー・アルメリン・スミス氏が彦根の大工宮川庄助氏の助力を得て、日米双方から巨額の寄付や資材の提供を受けて彦根城のほとりに建てられた和風の教会堂である。その名は、建設者にちなんで「スミス記念礼拝堂」という。スミス氏は、この建物を両親の記念に建立したが、そこには東西両洋の国民が相互に尊敬し合う平和への思いが込められていた。事実、スミス氏は教会活動のほか、地域の学生や夫人たちとの交流を深め、また日米両国の小学児童の交流や朝鮮人学校を開設するなどの活動も行っていた。

聖書書見台のマリア像

スミス氏写真

スミス氏と親交のあったアメリカ、イリノイ州のスミス・スクールの児童たちと彦根西小学校の児童たちは、互いに手紙をやり取りしたり、みんなでつくった書画や工作品を交換し合ったりして心温まる交流を展開し、新聞でも「太平洋を遠く隔てた日米児童の手で結ばれてゆく国際親善の佳話」と評されていた（『大阪朝日新聞』滋賀版、昭和九年五月三日）。

また、スミス氏が開校した「朝鮮人学校」では、毎週火曜日と金曜日の夜、彦根高商の学生たちがボランティアで授業を行い、日本語、商事、算術、地理の科目を受講した「朝鮮人」の生徒は五〇名に上ったという（拙稿「スミス記念堂の保存活用をめぐる市民運動とまちおこし」『彦根論叢』滋賀大学、第三四八号、二〇〇四年五月、参照）。こうして、アジア・太平洋戦争へ突入するわずか数年前までこの彦根という小都会で、日・米・アジアの民が互いに心を通わせ、協力し合う平和的な国際交流が続けられていたのである。

スミス氏はまた、日本、とりわけ彦根の風土と人々を愛してやまない人であった。美しい彦根城と直弼以来彦根に受け継がれた「和敬清寂《わけいせいじゃく》」の伝統精神と開かれた国際的視野、そうした彦根の風土がスミス氏をして、この独特の礼拝堂を造らしめたとは言えないだろうか。

この建物は、平成八年（一九九六）秋、市の道路拡幅工事のため撤去される危機に直面した。このときから、彦根市民たちのこの建物を後世に残すための闘いがはじまった。森将豪先生をはじめとする大学の先輩や友人、さまざまな市民のねばり強い後押しが市を動かしてこの礼拝堂は撤去を免れ、一時的に解体されて保管された。その後、さらなる熱意ある市民や企業家たちの支援を得て「NPOスミス会議」が平成一六年（二〇〇四）六月に結成され、再建に向けた運動がいっそう活発化し、ついに平成一八年（二〇〇六）一二月、こうした市民の粘り強い運動がようやく実って彦根市が提供した濠端の地に、この建物は見事に蘇った。

　彦根に来られた方は、彦根城を濠端に望むこの建物をぜひ訪れていただきたい。伝統的な和の建築美の素晴らしさ、心洗われる清浄な空間、そしてこの建物とそこに込められた精神を残そうと奮闘した市民たちの思いを感じとっていただきたい。

　思えば、この歴史的文化遺産を守る運動のなかで、実に多くの市民が献身的な努力を惜しまなかった。建築家、企業家、大学人、政治家、ジャーナリスト、さまざまな文化人や主婦の方々とともに署名運動や募金

再建されたスミス記念堂

活動に奔走したり、見学会やチャリティーコンサートを開いたり、さらには「要望書」を携えて市とねばり強く交渉を重ねていったことが昨日のことのように思い起こされる。ときには大舘古美術店の二階のお部屋を借りて会合を開き、料理を持ち寄っては慰労会や激励会を開いて語り合ったことがいまでも忘れられない。そんなときの大舘さんのいつも明るく屈託のない笑顔が、どんなに苦しい局面になってもいつも私たちを励ましてくれたように思われる。そして、北野寺の野路井両先生が多くの社中の方々とともにこの運動を応援し支えてくれたことはすでに述べたとおりである。

骨董に代表される伝統的な文化財を愛しむ心、また和敬清寂を尊ぶ精神は、スミス記念堂に結晶した東西両文化を相互尊敬して平和を祈念する心と深く通じるものであり、何よりも彦根独自の文化遺産をこの地に残したいという思いを共有するものであった。

今後、蘇ったスミス記念堂は、そこに込められた精神を引き継いで、彦根のまちおこしの拠点として、また市民の誇りと憩いの場として、市民に愛されながら末永く使用され続けていくことであろう。

（付記）　スミス記念堂の再建と維持管理には数千万円を要し、すべてを募金に頼っている。心ある読者諸氏のご支援・ご協力をお願いする次第である。詳しくは「ＮＰＯスミス会議」のホームページを参照していただきたい。

13 喫茶「邂逅」で出合ったもの
——民芸の心と大津絵

彦根における骨董をめぐる旅も、このあたりで一休みをしてコーヒーブレイクとしよう。仕事に倦《う》んだときやちょっとした時間ができたときに、私がきまって立ち寄る素敵な喫茶店がある。駅からお城に向かって真っ直ぐ進み、彦根市役所の手前の横道を少し奥に入ったところにその喫茶点はある。「邂逅《かいこう》」という洒落た名前で、その名のとおり、さまざまな人や骨董に邂逅できる。

店内に一歩踏み入るとほのかに木の香りが漂い、珪藻土のクリーム色の壁が心を落ち着かせてくれる。淡い日の光が降り注ぐなか、その壁や棚にはマスターお気に入りの骨董がさりげなく飾られていて、私の眼を楽しませてれる。ほのかに甘いチーズケーキと、ほろ苦いコーヒーが口のなかで溶け合うのを感じながら、季節ごとに取り替えられるさまざまな古美術品について、あれこれとマスターと骨董談義に花を咲かせるときは至福の時間となる。マスターの武田洋三さんとは、野路井先生のお弟子さんが講師を務めている茶道教室で知り合った。その講師の方からの依頼で私が柳宗悦に関する話をさせていただいた折に、武田さんから見せていただいた柳の「心《こころ》偈《うた》」の書がいまでも心に深く残っている。

それは、茶道の場に相応しく「茶ニテアレ茶ニテナカレ」という短い言葉を綴ったものである。柳は、茶道の持つ精神文化の深さと茶人たちの審美眼に深い尊敬を払って、「茶ニテアレ」と茶道を肯定するが、他方で現行の茶道が特定の型にはまった美的規範に縛られて自由を失っていることへの批判を込めて「茶ニテナカレ」と言っているのである。私も柳直筆の「心偈」の一文をこれほど間近にじっくりと見たことはなかったので、さすがに「民芸」という美の大きな道を切り開いた人の大らかで自信に満ちた書に感慨を覚えた。

だが、いまではこの文言は、柳の唱導した民芸そのものにも言い得るのではないかと思っている。従来顧みられなかった民衆の生活のなか

喫茶「邂逅」の店内とマスターの武田洋三さん

にある「雑器の美」、「下手物の美」を再評価し、多くの日本中の特色ある民衆的工芸を掘り出し、その復権を図った柳の功績はどんなに強調してもしすぎることはあるまい。しかし、そのあまり民芸の美こそがあらゆる美の本道であり、「上手物の美」や「天才の美」を顧みず、また個人の主観や強い自力による美の創造心を排して、ひたすら他力道による「無心の美」「無事の美」を唱えるに至っては、やはり「民芸ニテアレ、民芸ニテナカレ」と言いたくなってしまう。

それなら、従来のような自力・天才・個人技の美に舞い戻ればよいではないかというと、それではせっかく柳が切り開いた道が無駄になってしまって意味がない。自力と主体性のみの強調では、それが他を押しのける競争や闘争、そして孤立、嫉妬へと陥ってしまう道を防ぐことができないからである。近代以降における自力・主体性・個性を一方で十分に評価しつつ、なおそれが他人や自然と共存できるいっそう大らかで自由な世界へ羽ばたくためにこそ、自我がすべてのものに生かされていると訓える「他力思想」が必用なのである。そうした意味で、いままさに自力と他力の関係のあり方が問われているのである。

コーヒーの香りのなかでそんなことを思いつつ、ふと壁に

柳宗悦筆「心偈」より

かかっている絵を見ると、それはまさしく柳が民芸の美として発掘評価した「大津絵」ではないか（巻頭口絵四ページ写真参照）。大津絵とは、江戸期に東海道大津宿追分あたりの街道筋で土産物として売られていた民画である。この絵は「鬼の行水」をモチーフにしており、鮮やかな発色はまったく衰えておらず、おおらかで力強い筆致とそこはかとなく漂うユーモアが見るものの心をひきつけてやまない。この単純でおおらかな鬼の絵を見ていると、幼いころ、節分になると父が「鬼は外、福は内」と言って家中に豆を撒いていた姿がなつかしく思い出される。民芸の美とは、たしかに近代人がどこかに置き忘れてきた心のぬくもりのようなものを与えてくれる。

私の家にも、彦根藩の御用絵師であった岡島波香が大正時代に大津絵を題材に描いた掛け軸がある。岡島波香とは、彦根りんごについて触れたときに紹介した岡島徹州（七二ページ参照）の父であり、この絵も片山道具店にて得たものである。これを見ると、もとより江戸期本歌の大津絵のもつ簡素で力強い魅力には遠く及ばないが、大津絵十種、すなわち「雷の太鼓」「若衆鷹匠」「矢の根持」「藤娘」「座頭犬を追う」「外法の頭を剃る」「瓢箪鯰」「槍持ち奴」「釣鐘をかつぐ弁慶」「鬼の念仏」がすべて描き込まれているところが面白い。さらに親切なことに、一つ一つの絵のモチーフの解説までが添えられている。それによると、「鬼の念仏」は「諸々の邪気を払い小児の夜泣きを止む」とある。また、「鬼の行水」は「体だけ洗って心を洗わぬ人への戒め」であるという。そのほかにも、「鬼の三味線引き」など鬼を題材にした大津絵は多い。

鬼とは、天狗と同様、そもそも人間がつくり出した魔物である。遠い昔、縄文の民が狩猟採集の生活を営んでいるなかに、大陸から進んだ文明をもった弥生人が仏教と稲作を携えて渡来し、以後、土着の民は渡来人との抗争を繰り広げながら徐々に滅ぼされたり醇化《じゅんか》させられ、山間僻地や北の果て、南の果てに追いやられていった。彼らは「熊襲《くまそ》」「蝦夷《えみし》」として討伐の対象となり、また「山人」「山家」と呼ばれて、ときには世の安寧を乱す「天狗」や「鬼」として恐れられていった。

その後、長い年月をかけて稲作と仏教文化は日本中に広がっていったが、稲作も豊かな森林を必要とする以上、仏教も自然信仰・山岳宗教との融合を果たしていった。江戸時代になれば、そうした日本国家の全国統治も安定し、人々はかつてのように鬼や天狗を人間に大きな天罰や災いをもたらすものと恐れず、より人間化した親しみやすい存在として人

岡島波香筆、大津絵十種

間社会の秩序のなかに共存させていった。大津絵の「鬼」は、念仏を唱え、三味線を弾き、行水をするまでに人間化し、親しげな存在になっていた。

だが、まだ人は鬼や天狗を忘れてしまったわけではなかった。まだまだ、人知未踏の奥山や獣の世界は厳然として人を寄せつけていなかったからである。そして、いよいよ近代となると山は「資源」と見なされ、巨大な科学技術を手に入れた人間は、奥山の果てまでも開発の手を緩めなかった。そこにはもう、「鬼」も「天狗」も「妖怪」も住んでいられる場所はなくなってしまった。自然を恐れなくなった人間はもはや「鬼」を必要としなくなり、人間自らが自然破壊の「鬼」と化した。こうして江戸期の、どこか稚拙だが愛らしく迫力ある大津絵の世界は近代からは消えうせていったのである。

われわれはいま、科学と自力の妄信・驀進による抑制を失った現代文明のなかにあって、自然破壊・人間破壊の現実に直面している。自力の果てに、人を傷つけ、自然を傷つけ、己も傷つき、ようやく人はすべてのものによって生かされていることに気づく。そういう意味で、「民芸」「他力」「大津絵」「鬼」がもった意義をもう一度とらえ直し、それを「主観」「自力」の文明のなかに蘇生・調和させる術《すべ》を本気で考えねばならないときに来ているように思える。

さて、話が大津絵に移ったところでそろそろ彦根から脱出して、琵琶湖に遊び、中山道を下って大津に向かう旅に出ることにしよう。

第2章

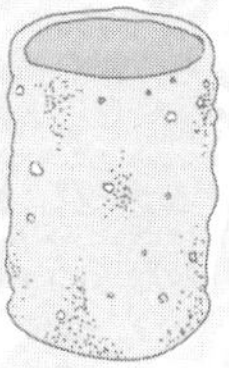

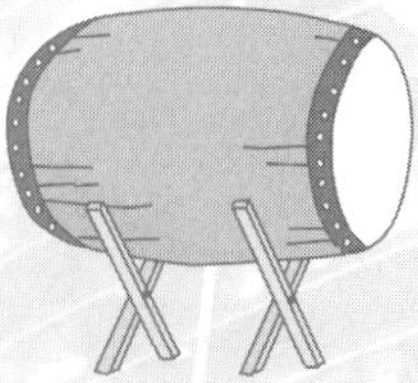

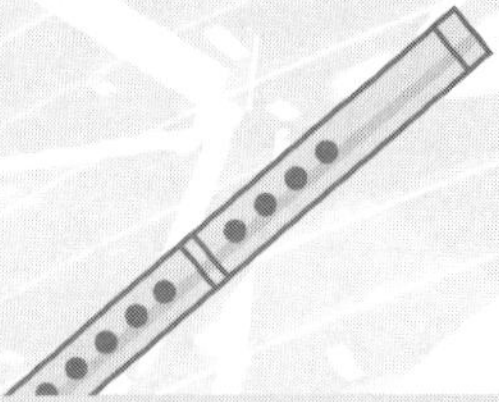

琵琶湖、中山道、大津への旅

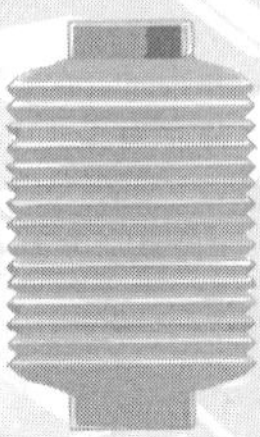

大津、琵琶湖岸の風景

近江を彩る風土的特徴といえば、何といっても琵琶湖の存在である。琵琶湖の沿岸には、戦前までは鬱蒼とした葦が生い茂る内湖がいくつもあった。そこは、稚魚を育む揺籃《ようらん》の場所として、また水環境を整える自然の浄化槽として、さらには周辺住民の漁場として人と生き物たちを支えてきた。その内湖を出れば、広大な外湖が広がる。ここは魞漁《えりりょう》など本格的な漁業が展開されるばかりでなく、湖岸各地域を舟で結ぶ交通路として栄えた。それはまた、京都から大津に出て、湖上をわたって彦根を経て東国へとつながり、さらには湖北の塩津などを経て敦賀から日本海、北陸、東北、北海道へとつながる交通の大動脈でもあった。さまざまな人、モノ、情報を乗せた帆船は、明治以降は蒸気船に代わって湖上を疾走した。湖上にはまた、人々の信仰を集める霊場である沖ノ島、多景《たけ》島、竹生《ちくぶ》島などの島々が連なり、舟運や漁場の基地としても役立ってきた。

こうしたなかで琵琶湖は、人々の生活とともにありながら、たぐい稀なる美しい景観を形成してきた。古来よりその情景は歌や句に詠まれ、近江八景の背景に描かれ、近代に至るまで多くの画人の目をひき付けてさまざまな絵画として残されてきた。琵琶湖は人々の生活と経済を支えるマザー・レイクであるとともに、人々の豊かな情感を育み、詩情を培う心のふるさとでもあった。

いま一つ、近江の風土を特徴づけるものを挙げるとするならば、それは東西南北を縦横に走る街道である。東には中山道と東海道が走り、草津宿で分岐している。湖北・湖西には北国街道や若狭街道（鯖街道）が通って、日本海と結んだ。街道の要所には宿場が設けられ、人馬が行き交い、街道筋には大名行列を泊める本陣・脇本陣をはじめとして大小の旅籠や木賃宿のほか、日常品を扱うさまざまな店も立ち並んだ。そこは人、モノ、情報の交差点であり、文化発祥の地でもあった。宿場の様は浮世絵に描かれ、茶屋で供された菓子や旅の土産に売られた大津絵は芭蕉の句にも詠まれた。旅籠《はたご》には文人墨客が逗留《とうりゅう》し、多くの風土性豊かな詩歌や絵を残した。

本章では、こうした近江の風土性に鑑みて、琵琶湖や街道をめぐりながらそこに残された文化遺産や骨董の数々、そしてそれらと人々との交わりを追ってみたい。今回は、彦根から琵琶湖の多景島へわたり、中山道を下って愛知川《えちがわ》宿、草津宿、膳所町の周辺を散策して大津宿へと旅したい。愛知川は近江の特産物である近江上布の集散地として著名であり、草津は中山道と東海道が交わる交通の要衝であり、大津は琵琶湖から上がる諸国の物産の集積地であるとともに京都との交流も盛んな地であった。また、膳所、大津を中心とする湖南エリアは、石山寺や義仲寺、三井寺などを擁し、中世より近江八景として人々の脳裏にその美しい景観が刻み込まれた地でもある。

現代の湖国は、湖岸道路や高速道路、新幹線が走り、マンションやホテルなどの高層建築も目立つようになってきた。しかし、その高く、疾走する現代の風景から一歩なかの街道に入り、人々の暮らす町なかに歩を進めれば、そこには古来から蓄積され脈々と受け継がれてきた文化の泉がいまもこんこんとわき出ている。それらを汲みだして味わい、もう一度現代生活のなかで見つめ直すのがこの旅の目的である。さあ、一緒にテクテク旅を続けよう。

1 琵琶湖多《た》景《け》島へ謎解きの旅
――誓《ちかい》之御柱《みはしら》

いつだったか、まだ彦根の土川さんのおばあちゃんがお元気だったころの話である。例のごとくお店を覗くと、いきなりこう尋ねられた。

「せんせい、ちょっと面白い塔の置物があるんだけど。見てくれない」

そんな声に誘われて見てみると、それは奇妙な塔の置物のようなもので、五角形の台座の上に五面の塔がそびえ、高さは一五センチほどもあった。

「せんせい、よく見ると塔の側面に五か条のご誓文が書いてありますやろ。これ、いったいどんなときに使ったものでっしゃろな。わかったら教えて下さいな」

本当だ。塔の側面には五か条の誓文が書かれ、下の台座にも、菊の紋章や「天晴れ」、「弥栄」

「誓之御柱」のレプリカ

といった奇妙な文言が掘り込まれている。しかし、いったいいつこれがどんな目的でつくられたのかまったく見当もつかない。このとき、彦根市史編纂の近代部門の専門委員を務め、彦根の近代史の調査研究も行っていた私に、俄然、歴史家の探究心がムクムクとわきあがってきた。

早速、次の日からこの不思議な置物の謎解きがはじまった。とはいえ、史料や文献からは手がかりがなかなかつかめなかった。結局、何人もの人を尋ね歩いた結果その正体を教えてくれたのは、私がお茶の稽古に通う北野寺のご住職（七八ページ参照）であった。

お茶の稽古が終わり、楽しい団欒のときに何げなく尋ねてみたら、これが琵琶湖に浮かぶ多景島にいまも聳え立つ「誓之御柱」という巨大な塔のレプリカであることを教えていただいた。私は、矢も立てもたまらず、数日後には彦根港から多景島行きのフェリーに乗り込んでいた。フェリーは波しぶきを立てて夏の琵琶湖を疾走する。振り返ると、近江絹糸の彦根工場ののこぎり屋根や高い煙突が遠ざかっていく。島に近づくにつれ、まるで「ひょっこりひょうたん島」のような島の形が現れ、その一方の山の上に大きな塔らしきものがくっきりと視界にとらえられるようになってきた。

一五分くらいで島に着き、いよいよ上陸してその塔の真下まで行くと、何とコンクリートの五角形の台座の上に一二三メートルもの巨大な青銅製の塔が天を指して聳え立っているではないか。そして、あのレプリカにあったように五か条の誓文が刻み込まれ、菊の紋章も「天晴れ」などの不思議な文言も圧倒的な迫力で迫ってきた。

　多景島はもともと信仰の島であった。その昔、この島からときどき法華経を読む声がするという言い伝えを聞き及んだ長浜の妙法寺の僧侶、慈雲院日靖上人は、以前、夢枕に立った尊者から教わった仏の島こそこの多景島に違いないと早速島にわたって石の宝塔と庵室を建立し、「霊夢山見塔寺」と号して琵琶湖に沈んだ人々を供養し、行き交う舟の安全を祈願した。法華経の信仰が厚かった彦根藩主三代の井伊直澄公は、見塔寺に寺領として二町歩（約二ヘクタール）を寄進して彦根城の裏鬼門の祈願所としたのである。

「一体、これは何なのだ。もともと琵琶湖の安全を祈る信仰の島であった場所に、誰がいつ何のためにこれをつくったのだ」

多景島の風景

この巨大な塔を前にして、こうした疑問が私の心を激しく突き動かした。
彦根に帰ると、早速、調査がはじまった。当時の新聞、地元小学校や図書館、県庁などに残された史料を丹念に調べ尽くした結果、ようやく次のような建設由来が判明した。

この塔は、大正一四年（一九二五）八月、当時の滋賀県警察部長の職にあった水上七郎の主唱によって、二年近い歳月をかけて建設されたものであった。水上は、第一次世界大戦以降の未曾有の経済発展が見られるなか普選運動や労働争議・小作争議[1]が頻発して、国民諸階層が分裂し対立する時勢を憂慮し、そうした「時弊を匡救する」ためには「世界人類の理想であって永久平和の根元となるべき我皇国精神の結晶である五ヶ条の誓文」を人々が日々仰ぎ見て自己鍛錬できるような一大モニュメントの建設が急務であると考えたのである。

この塔の「誓之御柱」という名称や巨大な柱という形状からは伊勢神宮の真の御神体といわれる「心の御柱」との類似性が喚起されるし、またイザナギ・イザナミのミコトが降りて、「八尋《やひろ》殿《どの》を化《な》作し、天の柱を化堅《た》てたまふ」という『日本書紀』に見られる建国神話に登場する「天の

（1） 全国的に第一次世界大戦後には、小作農が地主との間で小作料の額や耕作条件などをめぐって対立する小作争議や、工場労働者が賃金や労働環境の改善を求めて資本家と対立する労働争議が多発し、滋賀県でも、大正九年には小作争議が一件であったものが同一二年には五七件に著増し、労働争議も大正末期に湖東から湖南地方の繊維工場で多く見られるようになっていた。

柱」をも連想させる。五か条の誓文のもとに刻み込まれた「天晴れ」、「弥栄」、「あな明けおけ」などの文言は、天照大神が天岩戸から姿を現したときの喝采の声であった。このように、この塔には開明的な五か条の誓文の精神と、古代神話以来の系譜をもつ天皇の神的権威とが巧みに結びつけられていたのである。

　建設地として、地理上日本の中心地ともいわれる多景島が選ばれ、七〇万人あまりから数十万円の寄付金が集められ、時の皇后から二〇〇〇円の下賜金と、閑院宮《かんいんのみや》（四親王家の一つ。巻末の事項解説参照）からは塔に刻印する直筆の揮毫《きごう》文《ぶん》を賜わった。建設後はレプリカが作製されて教育機関や宗教団体に配布され、五か条の誓文の精神の普及が図られた。そして、その一つが骨董屋さんに流れ着いたというわけである。

「天皇」という表象は戦争一色となる昭和十年代後半以降は「万世一系」とか「現人神」といった超国家主義的で神話的なイメージに染めあげられるが、その前の大正デモクラシーの時代には、古代神話の形状に身をまといつつも五か条の誓文に則った「公議世論尊重」や「国際社会への参加」という開かれた像が前面に押し出されていたのであった。

御柱の像

多景島に近い彦根の湖岸に立地する磯田小学校では、校歌のなかにも誓之御柱が登場する。いま、戦前の小学生が多景島を訪れたときの紀行文があるので、その一説を紹介しよう。

多景島

八月十七日　今日は待ちに待っていた多景島参りの当日である。「舟の用意が出来た。」そう言う父の言葉で弟と共に浜辺に出る。舟には早親類の人がガヤガヤと乗っていて、僕と弟が入ったので合計七人である。（中略）

目指す霊島多景島は広大な琵琶湖上に一大軍艦のような姿態を浮かべて僕らの参島を待ちかまえているようである。右にも左にも発動機船がどれも七、八人の参詣人を乗せて白波をけって進んでいる。舟の進むにつれて多景島はぐんぐんと大きく見えて来る。断崖になっている周囲の岩石、緑色濃き松、そしてその中にチラチラとする竹の姿。さては誓の御柱に明記されている五か条の御誓文まではっきりと見えて来た。

僕はこの時ふと学校の校歌を思い出して口ずさんでみた。「緑いやます多景島、朝日にはゆる御柱の誓いの御文これぞこの我が学び舎の教へなる―」そうだ今僕の目の前に明らかに見えている五か条の御誓文これこそ我が学び舎の教えなのだ。そしてこれが明治大帝の国民への最初の御言葉なのだ――そう考えた時、僕は自然に御柱に対して頭が下がっていた。

多景島に建てられた「誓之御柱」とそこに刻まれた五か条の誓文は、多景島参りの素朴な信仰心とともに、たしかに国民および児童の脳裏に刻み込まれていったのである。

こうして骨董店で見つけた不思議な塔の置物をめぐる謎解きの旅は、戦前彦根の隠れた近代史を発掘し、近代天皇制の忘れられた一側面をも照らし出すことにもつながった。骨董店では、いまも不思議な宝物が誰かの謎解きを待っているのである。

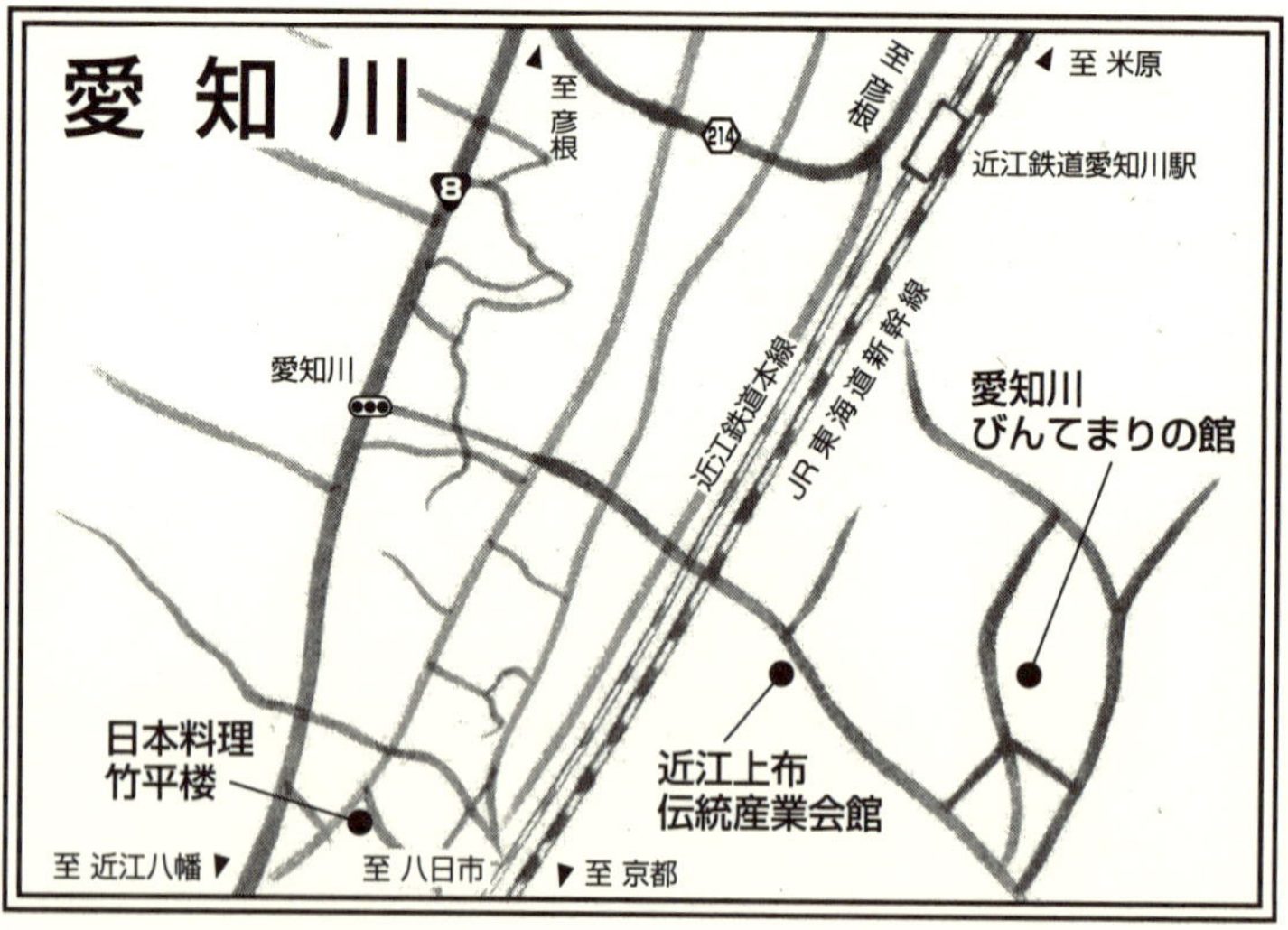

（2節、3節の参照地図）

2 中山道愛知川宿、竹平樓にて

城下町彦根の西筋には中山道が通っている。彦根城からかつて石田光成の居城があった佐和山を越えると鳥居本宿があり、南西に中山道を下ると高宮宿を経て愛知川宿に至る。愛知川宿は高宮宿と並んで交通の要衝として、また近江上布の集散地として多いに賑わった。いまでも往時を偲ばせる老舗の旅館、料理屋、菓子舗などが健在で、その一つ、宝暦八年（一七五八）より続く料理旅館「竹平樓」を訪ねてみた。

ここは、料理旅館として著名なだけでなく、明治天皇の地方巡幸に際して「御小休所」として建てられた御座所の間《ま》が今に伝えられていることで知られている。明治一一年（一八七八）八月三〇日、民情視察のために北陸・東山道巡幸に向かわれた天皇は、北陸路を下って滋賀県下に至り、木之本、長浜、鳥居本、高宮を経て一〇月一二日の午前七時半に愛知川宿に到着した。当家には八時三〇分までの約一時間を過ごされ、さらに京都に到着されてからの帰途、一〇月二一日にも再び当家にて御小休をとられている。

当時、天皇をはじめ岩倉具視右大臣、大隈重信・井上馨両参議、さらに侍従などを含めて五〇

竹平樓玄関

御座所の間

名近い政府要人からなる巡幸の一行を出迎えて宿泊や休憩の任にあたるということは地域にとっても大変な名誉であり、またそれだけにその準備には大きな緊張と負担をもたらした。竹平楼を営む西村家でも、御小休所と決定してから巡幸日までが約七〇日と日がなかったために神崎郡新堂村で建設途中であった茶室を譲り受けて間に合わせたが、そのための費用として九〇〇円あまりの大金が必要となり、田畑を売却するなどしてようやく賄われたという。

この御在所の間《ま》は、京都東本願寺大門の棟梁を務め、のちに大師堂門を上棟させた宮大工の棟梁大重こと市田辰蔵の手になるもので、筍目を削った北山杉の床柱、吹寄せ菱格子の欄間に吹寄せ竪繁格子の障子を用いた付け書院、黒柿の書院天板、さらに海景を透かし彫りに描いた欄間といい、すべてが素晴らしい。柱や長押《なげし》などはすべて面取りが施してあり、縁側との境には春慶塗の腰障子がはめ込まれている。

この見事な御在所の間の周辺は、天皇行幸ゆかりの品々で彩られている。とくに、次の間にはさまざまな一品が残されている。まず目をひくのが、宮内大書記官として随行した山岡鉄舟の書で、「山林ト幽棲」（山林幽棲をトす）とあり、当日、朝ぼらけのなかで庭先から五個荘方面に望める山々が幽玄として浮かび上がる様を詠んだものである。かつての幕臣でありながら尊皇の念強く江戸開城にも力を尽くした鉄舟は、維新後は天皇の侍従としてその教育・輔佐の任にあたっていた。彼はまた無刀流開祖たる剣の達人としても名高く、その書は剛毅にして雄大な趣を湛えている。

そして、この天皇巡幸を機に鉄舟に出会い、その人品に深く打たれたのが時の滋賀県令（現在の知事）として近代化の先頭に立っていた籠手田《こてだ》安定であった。籠手田もまた剣の道を志しており、以後鉄舟に深く傾倒し、鉄舟を師と仰いでさらに厚い親交を結んでいったという。

その鉄舟の書のすぐ隣には、「寄竹祝」と題した籠手田の手になる詩が掲げられている。

としゝにたち栄えつつ千代までも節そかはらじ庭のくれ竹

これは、節の代わらない庭のくれ竹になぞらえて、まっすぐに千代までも竹平楼が尊皇の心を忘れずに栄えあれと詠ったものであるが、私には、尊皇と剣の道で結ばれた籠手田と鉄舟の強い絆の続くことを願ったもののようにも思われる。そして、その書には鉄舟とは打って変わって繊細で細やかな心遣いさえ感じられる。

この天皇行幸を記念して、江戸時代から愛知川にかかる「無賃橋」は架け替えられて「御幸橋《みゆきばし》」となり、また明治四五年（一九一二）には愛知郡を挙げて御幸会なる組織を設立し、毎年、竹平楼にて郡内名望家や学校児童らが参集して桃山御陵への参詣者を決める儀式が執り行われ、「参詣者」にあたった栄誉ある者は皇室より賜った朱塗りに金箔の菊紋が入った木盃で祝いの酒をく

山岡鉄舟筆「山林ト幽樓」

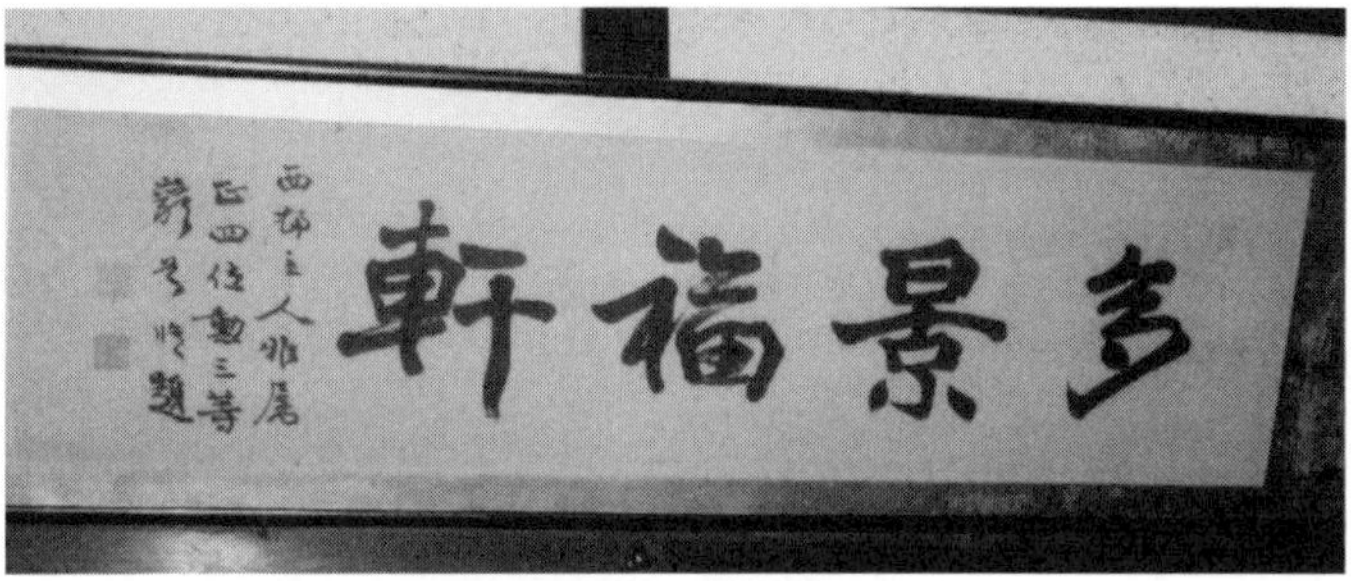

巌谷一六筆「多景福軒」

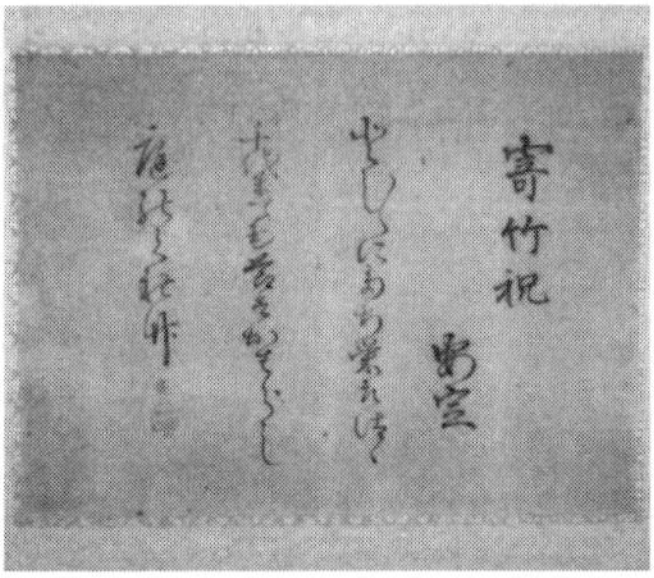

籠手田安定筆「寄竹祝」

皇室より賜った朱塗り木盃

み交わし、一年以内に参詣を果たすのである。

　こうした由緒のある竹平楼では、それ以後もさまざまな文人墨客が投宿し、その記念に書画を数多く残している。そのなかでも注目すべき書は、水口藩侍医玄通の子として生まれ、維新後は内閣書記官などとして活躍し、その傍ら日下部鳴鶴らと並んで「明治の三筆」と称えられる書家としても大成した巌谷一六（修）の手になるものである。そこには、「多景福軒　西邨主人」と書かれているが、これは竹平楼の「竹」を「多景」に読み替えて、そこに「福」が訪れるようにとの願いを込めて「多景福軒」と認め、「西邨主人」に贈られたものである。この書は、前二者とは好対照に落ち着きと気品が漂い、なおかつ威厳に満ちている。

　竹平楼はこのように、明治維新以来の重い歴史と数々の貴重な書画類を今に伝える生きた文化財そのものである。ここを訪れる人は、誰でも御座所の間や客間に掛けられた数々の文化財を鑑賞することができる。それらを愛でながらいただく、湖国ならではの料理がまた絶品である。名物の鯉の飴煮はもちろん、出される一品一品に心がこもっていて味わい深い。

　だが、そこには、気取りや堅苦しさは微塵も感じられない。それは当家の人々の優しく細やかな人をもてなす心遣いがあるからであり、その温くものびやかな風雅の空間を訪れる人は必ずや心を癒されるだろう。

3 中山道愛知川宿に残る近江上布とびん手まり

近江は織物の国である。近江は「苧《お》績《う》み」ともいうように、太古の昔から麻苧の繊維をよりあわせて糸にし、湖東高宮から能登川、愛知川を中心に「近江上布」と呼ばれる高品質の麻布が織りなされきた。近世後期にはさらに木綿が普及して湖西高島は綿織物の産地となり、他方、京都西陣の技法は湖北長浜に伝わって美しい縮緬《ちりめん》を生み出した。

中山道の高宮宿や愛知川宿には、江戸期以来多くの近江上布を扱う商人が集い、その集散地、取引場としても栄えてきた。そして、近代に入ってからも旧愛知川町には近江麻布同業組合が置かれ、斯《し》業《ぎょう》の育成・発展に尽くしてきた。その同業組合の事務所が中山道から少し東に入ったところにあり、いまでは「近江上布伝統産業会館」として引き継がれている。ここには、江戸期から明治―大正―昭和に至る近江麻布の着物が展示されているので、ちょっと立ち寄って貴重なコレクションを見てみよう。

数々の展示品のなかでとくに私の目をひいたのは、明治時代の「花嫁」と呼ばれる紺絣の麻布で、「板締《いたじめ》」の手法で織られたものである。「板締」とは、中山道高宮宿で染屋を営んでいた郡田新蔵が嘉永三年～安政四年（一八五〇～一八五七）ごろに開発したもので、凸凹の溝のある板に染めたい柄を彫り上げて、凸部分を防染することでより簡易に染色・模様付けをすることを可能とした当地独特の技法である。しかも、この布は経糸緯糸ともに大麻を用いた手紡で、本藍染となっている。

　手に取ってみると、通常の麻からは想像もつかぬほど、まるで絹布のように滑らかで繊細な触感が伝わってくる。これが上布という高級な麻布なのか、と改めて感じ入ってしまう。藍の色も鮮やかに染み入って、深みがあり、そこに絣による花とも雲とも思われる繊細な文様が見事に織りなされている。

　さらに経糸に「赤麻《あかそ》」、緯糸に大麻を用いた明治初期ごろの手紡の絣に目が留まった。赤麻

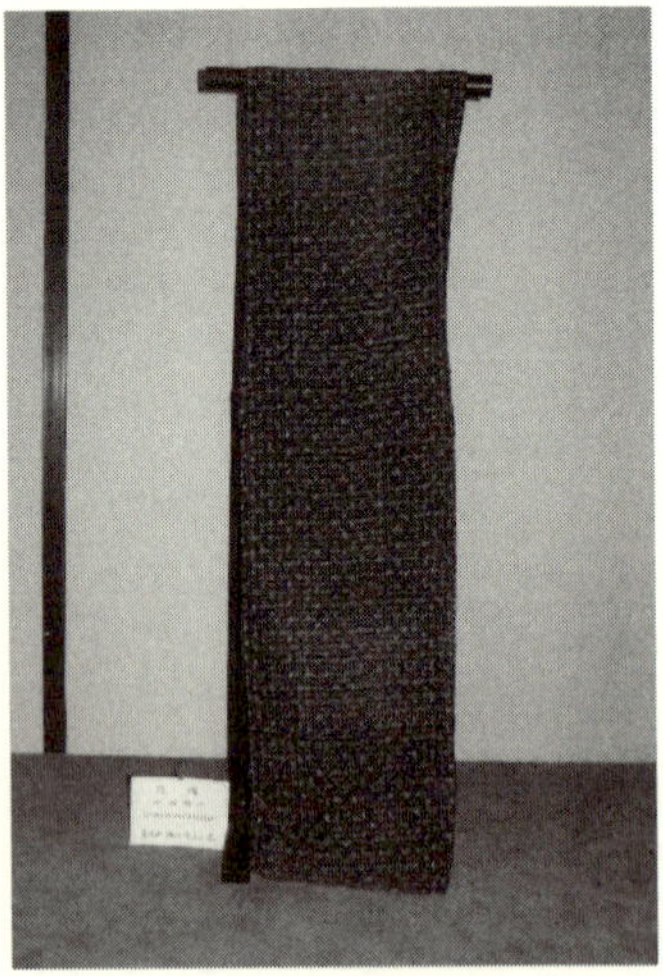

近江上布「花嫁」絣

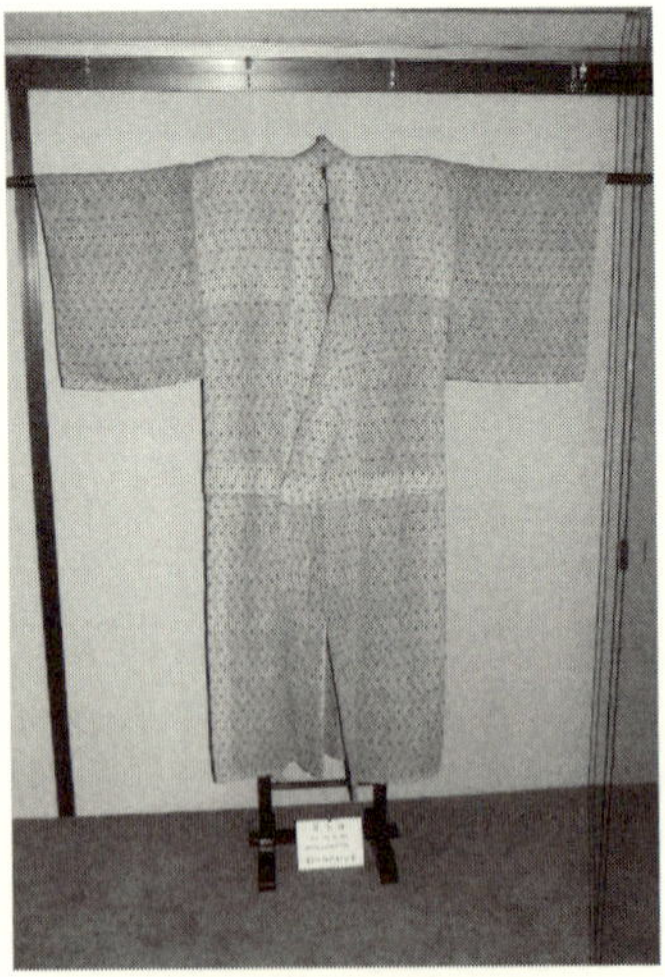

近江上布「赤麻」絣

とは大麻ほど大きくなく茎・葉柄に赤色を帯びる麻を用いた布で、主に婦人用の日常着として用いられたものである。赤麻という名前のとおり、全体がうっすら朱を帯びた色調となっており、上布のように滑らかではないが女性の生活着としての味わいを醸しだしている。

こうした麻布をはじめとする衣料生産の多くは農家の副業によって営まれ、それを支えていたのは女性たちであった。麻の苧積み、綿の紡ぎ、養蚕に糸取り、座繰りや高機での織布、そして仕立ては湖国の女性の熟練の手わざによって代々引き継がれてきた。戦前までは、たいていは家族をはじめとして近しい人々の衣類や夜具はみなそうした婦人たちの手仕事が加わっているものがほとんどで、それに携わる女性たちも、ときには冬の夜なべをともなうきつい労働をもいとわず、身につけてもらう人々の喜ぶ顔を心の糧とし、さらには、これによって一家を支える貴重な現金収入を得られることに大いなる自負を感じてきたのであった。したがって、嫁ぐ娘たちにとっては、こうした手わざを身につけていることが、来るべき結婚生活を営んでいくうえで必須の条件となったのである。

私の手元にも、そうした女性たちの思いがこもった品々がいくつかある。いずれも彦根の片山道具店などで得たものである。①は「仏供米《ぶくまい》袋」あるいは「施米《せまい》袋」と呼ばれた米袋で、葬儀や追善供養の際に、手塩にかけて育てた米を入れて持参したものである。この品は高宮から出てきたというだけあって、大麻を用いた板締め絣で、経糸に赤麻を用いて紅の絵柄を織りなしている。

全体にさまざまな紺絣の端切れとの組合せが見事なパッチワークとなっており、裏にはさらに赤い布をアレンジして椿の文様が施されている。糸の太さがどれも微妙に異なるように、すべて手織りの作である。おそらく明治期のものであろう（巻頭口絵四ページ参照）。

②は、縮緬《ちりめん》でつくられた大正・昭和初期ごろの子ども用の巾着袋である。青い布地に扇子や羽子板、凧、裏には元気な男の子が押し絵されている。③は、主に縮緬で作られたよだれ掛けで、「まさかり担いだ金太郎」に母の像が描かれている。その母の着物には見事な錦の絹の着物地が使われている。④は、幕末から明治期につくられた押し絵の迷子札で、縮緬でつくられている。右は着物を羽織った男の子、左は手まりを抱いた女の子をかたどっており、裏には迷子になったときのために所番地と名前を書いた札が入れられるようになっている。それにしても、いまでは貴重となった縮緬がふんだんに使われており、いつの時代にも変わらぬ子を思う親の気持ちが現れているようである。

こうした女性による手わざの品々として、愛知川町で近年盛んに保存・伝承が図られ、いまやまちおこしの主役にもなりつつある「びん手まり」を逸することはできない。びん手まりとは、幕末から明治期にかけてガラスが普及してくると、吹きガラスの丸い球のなかに手まりを仕込んで嫁入りのときなどに婚家に持参したもので、愛知川町のみでなく全国各地でもかつては広くつくられていたという。私も、彦根の片山道具店などで大変興味深い逸品に出合った。

①米袋

②子ども用袋

③よだれかけ

④迷子札

⑤びん手まり

⑥びん手まり・摘み細工

⑤の手まりには、八色の糸を用いて幾何学的な菱の文様が刺繍され、⑥の手まりには縮緬《ちりめん》の生地の上にやはり縮緬の摘《つま》み細工《ざいく》によって花々とともに「鈴子さん江　御祝」という文字が刻まれている（巻頭口絵四ページ参照）。いずれも、気泡が残る味わい深い吹きガラスに収められた明治期の彦根産のもので、いまでは愛荘町立愛知川図書館「びん手まりの館」の所蔵となっている。

嫁入りを前にした娘が、その秘めたる希望や胸の高鳴りを美しい魂（たま）として光り輝くガラス瓶に詰め、嫁ぐ記念に婚家に持参したものという。そこには、娘たちの裁縫の腕前を新しい家族に見てもらう意味も込められていた。⑥のびん手まりは、嫁ぐ娘「鈴子さん」に親友か母が手づくりの品を送ったものであろう。

愛荘町立愛知川図書館

こうした手まりを収めたガラス瓶も、明治期には大阪などで盛んにつくられてるようになったランプなどとともに手仕事の吹きガラスとしてつくられ、近江の町々にも届けられた。ガラスは当時、文明開化を象徴する透明な輝きを放っており、それに思いを込めた手まりを入れることはどんなにか清新な思いを抱かせたことか、いまでは想像がつくまい。

かつて女性たちは、日常の針仕事のなかで余った端切れを用い、自慢の手わざを駆使して、愛する人や子どもたちのために、心を込め、祈りにも似た品々をつくりだしてきたのである。高級な外国のブランド品を身にまとい、高価なオモチャを子どもに買い与えることで幸せが手に入るわけでない。私たちの祖先がつい最近まで当たり前のようにしてきた手仕事の品々のなかに、それはそっと宿っていたのでる。

愛荘町には、近江上布伝統産業会館から歩いて一〇分ほどのところに愛荘町立愛知川図書館があり、「びん手まりの館」が併設されている。そこには、さまざまな種類のびん手まりが蒐集・保存されて展示・解説されている。実に心地よい知的アメニティ溢れる図書館とともに、ぜひ足を運んでほしいところである。そこでは、かつて女性たちが一針一針手業に込めた細やかな思いに触れることができよう。

旧愛知川町域に残るさまざまな歴史的文化遺産については、筆者も執筆・編集に参画した『愛知川町史第四巻　ビジュアル資料編』（愛荘町発行、二〇〇七年）を参照願いたい。

4 中山道草津宿の姥ヶ餅焼

愛知川宿を後にして中山道を下ると、武佐、守山を過ぎて草津に着く。ここは東海道との合流地点で、ひときわ人馬の往来が激しく、天保期には本陣二軒、脇本陣四軒のほか七〇あまりの宿屋が軒を連ねていたという。現在の草津市も発展が著しく、交通の要衝というだけでなく京阪神地域へのベッドタウンとして、また山手の郊外に立命館大学や龍谷大学のキャンパスが来てからは学生の町としても多いに賑わっており、駅前には高層マンションが立ち並び、多くの魅力的なお店が若者をひきつけている。

そんなビルの一角にあるアーケードの商店街を通り、天井川である草津川の下をトンネルで抜けると、そこには昔ながらの宿場町の雰囲気を漂わせる街並みが残されている。東海道との分岐地点にはいまも道標が聳え、昔ながらのお茶屋さんや和蝋燭のお店、畳屋さんや表具屋さんなどが目にとまる。何よりいまでも本陣が健在で、平成八年（一九九六）には修復工事が施されてなかを見学することができる。数多くの大名一行が泊まり、明治期には何度か天皇も立ち寄られたこの本陣の建坪は東海道にあった全一一一軒の本陣中二番目という規模を誇り、なかに入ると、重厚な太い梁や馬がそのまま入れる大引戸、畳廊下に続く諸大名宿泊の間や明治天皇の御座所、多くの客を賄ったお竈《くど》さん、そして部屋には木製の関札や宿泊客を明記した大福帳などが並べられており、往時を偲ばせてくれる。

　本陣からさらに歩を進めると、こうした草津宿の歴史と文化をいまに伝えるために平成一一年（一九九九）に草津市が開設した「草津宿街道交流館」がある。ここには、草津宿の人馬の往来や人々の暮らし、ゆかりの品々などがわかりやすく展示されている。展示品の陶磁器や浮世絵などの多くは、草津市在住の医師で郷土史家、また浮世絵収集家でもあった故中神良太氏が数十年にわたって収集した数々の資料を寄贈したもので、そのなかの一つである「姥ケ餅焼」という素朴な焼物の前で私の目がとまった。

　この焼物は、「姥ヶ餅屋」という草津宿の南にあった大きな茶屋で江戸期から用いられてきたものである。この店はかつて近江八景の一つ、「矢橋の帰帆」で有名な矢橋湊へ抜ける道との分岐点に位置し、広重の「東海道五十三次」の草津宿にも登場する。

草津宿本陣

草津宿街道交流館内部

その後、何代か店主を変えながら維新後は東海道線が開通してから駅前に店舗を移し、現在では国道8号線前に大きな店を構え、いまも変わらぬアンコに白砂糖を乗せただけの愛らしい姥ケ餅を販売している。その素朴なアンコロ餅を乗せて客に出した皿が「姥ヶ餅焼」のはじまりである。当初は木製であったというが、簡素な素焼きの土ものに替え、のちにうっすらと飴色の釉薬を施した。表には菊の文様と姥ヶ餅の文字があしらわれ、裏に簡単な瓢箪の形の印が付されている。その後、芭蕉や蕪村の句にも詠まれて姥ヶ餅屋は有名になり、風流に通じた店主が京都から茶人や陶工を呼び寄せてさまざまな茶器を焼かせ、姥ヶ餅焼は大きく花開いていったという。

展示ケース越しにしかそれらの品々は見られ

安藤広重「東海道五十三次」草津宿の中の「うばがもちや」
（草津市教育委員会提供、草津市所蔵）

なかったが、広重の浮世絵と芭蕉の句、そしてあの素朴なアンコの味が頭のなかで溶け合って、この姥ヶ餅焼という焼物は私の脳裏に鮮やかな印象を刻み込んだ。そして、のちに大津の骨董店で実際に姥ヶ餅焼に出合ったときにはそれが大きな感動に変わった。

　大津で天保二年（一八三二）から骨董を商っている「水野古美術店」は、近江ならではの品々のなかでも、とくに大津・湖南地方の逸品にめぐり合える老舗のお店である。店主と息子さんの二人は、ともに骨董・古美術についての鑑識眼と豊富な知識をおもちである。お二人とも実に温和な語り口ながら、骨董の品々の特徴や背後に横たわる歴史や郷土の文化について丁寧に教えてくれる。いつものように膳所焼、梅林焼、比良焼などの魅力的な品々に見入ってい

水野古美術店

ると、「先生、国焼《くにやき》に興味がおありのようですね。面白い焼物があるのですが……」という若主人のすすめで見せていただいたのが姥ヶ餅焼の皿であった。

　古い箱から出てきた五枚の皿は、本当に初期のアンコロ餅を乗せて出していたときの皿であった。おそらく、一八世紀後期ごろのものであろう。素焼きにうっすらと釉薬を載せ、表に菊紋と「姥ヶ餅」の銘、裏には瓢箪の簡単な印がくっきりと現れている。何度も何度もアンコロ餅をお客に振る舞って、年月を重ねるにつれて皿の表面の上薬にはいい風合いが増し、手ずれがつき、五枚どれもが違った味わいを醸し出している。手に持つと軽く、肌触りがよい。これこそまさに、民衆の生活のなかから生み出された民芸の味わいといえよう。

　いま一つの見せていただいた皿は明治期以降のもので、もっと大きく白い釉薬が施してあり、表面には、芭蕉の名句「千代の春　契《ちぎ》るや尉《じょう》と　姥ヶ餅」に箒と熊手の絵が添えられている。そして、この句には二つの逸話が交差している。一つは、姥ヶ餅屋の来歴で、当主瀬川都義《くによし》が寛政一一年（一七九九）に京都の儒学者皆川淇園に書いてもらったという姥ヶ餅屋の由来記『養老亭

初期姥ヶ餅焼

記』によれば、慶長のころに（一七世紀初め）大坂城攻略のため西下した家康が店に立ち寄った際、八〇を過ぎた老婆が差しだした餅を「これは姥ヶ餅」と賞賛し、竹葉（酒）と金一枚、それに「養老亭」と書いた扁額を拝領したとされている。また「近江名所図会」では、近江源氏佐々木義賢の曾孫を乳母が養育するために、餅をつくって街路で売りはじめたことが機縁となっているという。これらが「尉と姥ケ餅」の由来である。

もう一つは、いまの兵庫県播磨の地にある高砂神社にまつわる逸話である。その昔、九州から大坂の住吉神社へ向かう友成という神主が、旅の途中、高砂神社の境内にある有名な雌雄の幹が左右に分かれた松を訪ねようと高砂の浦へ立ち寄ると、手に熊手と箒を持った老婆と翁が松の下を掃除していた。そこで、どうして住吉の松も高砂の松も遠く離れているのに「相生の松」というのかと尋ねると、二人は、この松になぞらえて遠く離れていても松の緑のようにとこしえの心が通じる夫婦のあり方を説いて聞かせた。この老夫婦こそ、雌雄の松で「尉と姥」に姿を変えたイザナギ・イザナミの二神であり、以

明治期の姥ヶ餅焼

後、人々はこの木を「相生の霊松」と呼び、この二神を縁結びと夫婦和合の象徴として信仰するようになった。この話は、世阿弥の謡曲『高砂』として世に広まっていった。

　私は、二三〇年あまりも前の姥ヶ餅焼のお皿に今買ってきたばかりの素朴で小さな姥ヶ餅を乗せ、遠い昔に思いを馳せながらその一かけを口に運んでみた（巻頭口絵二ページ参照）。芭蕉の句が自然と浮かび上がり、姥が餅を売って子を育てようとした老婆の思い、また「尉と姥」が伝えようとした夫婦愛の心情が「千代の春」という永遠の幸せを願う言葉と重なって、アンコロ餅のほんのりとした甘みとともに心のなかいっぱいに広がっていった。

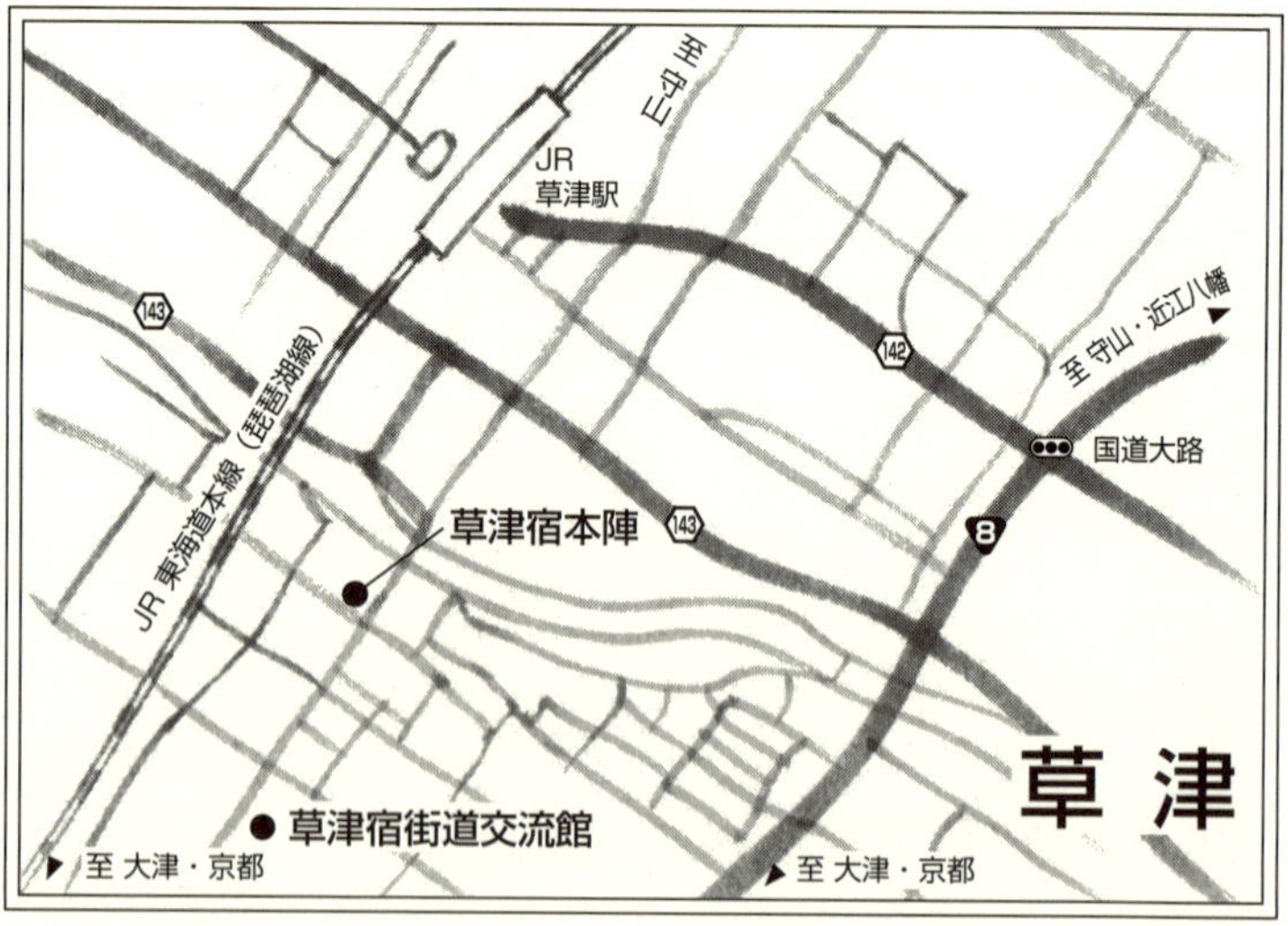

5 膳所焼美術館にて

草津宿を次の大津宿に向かって出立して瀬田の唐橋をわたると、しばらくは瀬田川河畔から琵琶湖沿いの道が続く。この辺は、古来より琵琶湖随一の名勝地とうたわれた所で、「瀬田の唐橋」はいうに及ばずその河岸には名刹石山寺が控え、そこで源氏物語を書いたという紫式部の面影とともに「石山秋月」として讃えられている。さらに、この地の湖畔に映える夕日は「瀬田の夕照」として人々の心に焼きついた。湖上を吹きわたる山風が「粟津の晴嵐」となって、湖岸に伸びる松並木をざわめかせる。そして、はるか湖の対岸には比良の山々がはや雪を頂いて聳え、「比良慕雪」とうたわれた。

瀬田川が源を発するこの琵琶湖岸の地に立つと、こうして「近江八景」のうち五つの景色が遠望でき、改めて古来よりこの地が、人々の記憶に残る、そして後世にも伝えたいと願われた景勝の地であったことに気付く。しかしいま、周囲の風景を眺めると隔世の感が嘆息を誘う。

湖岸は埋め立てられて葦原は失せ、松並木は湖岸道路と西洋楓の並木に取って代わられ、浜辺は「なぎさ公園」となってきれいに整備されたが、そこに現代的な明るさはあっても「情緒」を感じることはない。その周囲には巨大なホテルや工場が並び立ち、林立する高層マンションと湖岸道路を疾走する自動車の騒音のなかでは、いにしえの「近江八景」を思い浮かべることは至難の業である。

　だが、湖岸道路や東側のＪＲと併走する国道1号線という現代の表通りから一歩内側に入ると、昔ながらの街道筋に人々の普段の息遣いや生活の匂いが立ち込め、そのなかで歴史に育まれた忘れがたい史跡や美術館に出合うことができる。そんな街中を縫うように、昔の路面電車のようにゆっくり走る電車が通っている。京阪電車である。ＪＲ石山駅で京阪線に乗り換え、膳所―大津の町を抜けて琵琶湖西岸に沿って阪本までつなぐ京阪電車の旅は、私のお気に入りの散策コースである。今日は、石山駅から二つ目の駅「瓦ヶ浜」で降り、「膳所焼美術館」を訪ねてみよう。

　膳所焼とは、周知のとおり「遠州七窯[1]」の一つと称えられている茶陶用の名窯で、元和年間に茶器をつくりはじめ、寛永一三年（一六三六）に膳所藩主の石川忠総が小堀遠州の指導を受けて遠州好みの茶器を焼いて名窯の誉れ高かったが、その後衰退し廃絶してしまった。しかし、大正

膳所焼美術館玄関

期に至り、現館長の御尊父である岩崎健三氏が郷土の盟友で京都画壇を代表する山元春挙画伯や京都の名陶工伊藤陶山の協力を得て復興に生涯をかけ、艱難辛苦の末ついに茶陶製作においては古来の名声に恥じぬまでに復活を果たし、その後は現館長である長男新定氏が業を継いで、いまでは陶芸界・茶道界において著名な存在となっている。

私は、大津に引っ越してきてはや五年になるが、是非訪れてみたいと念願しつつ今日まで忙しさにかまけて果たせなかった。ようやくその夢が実現するのだと思いつつ、足早に駅から路地のように延びている細い道に歩を進めていくと茅葺屋根の風情ある門構えの美術館が静かに佇んでいた。なかに入ると近代和風の風格ある建物の広間に案内され、そこで現代膳所焼の茶碗で抹茶を振る舞っていただいた。訪館者は私一人。茅葺の瀟洒な茶室をしつらえた見事な庭を愛でつつ、茶の香りのなかでこれからまみえる数々の茶陶の名品との邂逅を前に高ぶる心を抑えた。今日は、館長のご好意で直接館蔵の名品の数々を見せていただけるのである。

やがておごそかに幾重にも包まれた箱が運ばれ、まず私の前に取り出されたのは「膳所光悦」

（1）小堀遠州が指導したと伝える七つの窯。静岡の志戸呂《しどろ》焼、滋賀の膳所焼、京都の朝日焼、大阪の古曽部《こそべ》焼、奈良の赤膚《あかはだ》焼、福岡の上野《あがの》焼、高取焼、と『陶器考』（一八五四年）に記されている。出雲藩主松平不昧が著した『瀬戸陶器濫觴』（一八一一年）には、高取、膳所以外に薩摩焼、肥後焼、丹波焼、唐津焼、備前焼が挙げられ、一致していない。

茶碗であった（巻頭口絵二ページ参照）。これは、小堀遠州が寛永一三年（一六三六）に三代将軍家光を品川東海寺に迎えての茶会の折に将軍への献茶用の茶碗として本阿弥光悦に焼かせたもので、光悦がわざわざ遠州好みの膳所の地より土や釉薬を取り寄せてつくったものと伝えられている。現在まで伝世するものは三碗しかなく、数年前にアメリカの「フィラデルフィア美術館」で光悦展が開催された折にも出品された名品である。

写真で見るといかにも端正で、遠州の「綺麗さび」といった言葉からどちらかというと女性的で繊細なイメージをつくり上げていたが、この茶碗を手に取った瞬間そのイメージは消え去っていった。

掌《たなごころ》にはたしかにしっとりとなじむが、それは手のなかに無抵抗にやさしく収まってしまうという感じではなく、あくまでも重厚な存在感を主張してやまない。まさしく、その質感に圧倒されてしまいそうである。土は白色細粒土で滑らかだがやや硬質で、全体の形は光悦のほかの茶碗のように球形を思わせる優しい丸ではなく、長四角に整形され胴の一部にはグッと膨らんだ張り

茶室のある庭

をもち、はちきれそうな力を秘めている。また、見込みは全体に平らで、中央にごく浅くたまりがしつらえてある。何より高台が特徴的で、光悦のほかの茶碗のように小さく丸いものではなくやや高く多面形につくられ、外から内に向かって切り込むように削られていてその削り目が荒々しい。

繊細で、女性的というよりは男性的である。しかし、粗雑でも野卑でもなく、あくまで上品な雅致のなかで強いエネルギーと湧き上る力がようやく一つの形のなかに収まって、張り詰めた緊張を醸し出している。その厳しさのなかで、無数の繊細な貫乳《かんにゅう》が入った薄黄色の肌合いが柔らかさと温かさを湛え、飲み口に施された見事な金接ぎが渋く輝いている。雄雄しさ、荒々しさ、重厚さ、厳しさ、そしてそれらの対岸に優しさ、温かさ、繊細さ、優雅さといった相反する複数の要素が対峙し、互いに主張しあいつつ同居してギリギリの緊張感のなかで一つの統一を保っている。まるで、戦国の怒濤のような時代をくぐり抜けてようやく幕藩体制という一つの形式にたどり着き、いまだ戦乱の記憶が残るなか安らぎと調和を見いだした、そんな時代精神がこの茶碗には凝縮されているかのようである。

次に目の前に現れたのは「大江」という銘のある水差しである。「大江」とは現在の瀬田地方の地名で、この焼物は、膳所藩の藩窯となる以前に江戸初期か安土桃山時代に「せた焼」などと称されていた地元の窯で焼かれた水差しである。

これも、遠州好みの「綺麗さび」とは印象を大きく異にする。むしろおおらかで堂々としており、うねるような轆轤目が豪快である。鉄釉も最下部までどっぷりと掛けられておらず、土見が顔を出し、そこには指跡やささくれた荒々しい風合いが残されている。茶道がいまだ形式化して定型のなかにはめ込まれず、そこに生き生きとした力強さや生活に密着した素朴さが消え去らない時代の証人のようにも思われる。底部に記された「大江」の文字も「銘」というにはあまりにも大らかな字体で、この器の味をさらに高めている。

大江水差

こののち美術館の展示室に移り、現在展示中の逸品を拝見させていただいた。ここには、いずれも遠州好みの「綺麗さび」をもっともよく表した藩窯としての古膳所焼の本領を示す名品が並んでいた。まず目をひいたのは、深い黒褐色の半筒型の茶碗である。手に持つと、何とも薄づくりで端正である。上品でありながらキリッと引き締まった清々しい厳しさを感じさせる茶碗である。次に見る「皆口茶入」は、藩主石川忠総と京都所司代板倉重宗の交流に縁のある逸品で、すっと立ち上がった姿が端正で飴釉《あめゆう》の、なだれが美しい景色を醸し出している。いま一つの「肩衝《かたつき》茶入」には小堀遠州の三男権十郎の書付があり、銘を「岩間」という。細長で肩がくっきりと整形されており、「打ちよする岩間の波」のごとく肩口から鉄釉に飴釉が流れ落ちている。

さらに、堂々とした姿の「三ッ丸耳付水差」は、武家好みの三ツ星紋に奔放とも思われる飴釉が変化に富む景色をつくり出していた。また、手付鉢と六客の深向付は茶事などに供されたものである。向付は驚くほど薄づくりで軽いが、鉄釉にかかる飴釉の風合いは実に雅致《がち》に富み、手付鉢は全体を覆う飴釉がたっぷりとした大らかさを醸し出している。

これら一七世紀の古膳所の名品は、そのどれもが薄づくりで端正、上品で気品に溢れていながらひ弱ではなく、きりっと引き締まったなかに洗練された緊張感が漲っている。それ以前の土俗的な要素や素朴さは姿を消しているが、高貴ななかにあっても自然美と研ぎ澄まされた緊迫感を失わない美の極致がそこにあった。

館長の岩崎新定氏の解説によれば、技術的にも現在の作品を凌駕するものが見られ、「綺麗さび」とは武士の意識と古典の教養に裏打ちされた王朝的な美意識との融合で、「美しくあっても決して派手ではなく、繊細ではあっても決して弱々しくない美であり、静的なもののなかに秘められた動を見出した芸術観である」（「膳所焼美術館だより」第七号）という。まさに至言であり、大名茶人でありながら公家文化にも通暁し、また王朝文化が戦国期の激動の世を経て大きく飛躍した琳派の時代に生きた遠州ならではの美意識がここに結晶しているのである。私はその姿を眼前に見、直に触れることによって、ようやくその本質が実感としてつかみ取れたような気がした。

皆口茶入

半筒茶碗

三ツ丸耳付水差

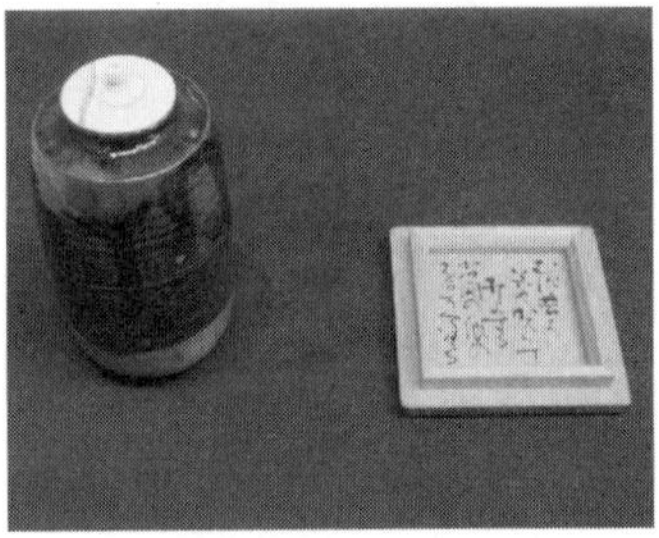

肩衝茶入、銘「岩間」

深向付

手鉢

そのほかにも、古信楽や古清水、古萩などの茶碗や山元春挙の絵付け、先代岩崎窯の復興膳所焼の諸作品に春挙の書画など、いくつもの優品を拝見することができ、このうえない感激に心がいっぱいに満たされた一日であった。だが、私にとっては、こうした念願の逸品に触れられたことのほかにもう一つ大事な贈り物をこの館から賜った。それは、岩崎館長御夫妻と親しく歓談する機会を得たことである。

岩崎家は平安時代より続く当地きっての名家であり、膳所藩の時代には御用金借用の形《かた》に殿様が持参した膳所焼の逸品が当家に残されていったという。大正時代に膳所焼の復興を果たしたが、茶陶窯としての前途は厳しく、幾度もの困難を乗り越えてようやく世に認められていったという。

新定氏は九〇歳を超えられているにもかかわらずお元気で、奥様ともども矍鑠《かくしゃく》としておられ、話し方は実に穏やかながら長い人生の風雪を乗り越えてこられた威厳と温かみに溢れていた。そんなご夫妻からは、先代と春挙画伯の交流譚、出征中の艱難辛苦、さらに終戦から戦後のさまざまな世情の変化と物資不足への対応のなかで窯を守って発展させていった苦労、そのなかで小林一三氏（阪急電鉄、宝塚の創始者で茶人）に助けられて恩顧を受けられたこと、さ

復興膳所焼茶碗、山元挙絵付

らに茶器や茶道に関するさまざまな逸話に至るまで、汲めども尽きない興味深い話が紡ぎだされていった。

さらに感嘆したことには、ご夫妻は協力していまから二〇年前に私設美術館を開設し、所蔵する膳所焼などの名品を広く世に紹介・啓蒙する活動を展開され、しかもそれらの文化財的な茶器の優品を実際に用いて茶会を毎年開催されてきたという。美術館開設時に新定氏はすでに七〇歳を超えておられたはずだから、まことに頭が下がる思いである。しかし、私設美術館の運営は困難をきわめ、ご高齢のこともあり、二〇〇六年いっぱいでそうした稀に見る本物の茶会も最後にされたのだという。

戦前期、日本の有産者、名望家は文化の理解者であり、また擁護者および担い手でもあった。財閥や企業家の当主も茶道に通暁し、かつての大名に代わって名物を集めて大茶会を開催して日本文化の中枢を担った。そして、彼らの収集品・所持品が、現在名だたる日本の美術館・博物館の大本を形成してきたといっても過言ではない。だが、戦後一町歩の耕地所有しか認めなかった農地改革で地主はいなくなり、財閥解体と重い所得税・相続税は有産者を小粒にしたばかりでなく、彼らが担ってきた伝統文化を保持して守り伝えていくという矜持さえ奪ってしまった。

たしかに、階級間の所得格差は縮まったが、自腹を切って伝統文化を守って地域に貢献しようという大旦那は少なくなり、代わって公共工事に寄生し、文化を解さず目先の利益確保に奔走する企業家が跋扈《ばっこ》し、総中流化した国民にはアメリカナイズされた大衆文化やサブカルチュアが氾濫した。そうした世の移り変わりのなかで岩崎氏はまさに郷土の誇り、いや日本文化の中枢たる茶道の一角を占める膳所焼を復興し、その普及のための美術館運営に全生涯、全財産をかけて取り組んでこられたのである。ここには、一筋に貫かれ果たされたノーブレス・オブリージ（noblesse oblige）の生きた見本がある。

閑静な環境に包まれて茶をいただきながら、これだけの本物の日本文化に触れられるこの美術館には、復興膳所焼の窯場と展示即売場も併設されていて、これもまた楽しみを倍増させてくれる。この本物を伝える美術館が、膳所焼とともに、そしてできることなら稀に見る素晴らしい茶会とともにいつまでもこの地にあって存続していってほしいと願うばかりである。

6 蘆花浅水荘と山元春挙

膳所焼美術館では、先代岩崎健三氏とともに膳所焼の復興に努めた山元春挙画伯の絵付になる茶碗や水差しを見ることができたわけだが、その春挙画伯の別荘が美術館からほど近い地にいまも残っている。山元春挙は明治から昭和初期にかけて活躍した当代一流の画家で、竹内栖鳳《たけうちせいほう》と並び称された京都画壇の俊英であるが、大正一〇年（一九二一）、膳所の生地に近い琵琶湖のほとりに別荘を建設し、江村の情景を詠んだ唐の詩人司空曙の詩の一節をとって「蘆花浅水荘」と名づけた。

私は年来の春挙ファンとして、いままでに何度も滋賀県立近代美術館で春挙展を観たことがあり、またこの夏にはようやく山水画を一幅手に入れることができた。春挙が精魂を込めて造った別荘には、きっと春挙の絵や芸術そのものの本質を理解するうえでの重要な鍵が秘められているに違いない。そんな思いを抱きながら膳所焼美術館を後にして、落ち着いた風情の膳所の町中を西に進み、湖岸に続く道を一五分ほど辿って蘆花浅水荘に着いた。

そこには期待にたがわず瀟洒な寄棟檜皮葺の門が見え、春挙直筆の「蘆花浅水荘」の額が懸かっていた。どこかで見覚えがある門かと思っていたところ、裏千家の「今日庵」の表門と同形にしつらえてあるという。門前では、「魚つりや　ほめもそしりも　うき一つ」の春挙作の句碑が出迎えてくれる。

「こうして画家として栄華を極めましたが、浮き沈みの激しい世間の批評をよそに、この美しい琵琶湖岸の地で魚と戯れながら次なる傑作の構想を練り、制作に没頭しております。さあ、お入りください」という、そんな主人の声が聞こえてきそうである。

　この建物は、春挙亡きあとはその子息清秀氏の住居として用いられていたが、昭和三〇年（一九五五）に円融山記恩寺として開山し、平成六年（一九九四）には本屋（母屋）、離れ、記恩堂、渡り廊下、表門、土蔵並びに庭園も含

寄棟檜皮葺の門

めて国の重要文化財に指定され、現在はお孫さんの寛昭氏に引き継がれている。

門を一歩入ると、寛昭氏が穏やかな笑顔で出迎えて下さり、敷石づたいに玄関へと導かれた。ふと目をやると「日吉山王」と書かれた石灯籠や「従是北膳所領」と記された旧膳所藩境界石を用いた石柱が目にとまり、玄関にも、室町期の狛犬一対のほかコンクリート造りに架け替えられる前の瀬田の唐橋の木製の擬宝珠《ぎぼし》が置いてある。これと同じものを、たしか建設費を寄進した近江商人の中井源左衛門家（五二ページ参照）の庭で見たことがある。それに、何やら丸い板に「融」と豪快に刻した衝立が掛けられている。けげん顔で見ていると、寛昭氏の説明が聞こえてきた。

「とにかく、春挙はいろいろな物に興味があり、蒐集するのが好きだったようですよ。これは、琵琶湖の浜かどこかで酒樽を見つけてきてその丸い底板に自ら『融』の字を彫って、これで円融というわけです。この建物の随所に、そんな遊び心が溢れ

瀬田唐橋の擬宝珠

衝立「円融」刻

ているんです」

とにかく古いもの、歴史的に由緒ある味のあるもの、遊び心に富んだ茶気のあるものには目がない私は、もうこの建物に入るなりその魅力に引き込まれていった。そして、雲の上の存在であるはずの巨匠山元春挙に、そこはかとない親近感が沸いてきた。

次に通された書院の大広間に入るなり、「あっ」と驚くような広々とした空間が目の前に広がった。天井が高く、間口を広く取った近代和風の造りで大正期の趣向を彷彿とさせ、波打つ吹きガラスの窓越しには低木を配置した見事な庭とともに琵琶湖が遠望できる。この部屋には池大雅筆「天開画図楼」、頼山陽筆「養吾浩然之気」の扁額が掛けられ、二帖洞の床には春挙の手になる杖の絵の画賛が掛けられ、「老いたると若きを問はす諸共に転はぬ先のつえそ此杖」とある。次の間は仏間になっていて、自筆になる「仏」の扁額が掛かっている。

舟屋形の天井をしつらえた内縁を通って広々とした庭に出ると、右手には萱葺屋根に花頭窓をしつらえた草庵風の持仏堂が静かに佇んでいる。これは、春挙が両親と先師森寛斎の遺徳を偲んで建てたもので、建仁寺の黙雷《もくらい》禅師によって「記恩堂」と命名され、内には米原雲海作の本尊釈迦牟尼仏、石本暁海作の先師森寛斎翁像と先考二休居士像を収めている。いかに、春挙が両親と師を欽慕していたかがうかがわれる。

庭には一面高麗芝が敷きつめられ、松は視界をさえぎらぬように低木のままに止められ、膳所

船付場

莎香亭

城天主の礎石を用いた手水鉢のそばには「西湖蘆」が植えられて、まさに蘆花泉水の趣を醸し出している。庭先はかつてそのまま琵琶湖に面しており、「湖岸」には当時使用されていた船着場や石垣が残り、波に洗われていた往時を偲ばせてくれる。庭をはさんだ向井側には、昭和天皇即位御大典のときの主基地方斎田御用材[1]の余木を用いた茶室も設けられている。

再び主屋に戻ると、庭に突き出した「莎香亭」なる離れがしつらえてあり、自筆の刻額「無我」や「水与月」の扁額が掛けられている。ここには「無尽蔵」と名づけられたわずか一帖余の小さな部屋が付随しており、春挙は、庭をへて湖岸から比良の山を一望できる無限に広がる広大な自然の光景を我がものとしつつ閉じられたこの狭い空間に籠もって無我の境地となり、無尽蔵にわき上がる画想を練って芸術へと昇華させていったのであろう。さらに奥には、床、天井などに数種類の竹を用いた竹の間があり、漢詩や禅語を刻した皆川淇園や沢庵の額が掲げられ、襖には春挙の筆になる竹の図が描かれ、丸窓にも十枝の変竹で模様が施されていて趣き深い。ここにも、

---

(1) 天皇の即位時に行われる大嘗祭において、主基《すき》殿および悠紀《ゆき》殿と呼ばれる二つの神殿が設けられ、ここに奉納する米を作るための田を斎田といい、主基斎田は平安京以西・以北の地方から、悠紀斎田は京都以東・以南の地方から選定され、その国の風物にちなんだ歌を配した「悠紀主基風俗歌屏風」が奉納された。昭和天皇即位の際には、悠紀斎田は滋賀県、屏風の作者は川合玉堂が、主基斎田は福岡県、屏風の作者は山元春挙がそれぞれ選定された。

亭主の粋な遊び心が表れていて興味が尽きない。

二階に上がると、一階とは打って変わって洋風の明るい応接間が設けられ、眼下には屋敷の家並と遠く琵琶湖が広がっている。さらにその奥には春挙が絵の制作に励んだ画室があり、いまは、中央に仏間が据えられて春挙作の「畢波羅窟釈迦座像」を本尊として当寺の本堂になっている。

この広い画室にいると、春挙の筆遣い、息遣いがいまにも聞こえてきそうである。当時使っていた大小の筆や絵の具、下絵などがそのまま残されている。とくに、私の好きな春挙若かりしころの傑作「法塵一掃」の下絵が大画面で見られて感激を新たにした。これは、経典を平然と灰燼に帰して焼き払う僧侶を描いたもので、禅の悟りの境地を表したものである。そして、壁には大谷光瑞・尊由合作の「非有非空」、九鬼隆一筆の「終始一貫」、石山寺貫主鷲尾光遍筆の「画禅一味」などの扁額や、天然木をそのまま雄大な山の姿に見立てて春挙が板額につくり上げた「山容魏然」が飾られ、この部屋を彩っている。

こうして私は、蘆花浅水荘の邸宅や庭園を見、さまざまな調度や収集品、額装された詩歌・禅語などに触れ、そして創作の現場であった画室に赴くに至って、いままで以上に春挙芸術の本質

本尊　春挙筆、「畢波羅窟釈迦座像」

を肌で感得することができた。ここで言えることは、この蘆花浅水荘そのものが春挙芸術の最高傑作の一つだということである。これは単なる建物ではない。また、一趣味人が休養や遊びのためにしつらえたものでもない。春挙という人の美意識、思想そのものが具現化されたものである。

この建物は、何より祖先、両親、師を尊ぶ精神で満たされ、さらに庭を介し、琵琶湖を望む大自然と一体化し、その自然美の真髄に触れて世俗の価値観を超越して功利を離れた世界に遊び、澄んだ精神性の深い崇高な美の世界に達しようとする思いで満ち満ちている。その媒介をなすものが茶の精神であり、仏教とりわけ禅の教えである。これらの精神が春挙芸術の根幹を成していて、実生活や創作の場さえもそれで満たし、新たな創造の源にしようと整えられたのがこの蘆花浅水荘である。

私は、蘆花浅水荘を訪ねたあとに春挙の絵に改めて対峙してみた。次に紹介する三つの軸は、いずれも彦根の片山道具店で見たものである。

一つは、夏山の情景を描いたもので、全体に薄い配色でまとめられており、それだけ夏山のうっすら白んだ湿り気のある空気が伝わり、一点鮮やかな緑の木々の瑞々しさが浮き立っている。春挙得意の峨峨とした岩肌が描かれ、その上に大きくいま、サアッと七色の虹が出ている。水蒸気を含んだ山の空気が岩肌に水滴を落とすなか、虹を見上げる人間が嬉しい驚きの声を上げて手を掲げて仰ぎ見ている。だが、人の姿はあくまで小さく、大自然の一部にすぎない。人は、厳しい人生という山道を登る途中に一瞬夢のような希望の虹を見る。そんな人生のなかに垣間見る瞬間をとらえたような逸品である。

次に見る絵は、一転して冬の厳しい雪山の景色である。一本の杉の老木が風雪に耐え、いまにも倒れそうなほど大きく傾いている。老杉に積もった雪は白いままの余白で表現し、降りしきる吹雪に胡粉《ごふん》の冴えが宿る。大きく傾き揺れる老杉の巨木と、背後にしんと静まり返り動かない冬の森とが対象をなし、その静と動、遠近の妙が見事である。

老杉は、晩年の春挙自身であろうか。風雪は、日本的情緒も押し流して驀進する近代化の波であろうか。老杉は、それに必死に耐えている。だが、ふと足元を見ると、鹿が三匹寒さをものともせず疾走している。これはかつて若かりしころ、「深山雪霽鹿図」に描いた自然のなかに佇む孤絶《こぜつ》の鹿だろうか。だが、鹿はもう一匹ではない。三匹の親子となり、老杉を励ますかのようにやがて来る春を目指して疾走している。ここにも、静と動、老と若が一幅の絵のなかに緊張をはらみながら見事に統一されているのを見ることができる。

三つ目の絵は、おそらく最晩年ごろの作で、仙人が住むという中国の理想郷「蓬莱山」を描いたものである。しかも「蘆花浅水荘にて」という添え書きがあり、まさに先に見た画室で製作されたものである。最下部の山道からその上にたなびく霞、中央左の楼閣から右に延びる天空にかかる自然の橋、その右に険しく上下に聳える岩山とその上に佇む宮殿、そして最上部には流れ落ちる瀧と遠く聳える深山を配している。下から上へ、そして左から右へ、さらに近くから遠くへという複雑な立体感が縦長の軸のなかに見事に織り込まれ、自然の奥行きの深さと雄大さを表現している。厳しい岩肌には可憐な花が咲き、遠くには鶴が二匹並んで飛びかっている。歩む人間

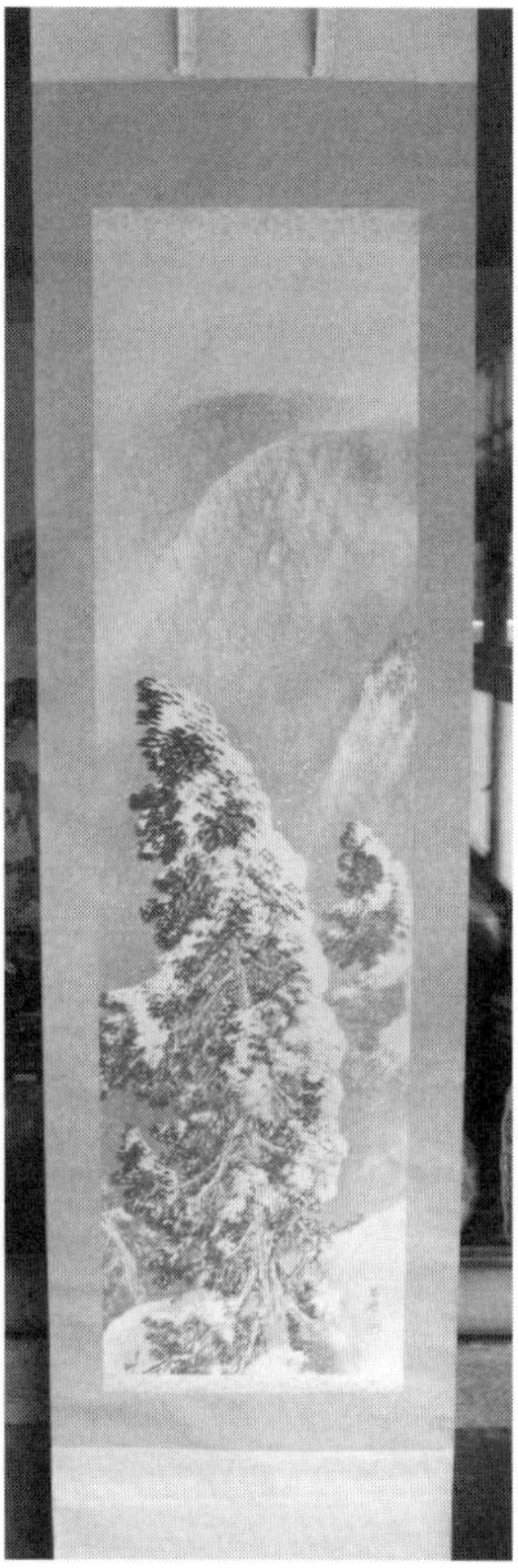

山元春挙　雪山図

山元春挙　蓬莱山図

はあくまで小さい。これらが、さまざまなものを暗示しながら長い人生を理想に向かって上り詰めていく行程をたどっているかのようである。

最後に紹介したいのは、昭和二年（一九二七）五月の末から六月の初めにかけて瀞《どろ》八丁（和歌山県から奈良県にかけての熊野川）での緻密なスケッチをもとに描かれた「瀞峡碧潭」である（巻頭口絵三ページ参照）。これは貞明皇太后（昭和天皇の母）に献上されたもので、ゆえあって岩崎家に伝来し、膳所焼美術館に所蔵されているものである。これも左右、上下に配された岩肌とその間隙を流れる清流によって、静と動、遠近、光陰を巧みに表しているが、この絵の魅力は何といても雄々しい岩肌と清流の対比であり、とくに光と影の交錯した清流の美しさである。明るい群青、陰影に富む群青、薄黄、薄緑、白を巧みに取り混ぜながら、澄んだ清流の清らかさ、冷たさ、その流れ、深みと淀み、光と影など複雑な彩りを描ききっている。

しかし、複雑であり多様でありながら、一つに統一されて静まり返っている。「明鏡《めいきょう》止水《しすい》」という言葉があるが、まさに人をしてそうした澄んだ心境に誘う不思議な魅力をこの絵はもっている。おそらく、春挙が生涯かけて求めた自然と人との融合、そのなかで得られる「清寂」の心境を典型的に表した晩年の傑作といってよいだろう。

戦前は竹内栖鳳と並び称され、一時は横山大観をもしのぐ評価を得たこともあったという春挙の画業は、近年はとみにその評価を落としていると聞く。絵そのものの評価というより、おそらくは世情との乖離《かいり》であろう。激しい変化を表して個性の横溢《おういつ》を前面に打ち出したもの、世の矛盾や現代の世相をそのまま露に表現したもの、一見して派手で意表をついたもの……そうしたものが人目を引き尊ばれる傾向に比べると、春挙の絵はいまだ旧来の形式に大きく則り、保守的マンネリ化の誇りを甘受しなければならないのかもしれない。だがそれは、見る側の眼の衰えを示しているのではあるまいか。これほど人間と自然が乖離し、形式の破壊が混沌たる無秩序をもたらしている昨今、春挙が内にもっていた人然一体、画禅一味の境地と、それを具現化した彼の芸術こそがますますその輝きを増してゆくのではあるまいか。

　また、「綺麗すぎる」といった批判も的を射ていないように思われる。春挙の絵は単なる技巧に秀でたきれいな絵ではない。春挙の絵には、岩崎新定氏が小堀遠州の「綺麗さび」の精神を言い表したように、「美しくあっても決して派手ではなく、繊細ではあっても決して弱々しくない美であり、静的なものの中に秘められた動を見出した芸術観である」（前掲「膳所焼き美術館だより」第七号）という特徴がそのまま当てはまる。それは、いわば近代が生んだ「綺麗さび」の芸術であり、春挙が岩崎家と手を取り合って膳所焼復興に情熱を傾けたのも深い共感しあう芸術観に裏打ちされたものであり、決して単なる偶然ではなかったのである。春挙の絵を見て心洗われるという人が多いのも、春挙の絵が禅や茶道に裏打ちされた深い精神性を宿しているゆえであることを忘れてはならないであろう。

7 粟津が原の義仲寺にて

——芭蕉の句碑と保田與重郎の碑

　さて、山元春挙の別荘である「蘆花浅水荘」が面していた琵琶湖岸一帯は「粟津が原」と呼ばれ、その昔、木曽義仲が最期を遂げた地としても知られている。治承四年（一一八〇）、平氏追討のために信濃で挙兵し、北陸で平氏を打ち破って上洛して平氏を西走させて一時は「旭将軍」として権勢を振るったが、やがて後白河法皇ら京都の公家衆に疎まれ、ついには鎌倉の源頼朝の命を受けて上京してきた源範頼、義経軍に破れ、ここ粟津が原で乳兄弟の今井兼平とともに壮絶な最期を遂げた様は『平家物語』のよく語るところである。

　蘆花浅水荘を後にして膳所の町中を散策すると、さすがに膳所城の城下町であっただけに古くから続く老舗の店舗や由緒ある寺社仏閣、町屋の家並みが残っている。そうした落ち着いた風情の町中を歩いてゆくと、やがて妙に明るい華やいだ商店街に出くわす。そこはＪＲと京阪の膳所駅から湖岸にある西武デパートやパルコに至る道で、ここに出ると急に現代の喧騒のなかに引き戻されたような気がする。パルコに向かうにぎやかな若者たちを横目に見ながら旧街道を少し進むと、木曽義仲の菩提を弔うために建立された義仲寺がひっそりと佇んでいた。

義仲公の墓所は、尼となった側室巴御前がねんごろに弔い、その庵は「無名庵」と名づけられ、「巴寺」、「木曽寺」、「義仲寺」と称されて、戦国期には近江の大名佐々木氏によって寺領を与えられて石山寺から三井寺に属することとなった。近江の地をこよなく愛し、湖南膳所の地にも多くの門人がいた松尾芭蕉は、義仲の悲劇の生涯に感じ入って改修された無名庵に幾度も立ち寄って「義仲の寝覚めの山か月悲し」などの句を詠み、さらに自らの亡骸を義仲寺に葬ることを言い残した。芭蕉は義仲の人生に、敗者の哀れ、敗れ散りゆく者のはかなさを思ったに違いない。

芭蕉が大坂で亡くなった元禄七年(一六九四)一〇月一二日、去来、其角らの門人一〇人は、この遺言に従って遺骸を舟に乗せて淀川を上り、

義仲寺

一三日の午後に義仲寺に葬った。

義仲寺には、義仲、芭蕉の墓のほか、義仲を祀った朝日堂、義仲が愛した巴御前と山吹御前の塚や、芭蕉を敬慕する蝶夢上人が芭蕉を顕彰するために再興した翁堂、同上人の作になる「芭蕉翁絵詞伝」や多数の俳書を収めた粟津文庫など、ゆかりの史跡が残されている。また、多くの俳人がここを訪れており、芭蕉の句をはじめとする多くの句碑を建立している。

「木曽殿と背中合わせの寒さかな」（又玄）

「行く春をあふミ（おうみ）の人とおしみける」

（芭蕉・真筆の写し）

「旅に病で夢は枯野をかけ廻る」（芭蕉）

これらの句碑は、近江の国に多くの信頼を寄せ理解しあえる門弟をもっていた芭蕉が、木曽義仲の悲運を偲び、自身の亡骸の眠る地として

芭蕉の墓

選ばれたこの地にあってこそふさわしい。
「粟津野に深田も見えず月の秋」（露城）
「月の湖《うみ》鳰《にお》は浮いたりしづみたり」（魯人）
これら蕉門の句碑も、葦原茂る琵琶湖に面していたかつての風景を髣髴とさせてくれる。だが、こうしたさまざまな史跡とともにもう一つ興味深いことは、かの日本浪曼派の巨魁で、昭和一〇年代には日本精神を鼓吹《こすい》して文壇の寵児となり、戦後は一転して文学者の償《つぐな》うべき戦争責任を一手に負わされた形で文壇から疎んじられた保田與重郎の墓がこの寺にあることである。義仲寺の一番奥まで歩を進めたときに、その墓は突然私の前に立ち現れた。そのとき、一瞬たじろいでしまった。それほど、保田與重郎という名は戦時期の極端な日本主義の精神と結び付けられて脳裏にインプットされていたからである。なぜ保田がこの寺に葬

芭蕉句碑「行く春を」

又玄句碑「木曽殿と」

られているのかという疑問は、保田自身が書き残した「昭和再建碑」に明らかにされている。

　戦後保田はさまざまな古蹟の顕彰を行い、すでに保田の故郷である奈良県桜井市の大三輪における天覧相撲発祥の地としての顕彰、桜井市における記紀、万葉集歌碑の建立運動、蕉門十哲の一人向井去来の草庵である京都嵯峨野の「落柿舎」の復興・整備などに取り組んでいた。戦後、義仲寺は荒れるにまかされ、管理者の三井寺円満院も義仲と芭蕉の墓を自房に移して残りを売却するところだったというが、この危機を見るに見かねた保田が友人たちに相談し、その力によって義仲寺は買い戻されて円満院から独立し、山門、朝日堂、無名庵、翁堂など建物のすべてが現在のように修復されたという。

　保田にとっては、義仲も芭蕉も蕉門の俳人たちも、西行や後鳥羽院とともに日本文化史における隠遁詩人の系譜に連なり、自身の文学の血脈にかかわる重要な人物たちであった。その魂が重なり集まっている貴重な史蹟がいとも簡単に崩れ去ろうとしていることに、保田は大きな危機感を抱いたに違いない。

　戦後日本は、アメリカ文化の洪水のような流れとともに戦前を反省せんとするあまりに日本的なもののすべてを「封建的」、「守旧的」として「軍国主義」と結びつけて葬り去ろうとする流れが横溢《おういつ》し、日本固有の文化そのものの積極的な存在意義さえも忘れて経済再建に邁進し、日本を欧米化することに大きな精力を傾注してきた。たしかに「日本主義」が独善に陥り、極端なナシヨナリズムや軍国主義と結びついていったことの反省は決して怠ってはならない。しかしながらそのことが、日本文化全般の排斥や軽視、経済発展や西洋文化中心の文化行政に陥ってしまっては成り上がり者の奴隷根性と揶揄されても致し方あるまい。

戦後荒れるに任されていた義仲寺を救ったのは、芭蕉が愛した「近江の人」でもなく、戦後民主主義を標榜する進歩的文化人でもなく、アメリカ文化横溢のなかで戦争責任の咎《とが》を受けて疎んじられ呻吟《しんぎん》していた保田與重郎という「日本主義者」であった。

「近江の人」は、景勝地の湖岸を埋め立ててマンションや巨大ホテル、荘厳なホールや大型ショッピングセンターを林立させて光り輝く新名所を造り上げたが、町中の商店街は廃れ、地域に根ざす文化も歴史も喧騒のなかに埋もれていった。いまや、クリスマスのイルミネーションに輝くショッピングセンターで買い物を楽しむ地元の若者でさえ、義仲寺や芭蕉のことさえ知らぬ者が多いことだろう。そして、こうした光景は何も義仲寺の周辺にかぎられたことではなく、戦後日本がつくり上げてきた風景全般を象徴しているのである。

保田與重郎筆「昭和再建碑」

武士の世を切り開かんとして歴史の葛藤のなかで散った義仲の非業の最期……、武士の世が乱れ戦国期に至らんとするなかで近江の名勝を八景として称えた京都公家たちの美意識……、武士の世が安定繁栄を誇ったなかで敗者として散っていった義仲の哀れを偲んだ芭蕉の思い……、そうした日本文化の真髄を高らかに歌い上げたがゆえに戦争と戦後の毀誉褒貶《きよほうへん》の激流に飲み込まれた保田與重郎の人生……、その保田によって戦後再び復活された歴史の証……、さらにそれらを飲み込まんとするかのように林立する現代日本のビル群とコマーシャリズムの洪水……こうした思いが幾重にも重なり、芭蕉の句がひときわ心に染み入るのがここ義仲寺なのである。

8 歴史に生きる和菓子の味

——藤屋内匠といと重菓子舗が伝えるもの

さて、義仲寺を出て東海道もいよいよ大津の街中に入る。大津はかつて「大津百町」といわれ、東海道（中山道）を京に上る宿場町として、また日本海や東国から琵琶湖を介して京・大坂などに輸送される物資が打ち上げられる港町としても栄え、さまざまな店が軒を並べて蔵を競い、牛車に積まれた荷物を車石に載せて逢坂山を越える風景は、大津宿を描いた安藤広重の「東海道五十三次」の錦絵にも登場する。

この東海道筋の界隈には、JR大津駅から琵琶湖に向かって真っ直ぐ伸びている大通りを下っていくとすぐに出られる。そこには、お茶屋さん、和菓子屋さん、提灯やさん、酒屋さんなど、いまも往時を偲ばせる老舗のお店が何件か残されている。それに、明治二四年（一八九一）に訪日したロシア皇太子ニコライ（のちの皇帝ニコライ二世）が警護中の津田三蔵巡査に襲われ、前代未聞の司法問題にまで発展した「大津事件[1]の碑」も建てられている。さらに、毎年一〇月に行われ、約三五〇年の歴史を有する「大津祭」に登場する絢爛たる曳き山（山車《だし》）を展示した記念館もある。

旧東海道大津宿の街並みと石碑「此之付近露国皇太子遭難之地」

藤屋店内と店主遠藤夫妻

ここでは、こうした昔から続くお店のなかでも、創業が寛文元年（一六六一）という老舗中の老舗「藤屋内匠菓子舗」に残る逸品を紹介しよう。藤屋内匠のお店は、東海道から一つ琵琶湖よりの道沿いにあり、当代で一三代目となる遠藤仁兵衛さんがいまも変わらぬ伝統の味を引き継いでいる。和菓子がすきな私は、そんな老舗とは知らずによくお店を訪ね、季節の生菓子や羊羹《ようかん》を所望し、とくに大津絵や近江八景を模した落雁《らくがん》が好きで、横浜の実家に帰るときにも滋賀ならではのお土産として持参していた。

そんな私が、彦根の骨董店で干菓子や練り菓子をつくる木型に魅せられてからいろいろとその方面の書物や資料を調べていると、必ずといっていいほど登場してくるのがこの藤屋内匠であった。それもそのはずで、私が気軽に美味しくいただいている「湖水月」という羊羹は、かつては膳所藩御用達のもので、小豆色の羊羹のなかに黄色い栗の甘露煮が丸く朧月《おぼろづき》のように浮かび上がり、湖上に浮かぶ月を表したものであった。

また、著名な干菓子の「近江八景唐」や「大津絵落雁」の木型は、ともに安政（一八五四～一八五九年）末期に彫られたものの写しを今日でも使用しており、当時と変わらぬ味と形とをいま

（1）明治二四年（一八九一）当時来日した大津遊覧中のロシア皇太子ニコライが、警備中の巡査津田三蔵に斬りつけられた事件。大国ロシアを恐れる明治政府は津田三蔵を大逆罪で死刑にするよう迫ったが、大審院長の児島惟謙は刑法どおり無期徒刑とし、司法権の独立を貫いた。事件現場に碑が建つ。

に伝えている。藤屋さんには文政六年（一八二三）に建てられた蔵がいまも健在で、そこにはさまざまな菓子づくりの用具が保管されており、写真のような行器《ほかい》も見せていただいた。これは蒸し菓子などを高貴な方やまた由緒ある行事などに供する際に用いられたものといい、漆塗りに螺《ら》鈿《でん》が一面に施されている価値あるもので、この蔵と同じくらいの古さをもつものという。

さて、干菓子についた「落雁《らくがん》」という名の由来には諸説があるようだが、平安時代くらいから大陸から技法が伝わって、蒸したもち米に甘葛煮や胡麻などを入れて搗《つ》き込み、冷やしたあとに輪切りにして干した「粉熟《ふずく》」という菓子がつくられていたが、室町期には木枠にはめて成形した長方形のものもつくられるようになったという。白い生地に黒い胡麻が点々と現れるところが狩野探幽らが中国洞庭湖の瀟湘八景の一つとして描いた「平沙落雁図」に似ていることから、いつしかこう呼ばれるようになったという。また、「近江八景」の誕生も、同じく室町末期の明応九年（一五〇〇）に近江守護であった六角高頼の招待で滞在した公卿の近衛政家が、近江八景の和歌八首を詠んだことがはじまりだと言われていることから、その一つである「堅田の落雁」の情景もこの菓子の呼び名の由来に関係していたのかもしれない。

その後、江戸時代に至って幾度かの変遷はあるが、田沼時代の明和年間からさらに江戸後期の文化文政期（一八〇四～一八二九）に至り、さまざまな意匠を凝らした木型がつくられ、落雁菓子の全盛期を迎えるようになる。また、享保の改革以後、和三盆《わさんぼう》（中国から輸入したものを唐三盆という）の製造を奨励した幕府の政策にのっとって高松藩や徳島藩などで製糖が活発化して全国に出回っていたことが落雁菓子製造の発展を支えた。

落雁は、良質なもち米と和三盆、そして寒梅粉と葛粉を微妙なバランスと水加減で練って木型に入れてつくるが、その水の配合と練り加減、また形押しの技はすべて長年培ってきた菓子職人の勘によって決まるのだという。木型職人は、均質で堅い桜の木を主に用いて、菓子の立体的で繊細な絵柄を「裏彫り」によって彫り出し、しかも生地が離れやすいように鋭く彫らなければならない。目と舌と鼻で感じる落雁の絶妙な味わいは、良質な原料（もち米、和三盆、水）と木型職人の技、そして菓子職人の熟練の手わざが重なりあって初めて誕生するのである。

藤屋さんでは、日本最古といわれる明和期（一七六四〜一七六九年）の落雁木型をはじめとして明治時代まで

蒸し菓子などを容れるための行器

のものでも四〇〇丁もの木型を保存している。落雁《らくがん》は、寺社仏閣での祭事仏事や冠婚葬祭の折に用いられてきたが、そのなかの代表的なものとして、石山寺が仏供養をする際に藤屋が「供饌《きょうせん》菓子」として収めてきた「貼仏供《はりぶく》」と呼ばれる華麗な菓子と、それを打ち出す木型を紹介しよう。

さっそく藤屋さんに取材を申し入れたわけだが、師走に入って暮れも押し迫った忙しいなかにもかかわらず、ご主人の遠藤仁兵衛さんご夫妻は私の申し出を快く引き受けてくださり、貴重な菓子型や行器を見せていただいたうえにお店の由来や菓子製造のあり方などの興味深いお話をしてくれた。

そのなかで、「いま、ちょうど、石山寺に納めるお正月用の貼仏供をつくっているところなのですよ」と言われて見せていただいたのが写真のものである（次ページならびに巻頭口絵四ページ参照）。貼仏供とは、年に二度、盆と正月に仏の前に供される菓子で、ここでは菊と麒麟《きりん》と牡《ぼ》丹《たん》を基調に、正月は松竹梅、水仙、鶴など、盆には楓、水紋、撫子などの干菓子が円錐台の形をした台に貼られていく。色も桃、青、黄、緑、白と実に鮮やかで、華やいだ雰囲気を演出している。この菊、麒麟、牡丹の落雁もまた、文政年間（一八一八〜一八二九）の木型がそのまま使われている。

この貼仏供が実際にどのように飾られているのかを確かめたくて、お正月に石山寺を訪ねてみた。山門をくぐり、鬱蒼《うっそう》と茂る杉木立のなかを進んで階段を上がるとパッと視界が開け、目の前には寺名の由来となったという峨峨《がが》とした珪灰石の岩肌が聳え、その向こうには実に優雅な姿をした国宝の多宝塔が美しい檜皮葺《ひわだぶ》きの屋根を広げている。本堂はその珪灰石の岩盤の上に立ち、大きな寄棟造りの屋根をもって悠然と構えている。隣接する礼堂は、清水寺のように崖に張り出した舞台造（掛造）になっていて、地上から五メートルもの高さに達している。

　いよいよ本堂に入り、本尊が祀られている廟に対峙してみた。本尊の如意輪観音半跏像（平安時代、重要文化財）は三三年に一度開帳される秘仏であるが、その前立ちには小ぶりながらほぼ同形の如意輪観音半跏像（桃山時代）が座していて、その前には高坏《たかつき》に乗せられたものが一対と、さらに三段の器に乗せられたものが一対、合計八つもの貼仏供が供えられていた。また奥には、平安時代後期の毘沙門天立像が増長天と持国天を従えて控えているが、そこにも三つの貼仏供が並んで供えられていた。いずれも信仰する仏の荘厳さを称揚するために供されたもので、黒光りする重厚な仏像をとりまく天与《てんよ》の花園のように輝いていた。

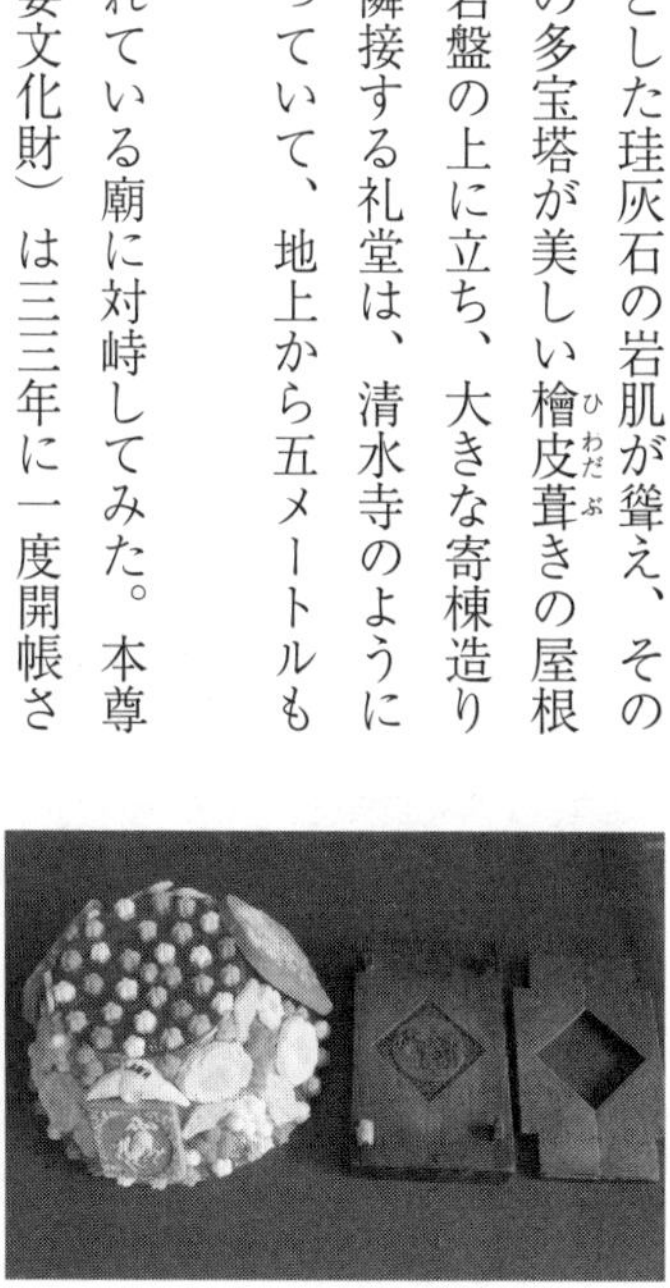

貼仏供、麒麟の木型

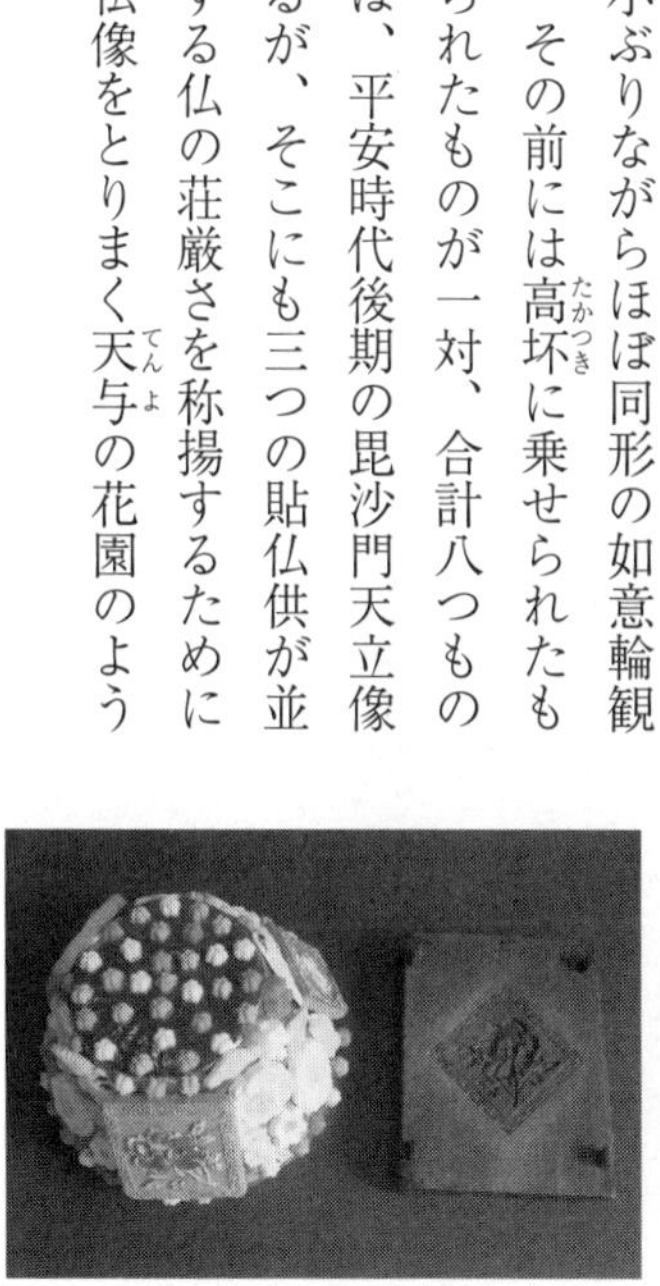

貼仏供、牡丹の木型

こうした供物はお下がりとして信者や参拝者に配られるというが、いまのようにどこにでも美味しいお菓子が溢れている時代と違い、昔はこうした供物の豪華な菓子が庶民にはどれほど喜ばしく、また仏の加護をもつものとしてありがたく受け止められていたことであろう。

そんなことを考えながら、藤屋さんの落雁を一つ口に含んでみた。和三盆の香りとやわらかくふくよかな甘みが口のなかに広がった。それは、人口甘味料で満たされた刺激の強い現代の味とは違い、いわば職人の手わざとそこに込められた心が歴史とともに育んできた風土の味わいであった。

ここで、いま一つ老舗の菓子舗として思い起こされるのが、城下町彦根で創業文化六年

石山寺本尊に供えられた貼仏供

（一八〇九）からの歴史をもつ「いと重菓子舗」である。いと重さんは、直弼の青春時代の寓居をイメージした生菓子「埋もれ木」で著名であるが、私はその原型ともいえる「益壽糖《えきじゅとう》」の素朴でほのかな味わいが忘れられない。創業者糸屋重兵衛のつくった益壽糖は、茶道にも通じた井伊直弼が、国学の師で直弼の懐刀となった長野主膳に与えたという記録も残されている。

いまもお城の近くの本町に店を構えて、当地ならではのお菓子をつくり続けているいと重さんにも独特の菓子の木型が残されている。それをいくつか紹介しよう。まず写真①は、井伊家の家紋をかたどったものである。「彦根橘《たちばな》」といわれる橘の文様と井桁の文様の二種が木型に彫られており、老舗いと重が井伊家御用達の商人であったことを物語っている。

次に掲げる②は、彦根の名勝を一二か所にわたって彫ったものである。「近江八景」同様、一六世紀以降には中国の「瀟湘八景」になぞらえた、土地ならではの景観を賞揚する「八景もの」が全国各地に生まれ、「八景」だけでなく「十景」や「十二景」も展開する。彦根でも、彦根藩の庭園玄宮園そのものが近江八景を模した造りになっているほか、その周辺でも「彦根十境」、「玄宮園十勝」、「清涼寺十境」などが生み出された。

こうしたなかで、この彦根周辺も含む一二景が生み出されたものと考えられるが、はっきりした年代は特定できない。そこに彫りこまれた風景は、佐和山、千鳥ヶ岡、多賀、天寧寺、指合、楽々、金亀城、井伊社、大洞、亀ヶ淵、摺針、千代ノ松原であり、ここにはいまは埋め立てられてしまって見る影もない琵琶湖内湖の景勝が「指合」、「摺針」、「天寧寺」、「大洞」などにくっきりと映し出されている。かつて身近に親しまれた内湖の存在が、彦根周辺の名勝を形成するうえで重要な要素であったことを示している。

さらに写真③は、直弼好みの「柳」文様を彫り込んだもので、上は現在も販売している御干菓子「湖陽之錦」の木型で明治期のもの。その下は、もみじ葉を円形全面にあしらったものと茶巾絞りの宝袋を彫り込んだものである。また④は、日章旗がはためく様が彫られており、戦時期の「出征祝」などに供されたもので戦争を生き抜いた時代の証人ともいえよう。こうした木型の製作元を示すものとして「彦根市神鳥萬巧堂」と刻印されたものがあり、彦根周辺に展開した仏壇をはじめとする木彫りの技術がこう

いと重菓子舗

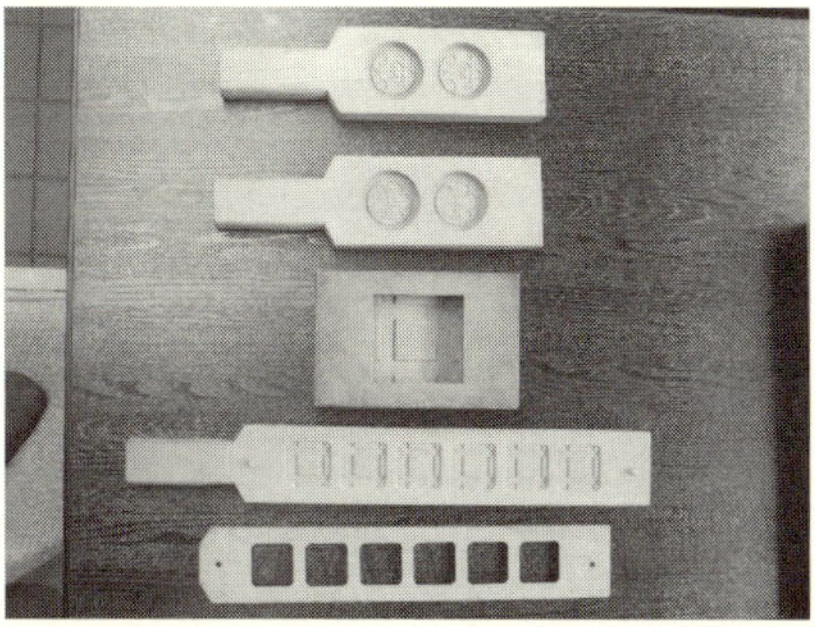

①木型、井伊家家紋

②木型、彦根12景

②木型、彦根12景の内「金亀城」「楽々」

した菓子型製造にも生かされていったことを連想させる。

以上、大津と彦根にいまも生きる老舗の菓子舗に残された木型の数々を見てきたが、いずれも当地独特の歴史と文化を色濃く反映したものであった。そうした和菓子の文化は、江戸期の諸大名や寺社の統治下で茶道が社会の文化、美、道徳、秩序、規範の核に置かれて普及するにつれて発展し、また寺社や地域社会で執り行われる冠婚葬祭の行事に華を添える、なくてはならない供物として展開していった。

だが、明治以降の近代化過程や特に戦後の欧米化のいっそうの展開のなかで茶道が社会を支える中核の位置からはずされ、和菓子が冠婚葬祭を彩る主役の座から放逐されていくに従って、それを支えた木型の存在も有名無実なものとなっていった。

現在、あり余るほどの世界中の菓子が我々の日常を取り巻いている。その一方で、日本独自の歴史と伝統の味が私たちの五感から忘れ去られようとしている。そうしたことへの警鐘を、この木型たちは我々に無言のうちに訴えているように思えてならない。

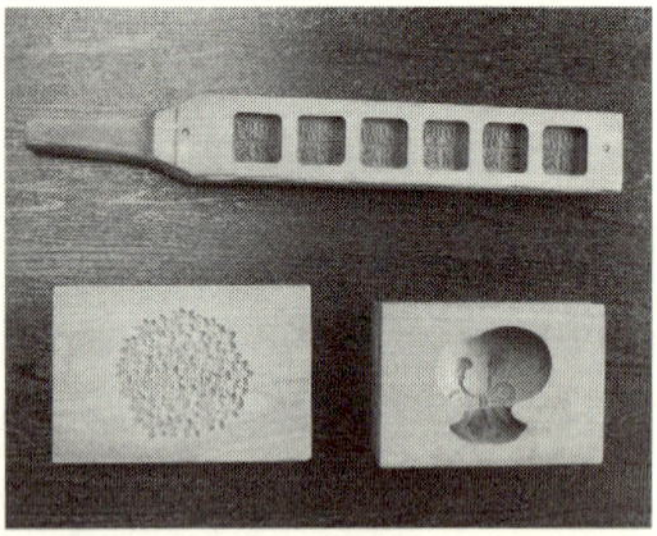

③木型、「柳」「もみじ葉」文様、「湖陽之錦」など

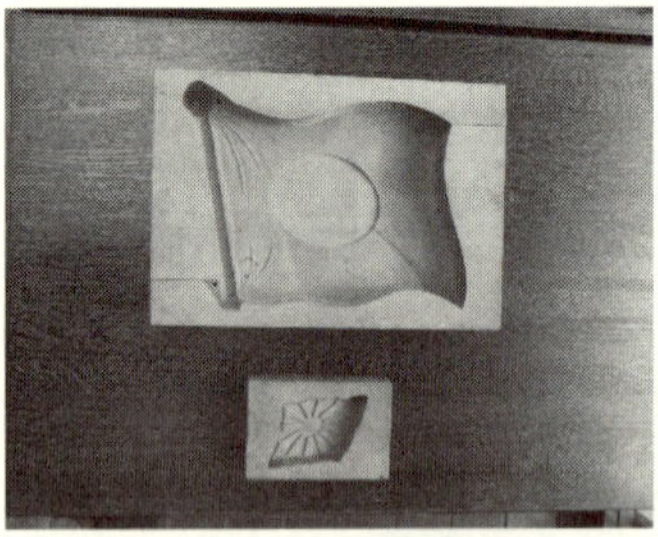

④木型、日章旗など

9 大津から琵琶湖を巡る文明開化

——錦絵の蒸気船

湊町、宿場町として栄えた大津の町も、明治維新とともに文明開化の世を迎える。京都―大津間には鉄道が走り、大津と長浜間は湖上を走る蒸気船で結ばれた。そんな大津と琵琶湖を巡る文明開化を象徴する錦絵に、大津の骨董店で出合った。

もうかれこれ一〇年以上前になるだろうか、私がまだ大津の町に居を構える前のことである。大津には、戦前期の史料調査のために県庁内の県民情報センターに足繁く通ったり、また大津祭の曳き山巡行の見学のためにたびたびやって来ていた。そんな折に、ふと立ち寄った骨董店がある。駅前から歩き、琵琶湖岸の浜大津に向かって下りていく商店街の一角にそのお店はあった。気軽に店内をのぞき、ひとわたり展示してある古器物を眺めていると、「お客さん、どちらからお越しやした。まあ、お茶でもどうぞ」と店主にすすめられるままに座に着くと、なんとも人懐っこい笑顔で老夫婦がお茶を出してくれた。

すでに八〇歳を超えておられるというが、矍鑠《かくしゃく》としておられる。それに、ご夫婦とも大変お元気で、ついついその笑顔に引き込まれて骨董談義に花が咲いた。お店にある「藤娘」を描いた大津絵の絵戸のことや、大津京周辺の遺跡から出土したというさそり文様の古代瓦のこと、そして丸い太鼓に「吾目堂」と書かれた看板のことなど、興味が尽きなかった。

　吾目堂とは、歴史学者の奈良本辰也さんがこのお店につけた名前で、氏自らが筆でお書きになったものであった。奈良本氏には直接お会いしたことはないが、明治維新史の泰斗で、私の尊敬する歴史学者の一人であったから、それでまた話に花が咲いた。吾目とは、「種々雑多なもの」という意味を含んだ五目からもじったもので、この店が種々の生活骨董を扱うところから命名されたものと思われる。現在では、息子さんたちが京都新門前に町屋を改造した素敵な店舗を構えており、また多様な和箪笥の修復・販売と「京都骨董祭」を主催しておられること

吾目堂

でも知られている。

老夫婦は実に楽しげに、懐かしげに奈良本氏とのさまざまな交流（それについては、奈良本氏の著書『骨董入門』平凡社、一九七九年、に詳しい）や若いころの修業時代の苦労話、またそのときに出会った諸々の人物や骨董のことを語られた。そのなかには、柳宗悦氏との縁でラジオ出演したときのことなど貴重な逸話も含まれていた。私も、父や祖父の戦前から戦後にかけての商売上の苦労話やびっくりするような冒険談を聞かされて育ったものだから、おじいさんの話はそんな父や祖父たちと重なって、まるで戦前戦後を生きた骨董店の歴史を聞く思いで耳を傾けていた。


気がつくと、すでに日は暮れ、外はもう暗くなっていた。慌てておいとまを告げようとすると、「あんさん、ようわしたち老人の昔話をこない長ごう聞いてくれはりました。ほんにわしも楽しかった。嬉しかった。よかったら、これ一つ持っていっておくれやす」と言って、手元のお盆に伏せてあった煎茶用の小さな伊万里の猪口《ちょこ》を差し出してくれた。それは、龍雲と五弁の葉を描いた小粋な染付けの小品であった。

「おじいさん、僕もとっても楽しかった。でも、こんな貴重なも

猪口

の受け取れないよ」と言って固辞すると、「お客さん、これは、わしのような老人の話を三時間も聞いてくれたお礼です。わしの気持ちや」と言って聞かない。それでは悪いので、もう一つ伊万里の猪口《ちょこ》を購入して帰ったが、いまではこれがいい思い出として残っている。その後、私は大津に用事があって出かけるたびに吾目堂を訪ね、老夫婦と話をするのが楽しみになった。そんなお店にいつも飾られている、おじいさん自慢の版画の錦絵があった。明治初期の蒸気船「大津丸」を描いたものである。

　琵琶湖で最初の蒸気船は、大津川口町に汽船局をもっていた加賀国（石川県）大聖寺藩[1]の藩士石川嶂が、大津百艘船仲間の一庭啓二とともに長崎に赴いて造船術を学んで建造した木造外輪船の「一番丸」で、明治二年（一八六九）三月三日に就航している。その後、「二番丸」の建造には大津の舟屋堀江八郎兵衛も加わり、明治四年（一八七一）の廃藩置県によって大聖寺藩の蒸気船経営が禁じられると、一庭と堀江の両氏がその経営を引き継いでいる。そして、明治八年（一八七五）になると堀江は新たに大津丸会社を起こして「大津丸」を就航させている。それが、この錦絵に描かれた蒸気船である。

　マストを二本高く掲げ、大の旗をたなびかせ、船体中央の大津丸の名を刻んだ煙突から黒鉛をモクモクと吐きながら琵琶湖の湖面を波高く疾走している。明治一一年（一八七八）の記録では、長さ九・七間、積高二二トン、一二馬力であった。錦絵の画面から、この船が「半ノ日（奇数の日）一二時」に大津の金浦大浜を出航して「丁ノ日（偶数の日）一二時」に塩津浦から帰帆し、途中、湖西高島の大溝と舟木浦を経由して湖北の飯之浦に至り、片山浦、竹生島に寄港していたことがわかる。いまだ鉄道の開通していない当時、それまでの丸子船などに代わって多くの人員、物資、郵便物を載せて高速で運搬されたのである。

大津でこんな出会いがあってから、私は蒸気船の錦絵のことが気になりはじめた。そんな折、彦根の片山道具店で見事な錦絵に出合ったので紹介しよう。それは、『彦根市史』にも掲載されており、大津市歴史博物館にも展示されている「金亀丸《こんきまる》」である。金亀丸は、明治三年（一八七〇）一一月に彦根藩が船工を長崎から招聘し、松原の三本柳に造船所を設置して肥田久五郎が蒸気船製造の御用掛を命ぜられて建造に着手し、明治四年に進水式を挙げたという。長さ一五間、積高一八トン、一五馬力で、米原―松原―大津間を就航した。

錦絵を見ると、やはり二本のマストに帆をたなびかせ、中央から蒸気の黒鉛を吐きながら波高く琵琶湖を疾走する様子が描かれ、後部マストには「金亀」の旗が掲げられていた。

当時の走力は金亀丸が時速四里（一五・七キロ）であり、のちのより高性能な鉄船「太湖丸」

（1）当時、大聖寺藩が琵琶湖汽船の建造を企図した理由として、幕末動乱期、西廻り海運の大阪港への着港が危ぶまれる社会状況がみられるなか、京都御所警衛のための兵員輸送に湖上舟運を利用していた大聖寺藩は不便と危険を感じていたことが指摘されている（『新修大津市史　近代　第五巻』三三一ページ）。

大津丸

金亀丸

が明治一六年（一八八三）ごろに時速二三～二六キロで大津―長浜間を約三時間半で就航していたことを考えると、その約三分の二の速力であった金亀丸は同期間に四時間半～五時間強を要していたことになる。このスピードは当時の人々を驚かせ、文明開化を目の当たりに実感させるものであった。

明治一三年（一八八〇）四月に京都―大津間に鉄道が開通されると、それ以後は湖南大津と湖北長浜などとを結ぶ鉄道連絡船として活躍し、明治二二年（一八八九）七月一日に大津―米原間に東海道線が開通してからは、より観光汽船としての色彩を強めながらのちのちまで湖上交通の主役を担っていくのである。

明治維新の文明開化の世を迎え、大津―彦根の町が琵琶湖を巡る近代化の波に蒸気船をもって乗り切らんとした意気込みを、この二つの錦絵はいまによく伝えてくれる。

（後記）　ここに紹介した吾目堂大津店は、店主ご夫婦が高齢のためいまはお店を閉じられており、息子さんたちが経営する京都新門前のお店で手広く種々の骨董を取り扱っておられる。

10 夢をかけた美術館

——夢偲庵

さて、大津の街を訪ねて逸することのできないスポットが三井寺の周辺である。今日は、そのほとりにある小さな美術館を紹介しよう。三井寺方面には、大津の街中を東海道をまっすぐ進み、鮒鮨で有名な老舗の「坂本屋」などの店を覗きながらゆっくり歩いていってもよいが、京阪電車を利用して浜大津駅の一つ先の三井寺駅で下車するのがもっとも便利である。

ここで電車を降りると、すぐ目の前に琵琶湖疏水が通っている。琵琶湖疏水は、大津美保ヶ崎の琵琶湖岸から京都に至る水路で、京滋間の舟運、水力発電の動力源などを目的として明治

琵琶湖疏水、洞門

一八年（一八八五）六月から約六年の歳月をかけて明治二四年四月に完成した。疏水の入り口部分には伊藤博文の手になる「気象萬千」の題額が掲げられた見事な洞門があり、いまも京都方面へ水を送り続けている。この疏水辺から三井寺の周辺には、円山応挙が滞在し、「七難七福図」や「孔雀牡丹図」を残したことで知られる円満院、また三三歳の若さで病魔のため片腕を失い、夭折するまでの短い期間に近江と琵琶湖を題材にした珠玉の絵画作品を残した三橋節子の記念館、さらに大津の文化・芸術・歴史を総合的に展示解説している大津市歴史博物館などが点在し、とくに疏水脇の桜並木がいっせいに開花する春のシーズンには多くの観光客で賑わう。

だが、私はそうした観光スポットを横目に見ながら、琵琶湖疏水から西大津のジャスコに向けて伸びている「大津絵通り」と名付けられた道を一つの美術館を目指して歩いていった。すると、ほどなく通りの右手に位置する私設美術館の「夢偲庵」にたどり着いた。

よほど気をつけて歩いていないと気づかずに通りすぎてしまいそうなこの美術館は、大げさで派手な看板もなく、静かに来館者を待って佇んでいた。私は、ある大津の骨董店から「滋賀の骨董・古美術を知りたいのなら、ぜひ一度訪ねてみなさい」というアドヴァイスを受けていたが、その言葉に半信半疑なままこの美術館のドアを叩いてみた。しかし、一歩なかに入り、数々の展示品に触れて館主の中川清之氏の丁寧な解説に耳を傾けていくうちに私の「惑い」は氷解し、驚きと感嘆の気持ちに変わっていった。こんな美術館があったのか……。

中川さんは、いまも大津の東海道筋で営業している安政五年創業の老舗のお茶屋さんに生まれ、幼少のころより生家に残されていたさまざまな美術品に囲まれて育ったという。そうした日本の美術品が、先の戦争や戦後の混乱期、さらにその後のアメリカ文化や経済一辺倒の世の風潮のなかで散逸あるいは等閑視されていく状況を目の当たりにして中川さんは、「二〇歳のころから日本の美がなくなるのではないか」との思いを強くしていったという。そして中川さんは、幼少のころからのコレクションだけでなくさまざまなジャンルの美術品の収集と研究に打ち込まれ、少しでも多くの方に日本の美の素晴らしさを知ってもらおうと一生のテーマとして美術館設立を祈願し、その夢が今日の中川美術館「夢偲庵」として実現したのである。

第一展示室と中川夫妻

第一展示室には、蒔絵、山元春挙画、広重などの版画、京焼、江戸～明治・大正期のガラス、茶道具、古伊万里・柿右衛門などのテーマが毎月設けられて、中川さんの目によって選び抜かれた名品・逸品が系統立てて展示されている。第二展示室には、「近江のやきもの」として、比良、三井御浜、梅林、膳所、瀬田、石山、草津姥ヶ餅、湖東など、近江ならではの古陶磁がずらりと並べられている。そのなかでもとくに、天明期（一七八一～一七八八）ごろに膳所の商人小田原伊平が起こした梅林焼は、緑・黄・茶などの鮮やかな彩色を用い、ナス形の徳利やアワビ形の皿やヒョウタン形の杯《さかずき》など、従来の常識にとらわれない奇抜で斬新なデザインと意匠に富んでおり、実に興味深い。さらに氏は、SL・電車のミニチュア模型や古銭の収集をも手懸けられており、その驚異的な収集品も美術館を飾っている。

　それらさまざまな展示品のなかから、ここでは「三井御浜焼」を紹介しよう。江戸後期、青木木米、仁阿弥道八と並んで後期京焼の三名工の一人と称される陶工に永楽保全がいるが、その保全が嘉永四年（一八五一）に三井寺円満院の覚諄《かくじゅん》法親王の御用窯として作陶したもので、「長等山焼」または「湖南焼」とも呼ばれている。

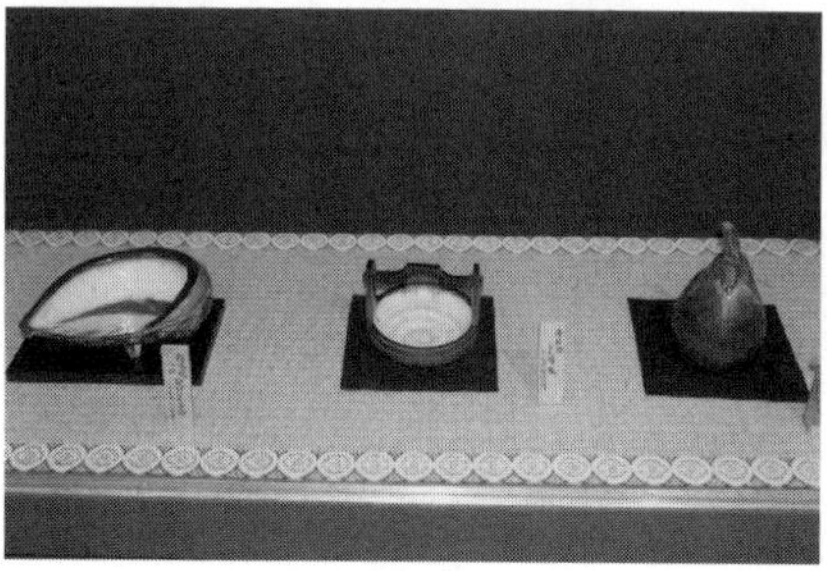

梅林焼

保全は、寛政七年（一七九五）に京都の織屋である澤井宗海の子として生まれ、一三歳のときに土風炉師である西村家一〇代の善五郎了全の養子となってのちに一一代を継承する。だが、若くして陶技に優れ、土風炉以外にも交趾《こうち》、青磁、祥瑞《しょんずい》、染付、赤絵金襴手などの幅広い作陶を行い、文政一〇（一八二七）年に紀州藩主徳川斉順の御庭焼に従事した際にその功績として「永楽」姓を賜り、以後「永楽保全」または「善五郎」と名乗るようになる。この保全を、詩歌・茶などの文芸の後援に熱心であった円満院の門跡覚諄法親王が招いて開窯させたのがこの三井御浜焼であり、嘉永七年に没するまで、わずか三年あまりの作陶でしかも最晩年の作を残しているのである。

まず、三足の香炉を見てみよう。ふくよかな丸みを帯びた胴には中国の文人が笛を奏でている。三つの足にはそれぞれ十字の文様が描きこまれており、香炉を床の間

三足の香炉

煎茶茶碗

に置いて書画を愛でる際にこの十字を拝むように工夫された「隠れキリシタン」のものであったという。次は、秋の七草が側面に生き生きと描かれた煎茶茶碗で、見込みにはコオロギのような虫が描かれ、側面の草間から秋を奏でる虫の音がいまにも聞こえてきそうである。いずれも染付けの発色が素晴らしく、薄づくりの整形が見事な冴えを見せ、しかも描かれた絵には勢いがみなぎっている逸品ばかりである。

　このように、中川美術館では他所ではちょっとお目にかかれないような名品・逸品に出合うことができるが、それにも増してこの美術館には、中川さんの古美術品に関する該博な知識と豊富な収集経験に裏打ちされた解説を聞けるという魅力がある。それは、博物館の学芸員などのどこかさめた知識一辺倒の「解説」とは違い、中川さんの古美術品への愛着と収集の過程で身をもって獲得された生きた知識に裏打ちされたものであるから、聞いていて実に楽しく、また知識を身につけるとはどういうことなのかを改めて教えられる。

　そして、ほかの美術館のようにガラスケース越しにうやうやしく眺めるだけでなく、ここでは、優品・逸品を直に手にとって鑑賞することができる。品物を手に取り、触ってみて初めてわかるこの感触の重要性を中川さんはさりげなく教えてくれる。また、古陶磁ならその地肌の色、釉薬、模様、落款などの古美術の特徴や鑑賞のポイント、さらには真贋の見極め方まで、中川さんは実に丁寧に惜しみなく教えてくださる。

私がこの美術館を訪ねると、いつもついつい話が長くなって、二〜三時間に及んでしまうこともしばしばである。そこでは、中川さんの古美術にかけた情熱や熱い思い、収集時のさまざまな逸話などが語られ、時の経つのを忘れてしまうのである。中川さんは、骨董を「値で買うな」、「眼で買え」とよく言われる。ちょっと値引きしてくれたからといって「安かろう悪かろう」というものは手にするな、また銘があるだけで法外な値がつけられているものや、言われるままに高値がついているものを盲目に信じて買うな。一切の先入観を排して自分の眼で見て、よく勉強して、自分の感性に忠実にものと接してものを得よ、という中川さんの人生の歩みから出た生きた教訓である。

この美術館は、本当に古美術や骨董、そこに込められた日本の心を知りたいと思う方にぜひひとも訪ねてほしい大津の「名所」である。いまの日本に得がたくなった本物がわかる日本人の一人である中川さんとともに、この素敵な美術館がいつまでも続いていってほしいと心から願う。

第3章

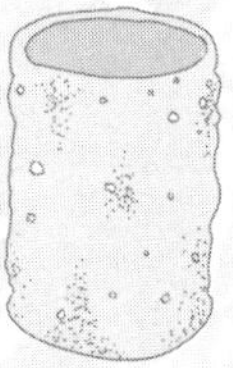

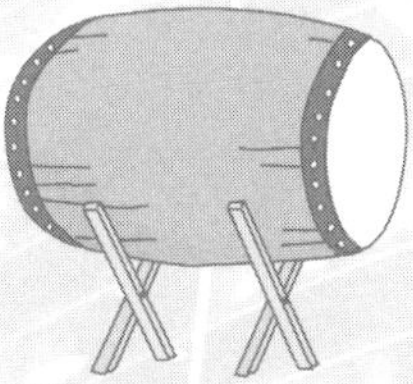

四季をめぐる暮らしのなかで

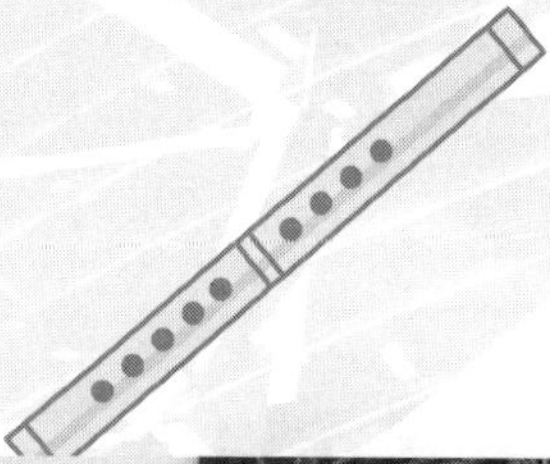

現代生活に活かされた時代箪笥（二本松箪笥）

日本ほど四季の移り変わりが鮮やかで、その節目がはっきりと目に見えて肌で感じとれる国はないように思われる。その四季の節目のハレの日を演出するのが自然や祖先に感謝を捧げる祭りの場であり、近江でも、旧正月の「おこない」の祭事、春の田植え祭り、夏の盆、秋の収穫祭と、一年を通じて伝統的な祭りが繰り広げられている。その四季の移り変わりが人々の心に詩情を育み、画心を呼び起こし、和歌や俳句、絵画となって現れ、私たちの文化を形成してきた。

四季にもっとも敏感な文化といえば、誰しも茶道を思い起こすことであろう。春夏秋冬の節目には折々の茶会が催され、しつらわれる茶器も、それぞれの季節にもっとも相応しいものが厳選される。「夏は涼しく、冬は暖かに」、「花は野にあるように」という利休の言葉のように、茶道に代表される日本文化は四季折々の自然と心通わせ、その情緒を生活に取り入れることで、日常生活そのものを心豊かなものに深めてゆこうとするところに主眼が置かれてきた。したがって、近年の痛ましい自然破壊は詩情の破壊となり、人間性の破壊へとつながっていくことになる。

それはさておき、現代社会に暮らす私たちも、茶道文化にならって、そうした過去からのさまざまな贈り物である骨董の品々を四季折々暮らしのなかに生かしてゆくことができる。時・場所・機会（ＴＰＯ）に応じた器物の用い方、それを通じた人と人との接し方に細かく気を配ることは、茶道文化から継承したい重要な慣習である。四季折々の軸を掛け、食器や花器を選び、部屋の模様替えをし、なるべく自然の空気を取り入れた生活を送ることは、自然の詩情を日常に組み入れて生きる清新な喜びをもたらしてくれる。それはまた、コンピュータに囲まれ、競争と管理のなかで疲弊している心身をより豊かなものに蘇生させることにもつながるに違いない。

もう一つ、茶道のなかには器物の用い方で参考となる工夫がある。それは、一方で厳格な規則が律せられている反面、かなり自由に異なった用途の器物を茶器として取り入れる「見立て」という方法である。もともと茶道では、日常使いの器を茶器に見立てて取り入れていったのであり、現在でもその行為は茶道のなかに受け継がれている。私は、この「見立て」を各人が各人のセンスを生かして自由に行っていったらよいと思っている。もちろん、その器物本来のあり方で使用するのが常道であろうが、それが生まれた時代と現在とでは社会状況がまるで違っているのだから、無理に過去に現在を合わさなくてもかまわないと思われる。むしろ、「過去」をその特性を生かしながら現代のなかにどう使いこなしていくかに、各人の新しい創造行為が発揮されるのである。だから、骨董は新たな使い方を見いだし、日常に生かしてこそ楽しいのである。

こうして歴史を受け継ぎながら良い品を使い続け、次世代へと伝えていくことは時代を超えた究極のリサイクルであり、文化の伝承でもある。

さあ、さまざまな骨董を取り入れた四季折々の生活をめぐる旅に出かけよう。

春

1 春の光と影

——古伊万里、桜の杯洗

ようやく、湖国にも遅い春がやって来た。そんな春先の光と影を宿した桜にまつわる話から、四季をめぐる旅をはじめることにしよう。

私の骨董好きの友人に、古い器に水を張って庭の一遇に置き、それを眺めて楽しんでいる人がいる。「水に映る光と風が古器物に新たな命を与え、普段床の間に鎮座して恭しく眺めるのとはまた違った野趣に富んだ味わいを醸し出す」と、その人は言う。

そもそも器物のなかには、水や酒を注ぐことを前提にして、その内側に模様や絵を描き込んだものがある。

杯《さかずき》のなかに描かれた小さな草木や動物は、酒を注いだとたん大きく勢いを増して生き生きと目に飛び込んでく

彦根城下に咲く満開の桜

る。その杯を宴席で酌み交わす風習が定着したときに、「杯洗」という独特の器物が生まれた。江戸の後期といわれるが、幕末開港以後は西洋から入ってきた酒盃の形に影響を受けたのか、大きなワイングラスのような形状をしている。そして、その内側には、まさに水を張って杯を軽く洗って波立てることを想定して、さまざまな粋な絵柄が描き込まれた。

私の前には、数年前に彦根で手に入れた杯洗がある。その内側には桜の古樹が大きく枝を張って満面に花をつけた絵柄が大胆に描かれ、水を注いで春の光とそよ風のなかに置くと、波がきらめくなかに桜がいまにも舞い落ちてくるような錯覚に陥る。

古伊万里、桜に馬図杯洗

桜花散りぬる風のなごりには水なき空に波ぞ立ちける

この紀貫之の歌は、桜花が風に吹かれて大空に舞い降りる様をあたかも大海原に白波が立つようだと歌ったものであるが、水を湛えた桜図の杯洗は、まさにこの歌の世界を小宇宙に閉じ込めてしまったかのような趣がある。さらに胴回りには、桜の花園のなかを疾走する駿馬（春馬）やのんびりと草を食む馬の姿が描かれている。桜はまた古来より田の神の化身とされ、その開花は田植え時を人に知らせる美しいシグナルでもあった。牛馬とともに農耕にいそしむ人間にとって桜は、そうした日々の生活や動物たちとともにあったといえよう。

しかしながら、他方で桜は、その散り際が潔いところから「のどかさ」、「うららかさ」といった「陽」の要素とともに「はかなさ」、「さびしさ」、「むなしさ」といったある種「陰」の要素を含むものとして日本人の美意識の琴線をとらえてきた。「しず心無く花の散るらむ」(古今集)という心のなかの動揺が、いっそう桜の美しさを際立たせていたのである。

芭蕉は、近江水口で同郷の伊賀上野の友人である服部土芳との再会に際して、「命二つのなかに生きたる桜かな」と、その喜びを生き生きとした桜に託して詠んだが、私には、この「命二つ」とは桜が象徴する人の心や人生に棲む陽と陰の二律背反の危うさのように解されてならない。それの二つを兼ね備えた

同前杯洗見込の桜図

水が注がれた杯洗内にゆらめく桜

春

桜の美しさは、あたかも長調と単調が互いに絡みあい、互いを照らしあって奏でられるモーツアルトの音楽の美しさにも響きあうところがある。

さて近代に入ると、こうした日本人の桜によせた繊細な美意識は巧みに大国意識のナショナリズムに利用されていった。日清・日露の戦争の勝利以後、多くの城郭や公園には「日本の美しさの象徴」として桜が植えられ、しかもその品種もソメイヨシノに限定されていった。散り際の美しさは、国のために潔く命を投げ出すことこそ美徳なのだという宣伝に供され、「しきしまのやまと心を人問はば朝日ににほう山桜花」という有名な本居宣長の歌も、本来の意味を離れて「同期の桜」の「大和魂」を賛美する軍国主義に結びつけられてしまった。

いま、私の目の前には、桜の杯洗とともに、戦後日本の「平和」と「繁栄」を経たなかで、生々しく展開されるイラク戦争の現実が横たわっている。戦後日本は、未曾有の経済発展をとげるなかで桜に見た「大和魂」の軍国主義も忘れられたが、本来そこに見いだしていた繊細で危うい美意識さえも洗い流してしまったように思われる。また、忘れたはずの軍国主義も強大国アメリカやイラクのなかに強固に息づいていて、その「命二つ」は桜に託された人と自然の平和共存を打ち破って果てしない殺しあいを演じている。

美しく散りゆく桜と、それをとらえたこの杯洗を、私はいま「しず心無く」眺めている。

2 近江桜逍遥

——永楽保全の酒器・急須、織田瑟瑟の桜絵

　昨年の春は、何年かぶりで湖国の桜をゆっくりと見て回ることができた。両岸に桜咲き乱れる琵琶湖疏水の川辺を、妻と赤ん坊の親子三人で、立ち止まってはシャッターを切りながらのんびりと歩いた。暖かな日の光が降り注ぐ春霞の先には三井寺が遠望でき、その山麓も桜色に染まっていた。

　この疏水辺から八重桜の並木にそって「大津絵通り」を進み、私設美術館「夢偲庵」をのぞいてみると、この地ゆかりの桜の精のような美しい品に出合った。写真に見る一対の徳利と急須・湯呑みで、いずれも桜の花びらが可憐に描かれている。永楽保全の作で、嘉永四年（一八五一）から三年間、三井寺付近に築窯して焼いた三井

琵琶湖疏水の桜

御浜焼である。

これらの器の魅力は、見ただけでは十分に伝わってこない。目にはネズミ色の肌合いから少し重々しい印象を受ける徳利も、それを手にしたとき、何ともいえない軽やかさと上品な地肌の柔かい感触が手に伝わってきて驚きを禁じえない。薄墨色の地肌は月の明かりに照らされた夜の空に見立ててあり、可憐に咲く桜は夜桜として淡く輝いているのである。また、急須も実に細やかで洗練された気品にあふれ、桜の花弁が手のひらにすっぽりと包まれて春の風情をいっそう身近に感じさせてくれる。

翌日は、遠くから訪ねてきた母と弟の親子三人で彦根の桜を訪ねてみた。城を望み、濠にしなだれかかる幾本もの桜の饗宴に圧倒されながら、ここでも桜の精を美に昇華させた近世の逸品に出合った。片山道具店を覗いてみると、一隅に、月の光に妖艶に輝く九重の夜桜を見事に活写した一服の軸が掛けられていた。

まず、目を見張るのは、その写実力の鋭さである。幾重にも重なる花びらの濃淡、それを取り巻く愛らしい蕾の数々、とがった先端

永楽保全作　桜文様の徳利

永楽保全作　桜文様の急須と湯呑み茶碗

や葉脈まで鮮やかに描かれた葉、そして太く力強い幹に細い小枝が勢いよく伸びる姿が実にリアルに描かれている。薄茶の生地の色にも巧みな変化がつけられて、とくに白い花弁を際立たせている。微妙な濃淡を含むこの白は、月光に照らされてまるで螺鈿《らでん》のように輝いている。

この絵の作者は、安永八年（一七七九）に旧八日市市、川合寺に津田貞秀の長女として生まれた女流絵師織田瑟瑟《しつしつ》である。彼女の名は「政江」といい、その家系は織田信長の九男信貞にはじまる。三五歳にして夫を亡くした政江は、一人息子の貞逸を学問で世に出そうと、京で成功を収めていた同郷の商人「近江屋」を頼って上京し、自身も若いころより習っていた絵を本格的に窮めようと画業に専心した。上洛後、政江は織田家再興を夢見て「織田瑟瑟」と名のり、当時桜の絵を描かせては当代一といわれた三熊花顛、露香兄妹の影響を受けて、ひたすら名木といわれる京の桜花の写生に明け暮れたという。

その絵は「織田桜」と呼ばれ、まことに迫真の写実力に富むだけでなく、女流絵師として一人立ちしながら織田家再興も夢見た瑟瑟のひたむきな強さ、その繊細さ、そしてときになまめかしいばかりの妖艶さをもって見る者の心に迫ってくるのである。瑟瑟を支えた近江屋こそ、幕末には坂本竜馬と中岡慎太郎が京都見廻組によって暗殺される舞台となった場所であるが、そこにも中岡慎太郎の讃が記された瑟瑟の桜花図が残されていたという。

恐る恐るこの掛軸の値段を聞いてみると、七〇万円あまりであった。とうてい私の財布が「ウン」と言ってくれるはずもないので、「ようし、いつかは手に入れてやるぞ」と密かに心に誓って店を出たが、気になって一週間後に再びお店を訪ねると、早売れてしまっていた。

「いままで長いこと売れずに置いていたんですけれど、妙なものですね」とは、店主の言。見初めた恋人が急に目の前から消えてしまったような、なんとも気落ちしたような、安堵したような妙な気分になりながら、デジカメに収められたその姿を見るたびにため息をつくことしきりである。

瑟瑟の生地である神崎郡御園村川合寺（現在の東近江市）の西蓮寺には瑟瑟の墓があり、寺では毎年桜の咲くころに、郷土が生んだ「桜の精」を偲んで村の人々が所持する「織田桜」の掛け軸が一堂に集められて展示される。ぜひ、訪ねてみたいものである。

織田瑟瑟　夜桜図（拡大）

3 花と蝶

——山本梅逸の絵と初期伊万里蝶図小皿

春の陽の光が暖かさを増し、花々が我先にと開花を競いあっている。そんな春の喜びを伝えてくれる愛らしい絵に、彦根の骨董店で出合った。それは、梅と春蘭と椿をあしらった小品である。作者は山本梅逸で、幕末ころ名古屋や京都を中心に活躍し、とくに花鳥画の繊細な描写に長じたことで知られる。初めは彦根職人町出身の張月樵について画を学び、やがて弟子には彦根生まれの青根九江が育っており、彦根との縁が浅からぬ絵師である。

この絵に私がひかれたのは、描かれてある花が早春から晩春にかけて我が庭を彩ってくれる身近に慣れ親しんだ花々であり、異なった魅力をもつそれぞれの花を愛しんだ思いとともに春の過ぎゆく時の流れを感じさせてくれるからである。長い冬の終わりに待ちわびた梅がようやく咲き、その馥郁《ふくいく》たる香りにメジロやシジュウカラが集い、毎日挨

山本梅逸　草花図

春

拶を交わす。それが散り敷くと、すぐ木陰の苔の間から春蘭のつぼみがすっと立ち現れる。この蘭の花は、派手ではないがひそやかにして素朴な野の春の魅力を湛えて気品がある。

春蘭とほぼ同時期に、我が家の椿たちはいっせいに開花しはじめる。椿は、種類によっては初冬から晩春まで長い期間にわたって見られる花であるが、やはり春先の椿が一番である。この絵の椿は、八重咲きの大輪の花を見事に咲かせている。

そして、これらの花々の開花を待ってどこからか春のお姫様がやって来る。「初蝶」の到来である。梅逸の絵を包んでいる表装には、三つの花を囲むように群青の絹布が施され、そのなかに、いままさにやって来た初蝶のように金糸で舞う姿が描かれている。群青の布地は、光の濃淡によって、早春の春霞とともにやがて夏に至ろうとする五月の晴れた濃紺の青空をも連想させる。訪れた蝶たちは、春の花々を称えながらそこかしこを自由に舞っているようである。こうしてこの表装は、梅逸の絵を最大限に引き立たせる貴重な役割を果たしているのである。

このようにこの絵は、三つの花で春の時の流れを感じさせ、蝶が舞う姿で春ののびやかで明るい躍動する空間の動きを伝えてくれる。そして、その両者が椿の紅と蝶を包む群青によって象徴され、互いに響きあい照らしあって春の時空の広がりを演出している。こうした意味で、この表装こそ梅逸の絵と一体となって作品の一部を構成してこの作品に命を与え、まさに画竜点睛の働きをしているのである。

ところで、蝶といえば、大津にある中川美術館で見た初期伊万里と古伊万里の皿に描かれた蝶が忘れられない。貫乳《かんにゅう》が入り、生焼けの初期伊万里の地肌に見事な藍色でアゲハチョウが描かれている。白鷺城（姫路城）で見た池田家の家紋のようでもある。裏の高台部分には半陶磁のような柔らかい肌色の地肌が現れ、工人の手跡もくっきりと残されている。

いま一つは、より時代は下るが元禄期の古伊万里の小皿で、より図案化された蝶が二匹、互いに語りあい睦みあうようにして飛び交っている。蝶のもつ躍動感、そこに隠れたはかなさのような雰囲気が実によく出ている。

蝶は古来より神秘的な存在として愛され、万葉のころより多くの歌に詠まれてきた。多くの場合、春の喜びや快活さなどを蝶に託して詠んでいるが、西行だけはそこに冷徹な眼差しを忘れなかった。

籬に咲く花にむつれて飛ぶ蝶の羨ましくもはかなかりけり

籬《ませ》（生垣）に咲く花に群れ遊ぶ蝶の姿に、何ものにもとらわれずに自由に飛翔する存在を見て羨ましいと感じた西行は、家族や俗世をも捨てた身でありながら常にその存在を意識し、そこから自由になりきれない己が精神を凝視しているようである。だが、その後に来る「はかなかりけり」とは、そうして得られたはずの精神の自由にさえ根源的な「はかなさ」を「蝶の薄命」に照らして見いだしているのであり、おそらく俗世との生々しい日々の葛藤のなかにしか本当の自由はありえないことを感じ取っていたのではあるまいか。

いま、この原稿を書いている私の庭にはまだ「初蝶」は現れていない。古来より優雅な春の女神であった蝶は、その姿を戦後の爆発的な都市開発によって急速に消していった。私は横浜の下町に育ったが、昭和三〇年代には都会の公園にもさまざまな蝶が飛び交っていて、子どものころは蝶を追回して遊んだ記憶で満たされている。西行が蝶に託して感じた「はかなさ」は、もう都会の庭には「初蝶」さえ来なくなってしまうのではないかという、現代文明に対して抱く言い知れぬ「はかなさ」と不安に変じてしまっている。

蝶図小皿（右　初期伊万里、左　元禄期伊万里）

4 藍の牡丹と百花繚乱の古布たち

春爛漫である。我家の庭にもいっせいに牡丹の花が咲き出した。その牡丹の花の躍動した美しさを告げる藍染めの古布を紹介しよう。五年前に大津に引っ越した私は、早速、骨董店探しをはじめたが、浜大津から琵琶湖沿いに国道を湖西方面に走ると、すぐ右手に偶然小さな小さな古布専門のお店を発見した。「布有珍《ふうちん》」という面白い店の名前に誘われて一歩店内に足を踏み入れると、そこはまるでひと時代前の魔法の小部屋のようで、所狭しとさまざまな魅惑的な古布が積まれており、それらが私を眺めている。その奥から、ドクタースランプ・あられちゃんのような何とも愛らしい店主のおばさんが顔をのぞかせ、私が迷い込んでくることを待っていたかのように微笑んでいる。

そんな布たちのなかで、私の目を釘付けにして離さなかったのがこの「筒描きの布」である。筒状に仕込んだ糊で染め上げる前の布に模様を描くと、その部分だけ染まらないために、白くくっきりとした模様が描ける。そうした手法を「筒描き」といい、これによって仕上げられた布地を「筒描き布」と言っている。

春

この綿布に私がひかれたのは、何といっても三様に描き分けられた牡丹の花が中央と上下に配され、それを葉や枝が勢いよく取り巻き、全面から春の息吹が感じられたからである。しかも、藍の濃淡と白抜きの模様のコントラストが藍染めの本来の魅力をいかんなく引き出していた。

私はかねてより、日本の棉を手で紡いだ糸で手織りされた布を本藍で染めた布地の色調や感触を、直《じか》に手にとって身近に置いて味わってみたいと念願していた。この牡丹の布は、まさに私の望みとおり、すべてが手づくりの藍染めの布であった。つくられた時代は、おそらく機械紡績や機械織、化学藍が普及する明治中後期より以前のものであろう。

そのほか、店内には絣《かすり》、縮緬《ちりめん》、更紗《さらさ》、絞《しぼ》りな

布有珍店内と店主の山野布美子さん

ど、手紡《てつむぎ》、手機《てばた》で、藍や草木を用いて染めたさまざまな古布が一面に積み上げられている。店主の山野布美子さんは、長浜の出身で、聞けば昭和二年（一九二七）生まれというから私の父と同い年であるが、とてもそんなお年には見えない。とにかく古い布に魅せられ、ご自身の器用な針仕事で、次々と古布の端切れを用いてパッチワークの布地に仕立てて、人形や袋物、半纏《はんてん》やコート、壁掛けまで自在に生み出していっている。

羽織って見せていただいた半纏は、五センチ四方の端切れに無数の丸い文様の柄をあて、それを何百と張り合わせて仕立て上げられたものである。まさに、古布の絵柄の百花繚乱。これほどまでに日本の女性たちは、日々の生活のなかから楽しく、可憐で、奇抜で、あでやかで、また端正な文様を生み出してきたのかと、見ているだけでため息が出てしまう。

牡丹文様の筒描き布

春

「おにいさん、これはね、私が死んだら、こんな古布狂いのおばあを弔うために棺《ひつぎ》の上に掛けてほしいと思ってつくっているのよ」と、屈託のない笑顔で見せてくれたのが、何ともあでやかな縮緬のパッチワークである（巻頭口絵四ページ参照）。いまは本物の縮緬は入手するのさえ難しいご時勢であるが、そのフワッとした感触の縮緬《ちりめん》がふんだんに用いられて、布の花園をつくり出しているのである。

「これならきっと、天国へいっても楽しく暮らせますね」と、私も笑って返す。

山野さんは、もう四〇年以上も前、長年の恋を実らせて結婚したご主人をわずか二年で亡くされ、その悲嘆にくれた日々を救ってくれたのが、これらの古布とそれを作品に蘇生させる仕事だったという。

「それからはもう、古布を集め、古布を仕立て、足の踏み場もないほど古布に囲まれて暮らしてきましたよ。古布たちが私のこどもね」と、また顔がほころぶ。その蒐集と研究の成果は、多種多様な端切れを張り合わせてつくった「見本帳」に結集されている。

山野さんはまさに、日本の女性たちが日々の労働のなかで、長年培ってきた温かく多様な手づくりの布の魅力を現代に伝える「布の精」なのである。

「いまは、キルトやパッチワークが盛んでしょう。若い人にもずいぶん広がっているわね。でも、それらはみんな化繊や洋風のものばかり。日本の手紡、手機、本藍や草木染の本当の魅力や味わいを知る人は少なくなってきたわ」と、嘆いていた。

いまでこそ私も、こうして下手な原稿を書くほど骨董に代表されるような優れた品々のもつ質感に敏感になったが、一五年以上前までは、まるでそうしたものがもつ質的な側面にはまったく興味がなかった。経済史家という、私の職業がかえってそうした感覚を鈍らせていたのかもしれない。

経済史の分野では、封建的な手仕事の自給生産からいかに資本主義的商品経済の機械生産に転換していくかが、経済発展を推し進める進歩のメルクマールと見なされてきたからである。そこでの進歩の基準は、いかに早く安く大量に均質なものがつくれて利潤を生めるかという量的な尺度であり、品物がもつ質的側面や美的側面、総じてそれを使う人の心とかかわる部分はまったくといっていいほど関心の外に置かれていた。したがって、手仕事の品は遅れた経済段階の産物としか見られなかったのである。私自身もまた、もののなかに人の心が見えないそうした「歴史家」の一人であった。

そして、ようやく機械製とは違う手仕事の魅力が感じられるようになってきたいま、こうした手紡、手機の布に触れると、機械製ほど糸が均質に詰んでいない分だけ柔らかく、実に繊細な肌触りを保っていることが体感できる。最初に見た「筒描き」の藍染めも、花の部分は濃く染め上げられてくっきりとした濃紺の発色を保っているのに対して、生地の部分は長い年月にわたって使い込まれるなかで藍が枯れた状態になって古色を帯びた渋い色調を放っている。そして、その対照が何ともいえない深い味わいを醸し出しているのである。本藍はまた、布に保温効果を与え、防カビ・防虫の面でも優れていることはいうまでもない。

明治後期に産業革命が進展し、手仕事の布が機械紡績、機械織、化学藍の大量生産の布に駆逐されていったとき、人々はどのような感慨を抱いたのであろうか。それはたしかに、人類全体にとって巨大な生産力の進歩であったかもしれないし、労働力の軽減につながったのかもしれない。しかし、それはまた、家計が商品経済に巻き込まれて自給的なものまでも購入するようになり、同時に、さまざまな日用品を日常的に自らの手でつくることができる多様な能力を失っていく過程でもあったのである。

産業革命以降の近代化過程とは、かつて手仕事の品がもっていた人間の心と直接触れ合うあたたかさや温もりの感覚をも、また一つ一つ日常生活のなかから喪失させていく歴史過程であったということを忘れてはならないだろう。

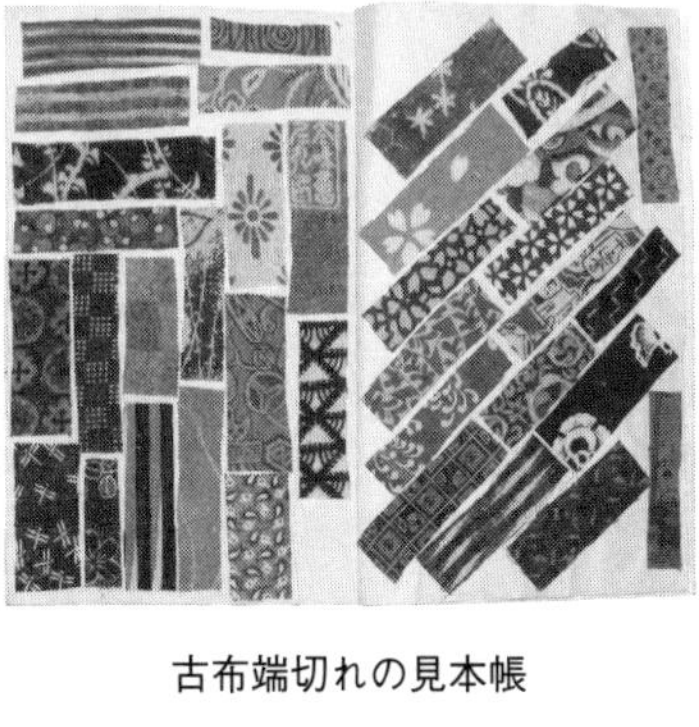

古布端切れの見本帳

5 小円のなかの宇宙

——古伊万里等、小皿・豆皿

科学万能、機械製の無味乾燥な大量生産の世の到来に抗して、自然界の小さき命のなかに宿る無限の神秘を賞賛したのはかのウィリアム・ブレークであった。江戸時代、醤油皿、手塩皿、紅皿、お歯黒皿、珍味受け皿などとして多種多様な小皿や豆皿がつくられたが、そのわずか直径五、六センチ〜一〇センチに満たない小宇宙の世界にも神秘の女神が宿っている。そして、その小宇宙の世界には、春の草花がひときわよく似合う。それらと出合ったときは、まるで山里の雪間の下の可憐な草花を見つけたときのように心が浮き立ってしまう。今回は、湖東から湖南地方のさまざまな骨董店で見つけた愛らしい小皿・豆皿の数々を紹介しよう。

まず、①の器を見てみよう（二〇六、二〇七ページの写真参照）。寒風のなかに気高く咲く梅の花をそのまま皿の形にかたどったもので、私がこの世界の魅力に目覚めるきっかけとなった逸品である。ここに見るデザイン力の素晴らしさに一目で惚れ込んでしまったのである。この上に小さな猪口《ちょこ》を乗せれば、粋なデミタスコーヒーのソーサーとなる。②は同じ梅の花の周りを撫子の花で囲んだもの、③は下がり藤を優雅に描いたもの、④の文様はスギナのような葉を単純に組み合わせだけであるがそのデザインは秀逸で、また芥子の花を細い線で描いた⑤の豆皿は、何とも不思議な空間をつくり出してシュールな雰囲気さえ醸し出している。

春

ここで、小皿、豆皿に咲く四季折々の花々を追ってみよう。⑥の豆皿は、初夏を告げるアザミの花をあしらったもので、実にユーモラスで気品がある。⑦は、長浜の夏の風物詩である瓢箪をかたどった織部の豆皿で、緑と渋い茶で彩色し、内側には蔓と葉が描かれている。もう一枚加えて六枚になれば「六瓢（無病）箪」となって縁起がいい。そして⑧は、大きく実った蕪を大胆に小さなキャンパスに描きこんだものであるが、食いしん坊の私は、秋から初冬にかけて湖岸などでよく見受けられる紅蕪《あかかぶ》の吊るし干しを思い起こしてしまう。この好物の漬物を、骨董の小皿に盛って味わうのもまた格別である。

次に、おめでたいお正月によく似合う豆皿を紹介しよう。⑨の器は、梅に羽子板をあしらった湖東焼であるが、生き生きと力強い筆遣いはさすがである。次の⑩も湖東焼であるが、こんな小さなスペースに、長寿の象徴とされる鶴が五羽も描き分けられており、各々の鶴も実によくその姿態の特徴をとらえており、全体のデザインのバランスもまた見事というほかはない。⑪は、長く変わらぬ繁栄と操の象徴である松を三段に描いたものであるが、まるで円窓のなかに余白を残して描かれた一服の絵を見るようである。そして⑫は、その松と鶴を扇面の器に載せたもので、扇形に形どる成形の技術が光っている。丸い豆皿でも裏を見ると高台がしっかりつくられており、

春

古伊万里、小皿・豆皿一覧

①梅形

②撫子

③下がり藤

④すぎな

⑤けし

⑥アザミ

春

古伊万里、小皿・豆皿一覧（⑨・⑩は湖東焼）

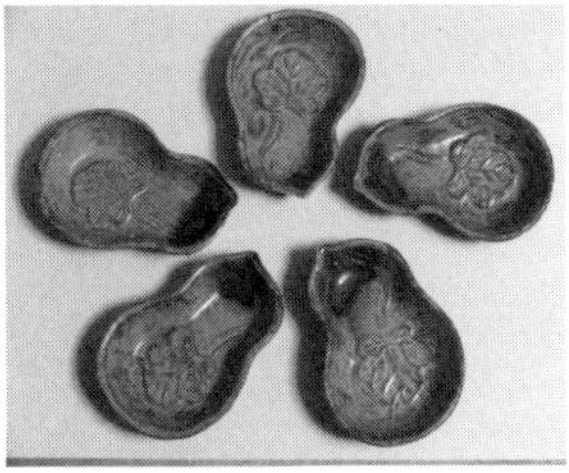

⑦瓢箪

⑧蕪

⑨梅に羽子板

⑩5羽の鶴

⑪松

⑫扇面に鶴と松

轆轤《ろくろ》目も現れていて、その手仕事の技術の高さに驚嘆させられる。

　こうして、四季をめぐるさまざまな小皿や豆皿を見てきたが、元来日本人は、盆栽や茶室など、小さな世界に大きな自然や宇宙を凝縮させ、かえってその美の深さや広さを引き出し味わう術に長けていたといえよう。そして、現在のような不況、省エネ、リサイクルの時代では、大量生産の大型で均一なモデルよりも、小型で人と自然にやさしく、キラッと個性が光る製品が人々の人気を呼んでいる。

　コンパクトカー、多機能携帯電話、ナノテク技術を駆使した超小型電子機器の数々……これら現代の日本が誇る製品のなかにも、江戸時代の小皿や豆皿に見られた秀逸なデザインと遊び心、使いやすさと楽しさを備えるための緻密で精巧な技術力が見事に生かされ継承されているのである。「Small is beautiful」は、本来、日本文化のなかに脈々と受け継がれている格言なのかもしれない。

3 燕、来る

——燕図の掛軸

「青山緑水」、風薫る初夏の季節が到来した。私の小さな庭でも碇草《いかりぐさ》（メギ科）、艶麗草（ユリ科）、踊子草（シソ科）、そして牡丹までが次々と開花を競い合い、鳥たちも蜜や餌を求めてにぎやかに枝を行き交っている。そんな初夏の訪れを告げる鳥の代表である燕の姿を爽やかな絵に認めた掛軸に、彦根の骨董店「太湖」で出合った。かつて「立ち雛」の掛軸もお世話されたこともあって気軽にお店に立ち寄ると、ご主人夫婦から「先生、彦根ならではの面白い軸がありますが、ご覧になりますか」と声をかけられた。

スルスルと軸を紐解いて現れた絵には、燕が生き生きと描かれていた。江戸中後期ごろの井伊家の当主による作といい、それは、唯一藩主にのみ許された中央上部に刻印された井伊家の橘の家紋によって判明するという。そして、落款からは「井氏之印」の文字も確認できる。絵の中央には波の上に飛び交う燕が描かれ、その脇には次の歌が添えられている。

遊ぶとも　行くとも知れぬ　燕かな

燕の掛軸

「井氏の印」

井伊家橘の家紋

この歌のとおり、燕の飛び交う様は何と自由闊達に描かれていることか。さらに、この燕を包む表装が実にすばらしい。おそらく、能装束に用いられるような上質の絹でつくられたものといい、とくに、上段と下段の群青の色は言葉では表現できないほど美しい。そこに織り込まれた金糸の牡丹唐草の文様が、濃い青のなかに綾模様を加えて、深い海の波と紺碧な澄んだ空の清々しさを醸し出している。

こうして燕たちは、真っ青な海と空の間で自由闊達に遊び、行き交っているのである。ここには、素直な気持ちで自然や美に心通わせて「遊び」、俗世の「地位」や世間の「評価」にとらわれずかつ惑わされず、己が信念にのみ従った道を歩み、事成った暁には飄々と去れるような「自由」な心境が生き生きと表現されているように思えた。

春

ところで、私の家の隣家にも四月になってから燕がやって来て巣をつくり、毎日、颯爽とガレージの門を潜り抜けては誕生したヒナたちにせっせと餌を運んでいる。その家の前には電線があって、番《つがい》の二羽はときどきそこに止まっては仲良く囀《さえず》っている。私の家はちょうど一階分だけ高いところにあるので、電線の燕は同じ高さにいる私のほうを向いてしきりに話しかけているようである。

「遠い国から、青い空を何日も飛んで、青い海をいくつも越えて、この琵琶湖のほとりまでようやくやって来たんだ。そして、親切なお宅の軒先を借りてこうやって巣をつくり、赤ちゃんを誕生させることができたんだよ」

「長い長い道のりだったね。でも、本当によかったね」

夫婦の燕の囁きに私もただうれしい気持ちでこう答えて、忙しく楽しそうに働くその姿を飽きずに眺めている。ひょっとしたら、この燕たちは、江戸時代のあの掛け軸のなかから時空を越えて私のところにやって来たのかもしれない。そんな気がして、骨董店に行ってもう一度この絵を見ると、そこにはちゃんとかわいい燕が青い空と海に囲まれて遊んでいた。でも、三羽いる燕は、きっとあの番の燕とヒナの親子にちがいない。


こんな他愛もない想像を膨らましているうちに、この掛軸への愛着がいっそう増してきた。「燕の来る家には幸せが舞い込む」という古来からの言い伝えに従って、我が家にも温かい幸せをもたらしてくれることを願って、このゆかしい燕の掛軸の終の棲家を我が家に決めたのである。

夏

私事にわたって恐縮であるが、平成一六年（二〇〇四）五月に、結婚後一九年ぶりにしてようやく一子を授かった。この燕の掛軸は、このときに購入したものである。いくつもの海を越え、ようやくわが子の産声を聞いたとき、妻の言い知れぬ喜びの笑顔とともに大海原の暗雲は一瞬にして消えうせ、一点の雲りもない青空が心のなかで晴れわたった。そして、崇敬する柳宗悦の「心偈《こころうた》」の言葉がふつふつと心に沸きあがってきた。「今日、空晴れぬ」と。

夏

7 時代ガラスの温もりと涼感

梅雨も半ばを過ぎ、いよいよ蒸し暑い季節が到来した。今回は、一条の涼感を醸し出してくれるガラス器をいくつか紹介しよう。

私は長浜の町が好きでよく出かけるが、ちょっと覗いた骨董店でひょうたん型のガラス瓶を見つけた。ひょうたんこそ長浜を興隆した豊臣秀吉の馬印であり、いまでも長浜ではひょうたんを題材にしたさまざまな町おこしを行っていることから、私もこのひょうたんを記念に購入した。

不思議にもそのあと、福井の小浜と奈良の老舗の酒屋さんで、それぞれ色合いと形が違うひょうたん型のガラス瓶を手に入れることができた。夏のうっとうしい季節が訪れると、私は決まってこれらの瓶を取り出して、床や縁側の木製の台の上に置いて夏の花を一輪生けてみる。すると、実に

あられさけびん

すがすがしい涼しさが漂う。瓶のなかに入れられた茎と水が透けて見えることから冷たいみずみずしささえも感じ取られ、加えてひょうたんのおどけた形がほっとした笑いを誘ってくれる。

奈良の老舗の酒屋さんでは、ひょうたん型のガラス瓶にあられ酒を入れて販売してきたことから、この瓶が戦前からあられ酒の容器として世に出回っていたことがわかった。そこで、あられ酒の由来を尋ねてみると、江戸時代の初期に奈良の漢方医であった糸屋宗仙が池に浮かぶあられを見て思いついてつくったものといわれ、かき餅やもち米をあられのように切ったものを焼酎に漬けては引き上げて日に干すという作業を数回繰り返したあとに上ミリンとともに瓶に入れ、密封して二〇日ほど熟成させたものであるという。当時は、ひょうたんの酒器に入れら

地球ビンとネコびん

れていたことも多かったことから、大正期ぐらいから往時を偲んでひょうたん型のガラス瓶に詰めて販売したのだという。

あられ酒は、与謝蕪村によって「爐《ろ》びらきや　雪中庵のあられ酒」と詠まれているように、本来冬の寒さのなかに甘味な温かさを抱かせる品であったが、いまはその瓶が夏の暑さのなかに涼を感じさせる道具立てに用いられるのだから、器のもつ魅力に不思議さを禁じえない。

次に、彦根の骨董店で見つけたもので、子ども時代に駄菓子屋さんでよく見かけた飴やせんべいなどを入れた丸いガラスの器を紹介しよう。「地球瓶」というのだそうだ。そして、信楽でも、今度は「ネコ瓶」といわれる横に口がついたガラス容器に出合い、あまりの懐かしさにこれも購入した。

前者は手仕事のまわし吹き、後者はより大量生産向きの金型吹き込みの技法でつくられている。明治期には、東京・大阪の町工場でずいぶんこれらの瓶もつくられていたが、大正後期から昭和初期には製造業者も少なくなり、いまでは唯一つの業者がこの伝統を守っている。私は、とくにこの地球瓶の何ともいえないおおらかな丸い形が好きだ。これを見ていると、子どものころの記憶とともに懐かしさがこみ上げてくる。それはまるで、邪気のない李朝白磁の大壺がそのまま丸いガラスになったような面持ちである。

夏

いま私は、この丸い地球瓶に水を張って金魚とメダカを飼って楽しんでいる。傷のある伊万里の猪口を金魚の隠れ家として置いてみると、アジサイを大胆に描いた絵柄が水によって大きく映し出され、それがまた楽しさを膨らませてくれる。また、ネコ瓶のほうはミニ観葉植物を入れて小さな温室に仕立て、玄関のインテリアとして楽しんでいる。かつて飴や煎餅を入れて町の子どもたちを夢中にさせていた懐かしい地球瓶やネコ瓶たちはもうその役割を終えたが、今度は我が家で金魚やメダカ、そして小さな植物を入れて蘇えり、私の二歳の幼子の目を毎日楽しませるという新たな仕事に黙々と勤しんでいる。

最後に紹介したいのは、明治末から昭和の初期ごろのプレスガラスの食器類である。

「せんせい、これよかったら持ってってよ」

彦根のある骨董店で、こう言われてみかん箱いっぱいもらってきたなかに入っていたのがこれらのガラス器たちである。値段にすればみんな安いものばかりであろう

リキュールグラスと燗徳利

が、やはり時代のもつ匂いと温もりを発していて味がある。

写真のものは、「利休」と俗称されたリキュールや冷酒などを飲むためのショットグラスである。なかには、プレスガラスでない吹きガラスも二、三含まれているかもしれない。鉛の含有量が多い黄ばんだ色合いと、唇に触れたときどこか柔らかい温もりを感じさせる感触が魅力である。その隣は信楽の「骨董村」で得たお燗用のガラス徳利であるが、私はもっぱら冷酒やワインを入れて楽しんでいる。ショットグラスとのいいコンビである。

そのほかにもさまざまな小皿や小鉢がある。これらもすべて、水菓子やカキ氷、冷やし素麺や冷やし中華などを食べるときには涼しげな食感を演出する名脇役となる。切子《きりこ》などの高価なガラスでなくても、時代ガラスは何かあたたかい温もりのある涼感を生活のなかに吹き込んでくれるのである。

ガラス小皿と小鉢

8 手と唇の小さな恋人たち
——のぞきと湯呑

夏の器といえばガラスが通り一遍だが、冷酒などを味わうときには、薄づくりの磁器碗にも捨てがたい魅力がある。今回は、そんな小さな磁器碗についてお話しよう。

まず、ご覧いただきたいのは、写真①に見るような高さ六センチ・直系5センチの小さな筒型の器である。これは、江戸中期頃の古伊万里の上手の品で、朱に金字で花唐草が描かれ、白く切った窓にも朱と金で愛らしい花が描きこまれている。朱・金・白・青の色彩のバランスが素晴らしく、小品ながら堂々として気品が漂っている。手のなかにスッポリと気持ちよく納まり、これで飲む冷酒の味は格別で、しかもどこか上品な味に変わるような気がする。

その後、こうした小さな器に目が留まるようになって冷酒用にと求めたが、元は「のぞき猪口《ちょこ》」、「小猪口」、「酢猪口」などといって、刺身料理などを盛った皿の脇に調味料入れとして出されたものであったという。②はそれらの一部であるが、松竹梅、牡丹、菊花、唐子と多彩な文様が小さな局面に実に精巧にそして繊細に描かれている。菊花の文様をあしらった小品はとくに薄づりで、その艶やかさと上品さから「姫」というニックネームを冠している。また、ブルーの呉須に

夏

①古伊万里、朱に金字ののぞき

②古伊万里、のぞき各種

③古伊万里、上手の汲出し碗

④左の各碗の「見込み」

⑤湖東焼きの湯のみ

⑥コロ碗各種

唐子が白抜きに描かれた左端の器も、実に繊細かつ精巧につくられており、その技術の高さに驚かされる。これらの器に冷えた吟醸酒を注いで唇に含むと何とも心地よい感触が伝わり、なんとなく高貴で清浄な心持ちにさせられるから不思議である。こうした丸底のものは当時流行していた煎茶碗としても用いられたようで、これらのなかのいくつかは、煎茶の先生が喜んで購入するのを見ていた私がその一部を分けてもらったものである。

さて次に、「のぞき猪口」よりも器形がやや大きな汲み出し碗や湯呑碗について紹介しよう。③は、そのなかで上手に属するものを掲げてみた。左端の碗は、九谷風の色絵で胴全体に山水画を描き、内側には大きな花弁と葉を図案化して配したものである。その隣のものは、胴部に朱を基調に龍と独特の文様が描かれ、見込みには笛を奏でる僧が遊んでいる。大きさも同じユニークなこの二つの碗の高台底部にはいずれも「大明成化年製」の銘が刻まれており、江戸後期の古伊万里である。それより右の二つは、これらよりもやや広口のもので時代も幕末ごろまで下がるもので、一つは乳白色の地肌に青い呉須《ごす》で梅や蓮などの花々を配し、いま一つは、胴部前面に瑠璃釉を施したなかに白抜きで草花を浮き立たせ、見込みにはいまにも飛び立たんとするセキレイが生き生きと描かれている。

また、⑤の二つはいずれも湖東焼で、一つは湖水に浮かぶ船に漢詩、いま一つも山水の絵に漢詩が書かれ、それぞれ「湖山」、「湖東」の銘がある見事な品である。これらは、いわば武家や上級の商人が用いたと思われる上手に属する碗であり、やはり特別な日に上等の煎茶を注いで、和菓子とともにゆったりとした上品な気分を味わうときには欠かせないパートナーとなる。

そして、これとは趣を異にするのが「コロ碗」と呼ばれる庶民が用いた湯呑茶碗である。写真⑥の左端の水玉模様の碗を見つけたときには、思わずゲゲゲの鬼太郎の目玉親父を思い出して噴出してしまった。「こんなところにいたのか」と。その隣の茶碗は、二束の稲藁に一羽の鶴が配され、秋の風情が実に素朴に描かれ、その隣の碗には蝶々に鳥に虫たち、ヘビまでもが明るくのびやかに描かれていて春から夏にかけての野原が生き生きと表されている。菊紋や網目紋のものもシンプルで持ちやすくて飽きがこない。これらはみな、上手物のように繊細で精巧な品のいい美しさはないが、おおらかでのびやかな健康美ともいえる民芸の味わいが備わっている。私は、これらの茶碗を日常の喫茶に用いて楽しんでいる。

このように、上手ものには上手ものの、民芸には民芸の美が宿り、そのいずれもが現代の手づくりの品と比べても勝るとも劣らない人の心をひき付ける深い味わいを醸し出しているのはなぜだろうか。それは、それらが生み出された江戸時代という時代精神によるところなのかもしれない。休みない競争と機械文明に心をすり減らされる近代という時代の手前で、平穏と安定、人と自然、人と物が心通わす余裕のあった時代のおおらかさや遊び心がこれらの品々には宿り、それが手に取る現代人の心の琴線を揺さぶっているのにちがいない。

9 夏の信楽
——信楽焼再発見

近江は焼物の国である。彦根から中山道を辿って大津に至る旅でも、湖東焼、姥ヶ餅焼、膳所焼、三井御浜焼、比良焼などの魅力ある焼物と出合うことができた。しかし、陶磁器のなかで骨董の王者とはどれかと尋ねられたら、私はその一つとして迷わず信楽の大壺を挙げるだろう。中国陶磁器、李朝磁器、数々の茶器、初期伊万里に古九谷、柿右衛門、湖東焼、備前に越前……これら居並ぶ名品と比べても決して見劣りのしない威厳と温かさ、土と炎と人間が織り成す無限の綾、四季折々の自然が醸し出す千変万化の景色……これらのことはもう幾人もの目利きや識者が言い表してきたことではあるが、私もまたそれらに付け加えるべき言

MIHO美術館

夏

葉をもたない。

　そんな思いを新たにしたのは、もう数年も前、信楽にある「ＭＩＨＯ美術館」での信楽大壺の大展覧会であり、さまざまな顔をもつ美の洪水のなかで時を忘れて立ちつくしていたことを昨日のことのように覚えている。こんな記憶がまだ新しい平成六年（一九九四）、私は夏休みを利用して学生たちを伴って再びＭＩＨＯ美術館を訪ねてみた。そこでまた、思いがけず信楽焼の新たな魅力に遭遇することができた。

　むせるように暑い夏の日であったが、山奥の別世界のようなこの美術館はまるで桃源郷である。山間を貫くタイムトンネルのような道を抜け、谷あいに架かるつり橋を渡ると、そこに古代の社殿のような美術館が来館者を迎えていた。

　このときの企画展ではアメリカ古代文明展が

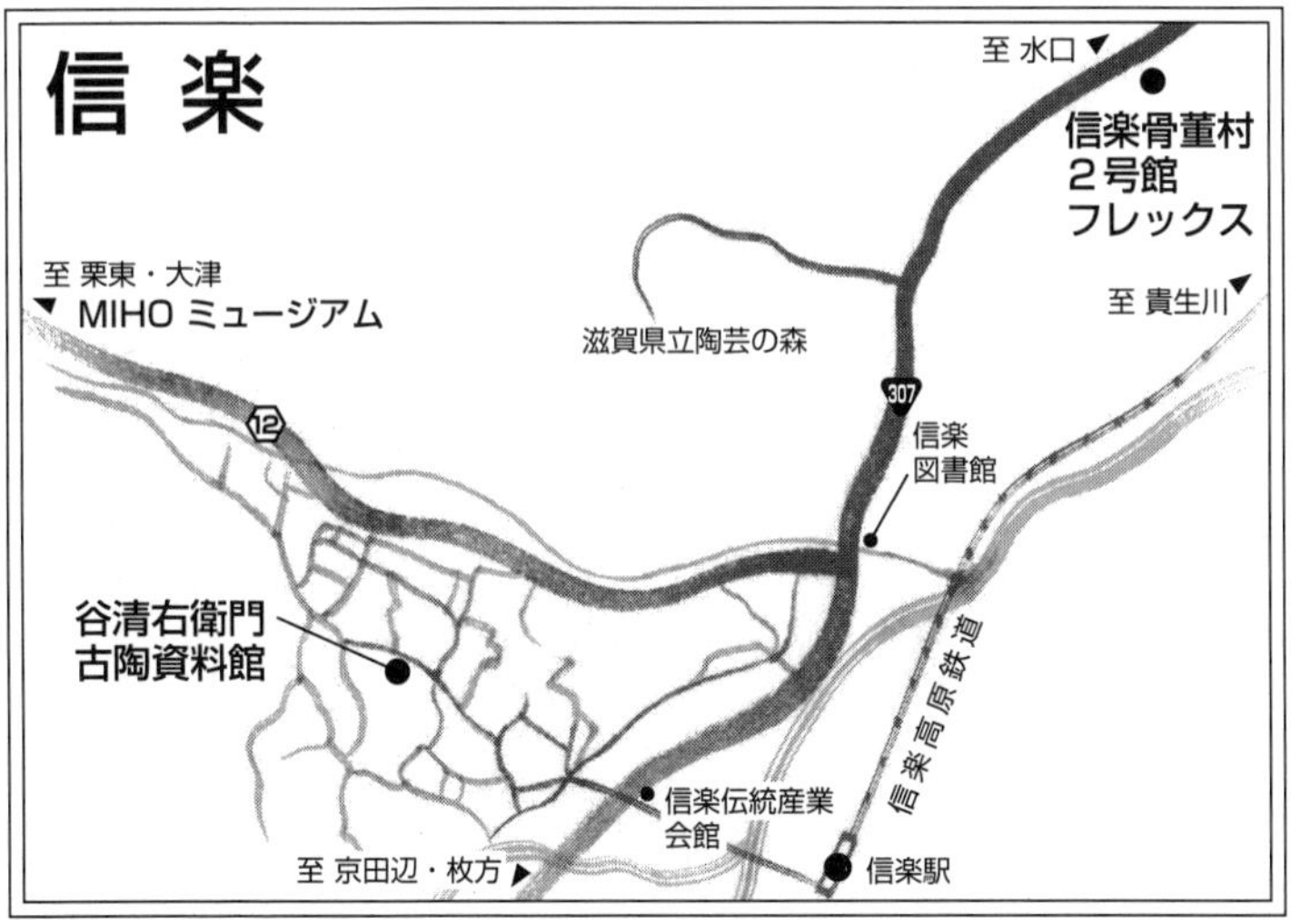

催されており、アメリカ大陸にこれほどの文明があったのかと驚きを新たにしたが、それを見終わって同時に開設していた東洋陶磁の名品展に何気なく足を踏み入れると、広場になっている中央に堂々と置かれている古信楽の大甕《かめ》に遭遇した（巻頭口絵一ページ参照）。それは、ビードロや自然釉や明るい土肌といった変化の面白さをもついかにも信楽焼らしい甕《かめ》ではなく、それらがすべて枯れ落ちた白色と灰色に包まれた古格漂う一品であった。

だが私は、そこに枯淡の静けさや枯野の寂しさといった「静」の面持ちを感じたわけではない。この品がもし秋や冬の季節に飾られていたら、ひょっとしたらそうしたありきたりの印象しかもち得なかったかもしれない。

私は、この大甕を前にして氷河の冷たさとそこを吹き抜ける爽やかな一陣の風を感じた。一面の白銀の世界が広がるなかで、その甕の周りだけがひんやりとした清涼感が漂っていたのである。この甕が、太陽がギラギラする暑い真夏の日に持ち出されたことによって、そこには凛とした躍動感のようなものが宿り、風を起こし空気の質感さえ変えてしまう「動」の要素が吹き込まれたのである。信楽焼からこうした感じを受けることは初めてであったから、しばしその場に立ち尽

窯場にて。谷さん（中央）と学生たち

くしてしまった。そして、展示にも独創性がいることを改めて教えられた。

そんな思いが覚めやらぬまま私はＭＩＨＯ美術館を後にして、久しぶりに信楽の町に繰り出した。この町は、里山の風情をいまに残し、そこかしこに窯場が立てられておりさまざまな用途の陶器が製造されている。また、骨董店もいくつかあり、それらの店を梯子《はしご》するのも楽しい。

私は、そうしたポイントの一つである谷清右衛門さんのお店を訪ねてみた。谷さんは、いまでも穴窯に薪をくべて焼く古式に則ったやり方で信楽の陶器を生み出しているが、その参考に供するためにさまざまな古陶磁とともに多種多様な信楽焼を収集し、来訪者に無料で展示する資料館も開設している。谷さんは、私や学生たちを窯場に案内して焼成の苦労話などを丁寧に説明して下さり、そのあといよいよ資料館のなかにつれていっていただいた。早速そのなかを覗いてみると、古代から近現代に至る信楽焼が年代順に並べられていた。そのなかには、五年前のＭＩＨＯ美術館の秋季特別展「信楽――壺中の天」に出品された名品もいくつか見え（①）、冒頭で述べた古信楽の魅力が十分に表れていて見ていて飽きることがない。そして、さらに興味深いことに、信楽焼の意外な用途を伝える器物も展示されていた。

一つは「燗徳利」と呼ばれる大振りの徳利である（②）。これは、冠婚葬祭や種々の宴会のときに一度に多量の酒をお燗して振る舞うときに用いられたもので、側面には庶民の風俗や草花が親しみのあるタッチで描かれている。おそらく、宴会というものが社会に定着してきた幕末から明治以降のものであろう。二つ目は、醤油などを貯蔵するのに使われた明治期の大壺で、海鼠《なまこ》釉《ゆう》で見事に縦縞を描き上げている（③）。三つ目は、繭を煮て糸を手繰りよせて生糸を産するときに使う釜である。幕末の開港以降、生糸が輸出産業の花形として成長してくるときに信楽焼もそれを支える器物としての役割を担っていたのである（④）。四つ目は、少し物騒だが、信楽焼の手榴弾や地雷である（⑤⑥）。こうした陶製の武器が戦時期どれだけ信楽でつくられたかは定かではないが、信楽焼も決して戦争の忌まわしい時代とは無縁でなかったことがわかる。

　こうして近代化のなかで信楽焼もさまざまな用途に供され、時代時代の要請にこたえてきた。だが、惜しむらくは、そのなかでかつての古陶磁に宿っていた深い美は消え失せていったのでる。そうしたなかで、戦前から戦後にかけて古信楽の復興にかけた陶工たちの苦闘がようやく実を結んで、いま私たちは、上田直方、高橋楽斎などの名品を鑑賞することができるようになったのである。

　筆や釉薬や絵付けのつくり出す美を宿す硬質で透明性がある磁器だけでなく、信楽に代表される柔らかく自然な土味を基礎にした土器の深い味わいにも身近に触れられる近江という地に住む喜びを、改めて肌で感じた夏の一日であった。

夏

谷清右衛門窯資料館の信楽焼

①古信楽の壺各種

②燗徳利

③海鼠釉大壺

④繭釜

⑤手榴弾

⑥地雷

10

信楽ＭＩＨＯ美術館にて
——「白洲正子の世界展」を観る

秋

赤々と日はつれなくも秋の風　（芭蕉）

真夏が過ぎ、ようやく秋の気配が感じられるころ、再び信楽のＭＩＨＯ美術館を訪れる機会を得た。ＭＩＨＯ美術館では、平成一二年（二〇〇〇）九月一日から約三か月にわたって、白洲正子さんの仕事と生き様を回顧する展覧会が開催された。公開初日の前日には、一般公開に先立って展示品を関係各位に公開する内覧会が開かれたが、私は幸運にも、友人の好意でその内覧会に出席することができたのである。今回は、このときの様子を紹介しよう。

会場に入ると、河瀬敏郎さんの手になる秋草が随所に配され、すでに白洲さんゆかりの能が演じられていた。河瀬さんご本人をはじめ、青柳恵介さんや着物姿の志村ふくみさんなど、白洲さんと親交の深かった方々が多数来場されており、内覧会は白洲さんを偲ぶ雰囲気で満ちていた。

平成一〇年一二月二六日に八八歳で天寿をまっとうされた白洲正子さんは、女性ながら幼少のときより能を修め、さらに小林秀雄、青山二郎、北大路魯山人、荒川豊蔵、黒田辰秋、三宅一生、

秋

河瀬敏郎、志村ふくみなど、実に多彩な分野の芸術家や工人たちとの交流を通じて、日本の古典芸能、文学、宗教思想、そして古社寺・古仏、古美術・骨董・工芸などの幅広い分野にわたって独自の評論活動を展開してこられた。また、『かくれ里』（新潮社、一九七一年）、『近江山河抄』（駸々堂、一九七四年）などを著して、近江の歴史・風土・文化の本質部分を愛着をもって描いてこられたことでもよく知られている。ここ十数年来の白洲ファンであり、白洲さんの本によって実に多くのことを教えられてきた私にとって、この展覧会は改めて白洲さんの仕事の全貌とその意味を考えさせてくれる絶好の機会となった。

まず、私にとってこの展覧会の最大の魅力は、なんといっても白洲さんが見いだし、愛したさまざまな美術品や骨董と直《じか》に触れられたことである。そのなかで、とくに心をひかれたものを挙げてみよう。まず、最初に足が止まって立ちつくし、溜息まじりに見入ってしまったのは紅志野の香炉である。これは白洲さんが初めて買った焼物で、もとは青山二郎氏が所持していたものである。白洲さん自身も、手放してから「この紅志野への愛着から放れるのに、私は十年以上もかかった。……こんな美しいものに出会った為に、いまもって私は、骨董界という魔道におち入って、呻吟をつづけている」（「紅志野香炉」）と言われているほどの逸品である。

私はそうした白洲さんの文章やこの香炉の写真に何度も触れているはずなのに、すっかりそれを忘れて、この紅色の香炉に初めて出合ったと錯覚してしまった。写真では表せない、じわっと

秋

心にしみいる温かさと明るさ、そしてその地肌に白抜きの線で書かれたススキの文様が涼風となって吹き抜けるようなそんな爽やかさも伝わってくる。そして、紅のなかに白や鼠のとろっとした肌合いや茶や紺の波風がときおり顔を出して、なんとも言えないユーモアとアクセントをかもしだしている。「器は用いられて命が吹き込まれる」とはよく言われるが、思わず手に触れてみたい、日々そばに置いて用いてみたいというかなわぬ夢が脳裏をかすめる。

　そんな想念を吹き飛ばして前へ進むと、すぐに絵唐津草文のぐい飲みと盃の前でピタッと足が止まった。これも言葉では言い表せない。土色の地肌に鉄釉で力強く、素朴で単純な線で野草ののびやかな模様が描かれている。この絵唐津が、名工の手になる最上手の逸品か無名の工人の手になる雑器であったかは知らない。しかし、これを見て私はすぐに柳宗悦の言う「雑器の美＝民芸の美」を想起した。それほど、柳の言う民衆の普段使いの品がもつ健康な美を感じとったのである。

　そして、やはり柳たちが賛嘆してやまなかった「李朝」（一三九二～一九一〇）白磁の大壺や可憐な桃型の水滴の前では目を奪われた。とくに、この大壺は、大きくかしいでいまにもゴロンとひっくり返りそうである。そこが、とてもユーモラスである。そして、この焼物には、まったくたくらみというか、邪心というか、作為といったものが感じられない。実におおらかで、天真爛漫である。こちらの心にある、いろんなとげがどんどんなくなって童心に帰っていくような面持ちがする。こんな壺を毎日見て暮らしたら、心が健やかになっていくような気がする。李朝磁器に備わったそんな魅力を、この大壷は余すところなく伝えてくれる。

そのほか、一つ一つ挙げていたらキリがないが、十一面観音やさまざまな仏像、また白漆盆や根来盆、そして木鉢にも共通して感じ取れる素朴さの奥底に深い精神性を湛えた美しさ。また、よびつぎ碗や片身替り盆、傘絵漆盆、伊万里染付け皿、織部皿などに見られるまったく斬新で現代性を感じさせるデザインの妙。さまざまな軸物に見る表装の文様と書や絵画の取り合わせの美しさ。これらの品々には、いわゆる美術工芸品として名だたる最上手の古美術品も多いのであろうが、いわゆる無名の工人がつくった雑器も含まれている。

これら白洲さんが選んで愛した品々を総体で見てみると、私は改めて、前述のように柳宗悦の民芸を見る眼が大きく白洲さんに影響していることを感じざるを得なかった。白洲さんは柳のことにはあまり触れず、むしろその批判者といえる青山二郎を最大限に評価するのであるが、ひょっとしたら、彼女自身が柳からの影響についてはあまり明確に自覚していなかったのかもしれない。実際に彼女が行った、現代に生きるさまざまな優れた職人・匠を見いだして評価し、援助して育てていった仕事など、柳の民芸運動の白洲さんなりの継承発展ではなかったかとさえ思われる。その一人である伊賀焼の職人福森雅武氏の土鍋について「……見たところは極く平凡な日常雑器にも、福森さんの作品、いや造るものには、そういう（使い手のための―筒井）心遣いがこもっており、何より丈夫で、健康な姿をしているのが頼もしい。使えば使うほど味がよくなるのも、現代の焼き物には珍しい」（「土楽さんの焼きもの　福森雅武」『日本のたくみ』新潮社、一九八一年所収）と言っている文章などは、柳の言葉ではないかと見まがうほどである。白洲さんの工芸や骨董評価からは、こうした言葉に随所で出合うことができる。

　だが、より重要なことは、白洲さんは柳の民芸美論の本質を十分吸収しながら、他方で日本の美の王道である茶の世界や伝統的に評価の定まったいわゆる上手ものの完成された美の価値についてもしっかりとした評価と理解を示していたことである。そして、白洲さんの審美眼の本質は、その両者を自《じ》家《か》薬籠中《やくろうちゅう》のものとして身につけながらも、どちらか一方の立場にこだわりそれに囚われる道を脱し、それを止揚して自らの自由な美の世界へと到達した点にあると思われる。白洲さんは、「茶臭と同様民芸臭に毒されていない民芸」（「民芸に望む」『雑器の美』読売新聞社、一九九一年所収）を望んだ人であった。こうした自由闊達な眼が、前述のような多様な品々への卓越した評価となって現れていたのである。

　もう一つ、白洲さんの眼の本質にかかわることは、日本における宗教性のとらえ方である。これは、おそらく近江の歴史風土に深く触れることで感得されていったことだと思われる。それは一言で言えば、山（森・川）を中心とした自然信仰と煩悩からの救済や慈悲の心の修得を目指した仏教との独自な融合の姿であった。白洲さんは、近江の名刹湖東三山[1]の一つ西明寺を観ても、それを君ヶ畑の北にそびえる御池岳との関係でとらえている。御池岳こそ、「池寺」と呼ばれた西明寺の正真正銘の奥の院ではなかったかと喝破する。比叡山延暦寺も、太古からの神山であった日枝（比叡の古名）の山への信仰と日枝神社との関係からひもといている。多くの寺社仏閣を周囲に配する金勝山や三上山（御神山）も、農耕や狩猟や水利、そして日々の生活に欠かせないさまざまな糧を提供する「神奈備の山」として人々の信仰の対象であった。湖北一円に広がる十一面観音信仰も、古くからの己高山信仰や湖北に広がった白山信仰とのかかわりで位置づけられている（『行雲抄』世界文化社、一九九九年参照）。

そして、白洲さんは、「私達の祖先は、そうして何千年もの間、自然を神として敬い、畏れ、感謝しつづけて、その中から多くの芸術作品を生んだ。どれひとつとして自然の申し子でないものはない」（「木と石と水の国」『近江』駸々堂出版、一九七三年所収）と言い、先に述べた日本の古美術、骨董、工芸のすべてがこうした自然信仰と結びついた仏教信仰とのかかわりで生み出されたことを説いている。このように白洲さんの古美術、骨董への造詣と日本の宗教への眼差しは、自然信仰という磁場を通じて根底でつながっているのである（この点でも、美を宗教との内的連関によってとらえた柳宗悦との類似が想起される）。自然の化身図としての曼荼羅図、日月

（1）湖東三山とは、鈴鹿山麓、国道３０７号線沿いに並ぶ天台宗の三つの寺院の総称で、西明寺、金剛輪寺、百済寺のことを指す。

山水屏風というとらえ方も、白洲さんのそうした考え方によっている。また、自然のなかに単身身を置いて独自の雅境を切り開いていった西行や、高山寺の一木一草や動物たちと供にありながら仏の修行に精進した明恵上人の生き方に白洲さんが傾倒していったこともうなずけよう。

以上のような有象無象のことが脳裏を駆けめぐりながら、現代の「かくれ里」のような奥山の美術館を後にした。白洲さんの仕事を眺望して、改めて近江の地が奥深い歴史と文化の伝統を蓄えた地であることが実感された。しかし、それらのなかには近代化の過程でまさに「かくれ里」のようなところに追いやられ、人々に忘れ去られていったものも少なくない。近代という表通りでは、かつて神山であった伊吹山の山肌も石灰採取のため無惨にも切り取られてしまった。そして、そこで得られたコンクリートによって私たちの都市生活は成り立っている。由緒ある寺社仏閣に至る参道も高速道路や新幹線によって何か所も切断され、その騒音で昔の静寂がかき消されてしまったところも少なくない。表通りの国道や駅前には、さまざまな醜悪なビルディングがギラギラのイルミネーションを輝かせ、大きな横文字の看板が我が物顔で所狭しと立ち並んでいる。このような表通りに、白洲さんの愛した近江の姿を見いだすことは至難の技である。それは、近代化という新たな神が一面で美や伝統文化を犠牲にし、自然信仰と結びついた人間救済の神をほとんど瀕死の状態にまで追いつめてしまったことの代償であろうか。

翻って私の仕事の場である歴史学の分野でも、白洲さんのような歴史や文化のとらえ方はやはり「かくれ里」のようなところに追いやられているように思える。「科学的実証的歴史学」は、古文書や古絵図・消息、さまざまな民具や日用品類をまさに史・資料として解析・分析し、歴史を合理的に解明することにかけては長足の進歩を遂げた。しかし、それらの過程でいにしえの人々の心や美を感じ取り、それに感動する力はかえって弱まっていったようにも思われる。

「白洲正子の世界展」の最後のメッセージは、「二一世紀への橋掛かり」である。明治維新以降の近代化の過程で、そしてとくに戦後高度経済成長の過程ですっかり「かくれ里」のなかに封印されてしまった、私たちの祖先が営々と築いてきた巨大な知恵や文化や美の集積のなかにこそその「橋掛かり」のための豊富な素材が蓄えられており、それをどう取り出し、現代社会の混迷を切り開くための武器に鍛え上げていくかが我々の世代に委ねられた課題なのだと、この展覧会は訴えていたように思える。

「白洲正子の世界」展図録

11 実りの秋

——秋収穫図掛軸、古伊万里秋模様食器

「せんせい、ほら、こうするとお月見ができるわね」

彦根に帰ってきて、なじみの骨董店の土川釉好堂をのぞくと、店主のおばあさんが、柱に掛けた越前お歯黒壺にススキを生けながらこうつぶやいて、笑顔で迎えてくれた。そういえば、今日は旧暦の十五夜だったっけ。

店は、すっかり秋らしい品で満たされている。壁にも、秋を題材にした軸物が掛けてある。その一つ、石山秋月に紫式部を描いた江戸期の土佐派と見られる絵画もたしかに見ごたえがある。だが、値段を聞くと私の財布がどうも首を縦に振ってくれない（当然、我が家の大蔵大臣も許してくれないだろう）。

その隣を見ると、近江八景のように著名な

秋の収穫図

秋

画題ではないが、素朴な秋の情景がやさしく描かれている一服の軸物が目をひいた。描かれた家屋や服装を見ると、中国の農村風景のようである。稲刈りをする農夫と傍らで遊び戯れる童子、家では機《はた》を織る農家の婦人、そのそばで茶を運ぶ母娘と付き添う老婆が親しげに微笑を交わしている。ここからは、たしかに著名な山水画のように絵筆の運びに鋭さや巧みさは感じられないし、おそらく無名な画人の筆になるものであろう。

しかし、山水画のように型にはまった自然と人物描写ではなく、生きた人間の収穫の喜びと家族の優しい触れ合いが素直に表現されている。そして、絵全体から醸し出される何とも平和で穏やかな情景と空気が見る者の心を癒してくれる。すっかり気に入った私は、恐る恐る値段を聞いてみた。しかし、返ってきた答があまりに安価だったのでかえって拍子抜けをしてしまった。

これが、私が軸物を購入した最初の経験である。いまも秋になると、このときの思い出とともに我が家にはこの軸が掛けられ、秋の風情を演出している。ここで、秋にちなんだ興味深い骨董の品々をいくつか紹介しよう。

まず見ていただきたいのは、大舘古美術展で出合った江戸初期頃の越前焼の大壺である。茶褐色の地肌に、灰被りでできた自然抽がなだれのようにかかり、秋の野原の草々が無数に生い茂っているような風情を醸し出している。

秋

　次に、秋らしい日用の品をいくつか膳にのせてみた。古伊万里の蕎麦猪口《ちょこ》には稲束にトンボがあしらわれていたり、鬼の面かヒトデのように見える稲藁が描かれていたりして、とてもユーモラスである。それを載せている輪島塗の膳は、黒漆の上に四季の草花を描いた一二揃えのうちの一つで、秋の七草の一つキキョウとススキが蒔絵で巧みに描れている。その上のなます皿は、全面瑠璃釉が施されたなかに金采でクリが描かれている江戸中期の伊万里である。瑠璃の色がいかにも深く澄みわたった秋空のようでもあり、実りのクリが黄金色に光っている。これらは、いずれも彦根で出合ったものである。

　さらに、五客揃いの銘々皿は、安土桃山期から江戸初期に比良山系で焼かれたという幻の比良焼の逸品で、大津の水野古美術店で見つけたもので

越前大壺

ある。これも、鉄釉ではじけるクリが生き生きと描きこまれている。この焼物の土味は実にしっとりと独特な感触をもっており、ちょっとほかと比肩できない。

秋

　クリは縄文時代より、米は弥生の昔から日本人の食と生を支えてきた。民衆の世界では、秋は何よりも過酷な夏を乗り越えて無事に実りをもたらしてくれた豊饒の季節であり、感謝と喜びに満ちたときであった。その気持ちが、これらの文様をともなって器物の上に自ずと現れでたのであろう。

　私も、スーパーのあり余る食材を前にして食のありがたさを忘れがちな現代人の一人である。だが、今日ばかりは、まばゆい月の光に大自然の不思議さを感じながら、これら古《いにしえ》の人々が伝え残してくれた絵や器物に囲まれて、豊かな実りと食をもたらしてくれる人々に思いを馳せつつ、それらを享受できることへの感謝と喜び、そして自然の神秘性をかみしめながら秋の夜長を過ごすこととしよう。

膳に古伊万里そば猪口となます皿

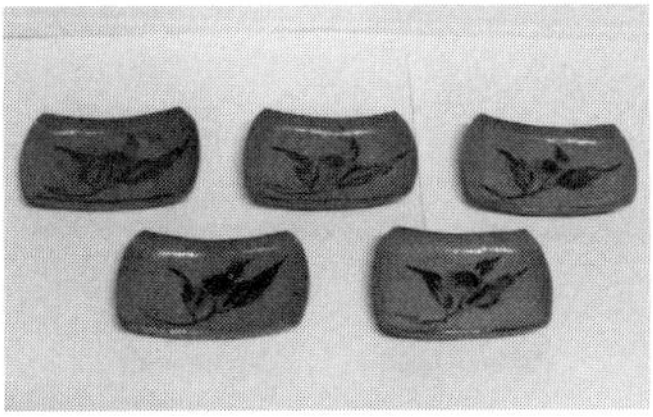

比良焼銘々皿

12 たかが飯碗、されど飯碗
――古伊万里など飯茶碗

実りの秋といえば、何といっても新米の登場が待ち遠しい。キラキラ光る新米を、お気に入りの茶碗によそって口にかき込む。この私たちにとってあまりにも当たり前の光景が、実は世界のなかではきわめて特異な日本的な風土に根ざした行為であることに思い当たる人は少ない。世界の主食形態はパン類の「手づかみ」にあり、主食を食べるのに専用の器を用いるのは東アジアと東南アジアの一部の粒食圏にかぎられている。そのなかでも日本は、飯碗を、一口ごとに持ち上げて主食を運ぶ「運搬容器」として、またその口縁に唇を当てることも厭わない「接吻容器」として用いている点で特異な地域であるという（神崎宣武『「うつわ」を食らう』NHK出版、一九九六年）。

ジャポニカ種という粘り気のある米を主食にしてきた我々だが、すべて白米にして食べているのはごく最近になってからのことにすぎず、戦前までは多くの地域が麦、粟、稗、芋、大根などを混ぜてたべる「糅飯《かてめし》」が一般的であった。そうした糅飯は、冷めればとくにボロボロとして箸でつまんでは食べにくく、匙《さじ》の発達を見なかった日本ではわんを口元まで運び、わんの縁に口をつけてかきこむことがごく普通に行われてきた。

　弥生時代の日本では、この糅飯をまず素朴な土器の器に盛り、それを置いたまま手づかみで食べていた。汁気のものは木製のしゃもじのような匙を用いていたという。七、八世紀になると中国から箸《はし》と匙《さじ》が入ってきたが、その使い方も中国の慣例どおり箸はおかずをつまむもの、匙は飯用として導入された。もちろん、土器の器は卓に置いたままというのがその前提となっていた。ところが、その後日本では持ちやすくて軽い木製の椀が発達し、それに糅飯を盛って口元まで運んで食べるようになった。このとき、糅飯をこぼさずに口のなかにかき込むために箸が用いられるようになり、匙は食卓から次第に消えていった（小泉和子『和食の力』平凡社、二〇〇三年）。

　その後、有田や瀬戸で磁器が発達し、江戸時代中期ごろになって磁器製の碗が普及していき、木製の飯椀を次第に駆逐し、今日ではほとんどを占めるまでになった。それは何といっても、磁器の口当たりのよさ、手に持ったときの軽さと透明感、変色

①金魚文様飯碗

②うちわ文様飯碗

しない清潔感、またさまざまな模様で彩ることができるデザインの楽しさなどから、日々のもっとも親しい伴侶として選ばれてきたからであろう。その形も、主食の中身が糅飯からより粘り気があってこぼれにくい白米に変わっていくにつれ、丸型の半球型から逆円錐型に微妙な変化を遂げてきたといわれている。

江戸時代も一八世紀の中葉以降になると、蓋付きで用いる漆器椀からの転用で蓋付の磁器碗が誕生する。蓋は中身を冷まさず、埃などを防ぎ、さらに小皿として煮物や新香などのおかずを盛るのにも重宝であった。さらに一九世紀に入ると、口縁が外側へ反った「端反碗《はぞりわん》」が普及する。中国磁器の影響ともいわれるが、より口ざわりの感触のよさを追求したものとも思われる。胴や蓋などに描かれる文様や色彩も多様に発達し、食事を華やかに演出した。

私の手元には、彦根や近江の諸所で得られたこの蓋付きの端反碗がいくつか集まっている。ここでも、それらのなかから数品を選定し、四季をめぐってみよう。

③菊文様飯碗

④銀杏文様飯碗

秋

網目のなかに赤い金魚が泳ぐ様を映した①の碗と、草花に蝶が舞うなかに扇子と団扇を朱であしらった②の碗はいずれも信楽で得たもので、夏の風物詩を描いた涼感漂う器である。③は、窓を切ったなかに菊の花があしらわれた金襴手のあでやかなもので、きっとどこかのお姫様が用いていたにちがいない。④は銀杏の葉を白抜きにして連ねた文様で、まるで秋空に雁が連なって飛んでいくかのようである。しかも、その流れの向きが碗と蓋とで逆方向になっており、いっそう躍動感を感じさせる。⑤は、雪輪をかたどった白抜きの窓に雪にたわむ笹が描かれており、小窓から見た冬景色を連想させる。⑥は、二つつながりの毬のような丸紋と上から垂れ下がる藤の文様が面白いコントラストを見せる、春の明るいお茶碗である。どれもこれも、堅実な技術のうえに優れたデザイン性と豊かな遊びごころをにじませている。「たかが飯碗、されど飯碗」、移りゆく四季の折々に、それに相応しい碗を用いて味わうご飯の味は、日本に生まれた喜びを感じさせてくれる格別なものである。

⑤雪輪文様飯碗

⑥藤文様飯碗

13 食卓を彩る名脇役
――古伊万里等、向付・猪口

「実りの秋」と聞いて、もう一つ楽しみなのが新蕎麦の登場である。近年、近江の国でも、湖西阪本の老舗「鶴喜蕎麦屋」はもとより、湖北の伊吹町や湖東の多賀町などに美味しい蕎麦屋が誕生して評判となっている。挽き立て、打ちたて、湯で立ての新蕎麦の香りと歯ごたえこそ、秋の味覚を代表するものである。

江戸時代は、そんな蕎麦を安価で手軽に提供する立ち食い蕎麦屋が登場し、そこで江戸っ子たちが粋に蕎麦を食らうために向付から転用されて用いられるようになったのがいわゆる蕎麦猪口《ちょこ》である。蕎麦猪口は、骨董ファンのなかでももっとも身近に親しまれ人気がある品の一つで、今回はその魅力を、私の手元に集まった品々から紹介しよう。

いまから一二年前、留学から帰ってきた私が、彦根で入ったお店で初めて手に入れた骨董が①の目がね底のそば猪口である。ちょうど骨董の面白さがわかりかけたころで、夢中で店内を眺めていた私に「貫乳《かんにゅう》が入っている参考品だから」といって店主が分けてくれたものである。大きく三角に切れ込みが入り、その下になんとも愛らしい花が図案化されていて、庭で摘んだかわいい花を添えるととてもよく似合う。②は、そのころに片山道具店で手に入れたこれと同形・同寸のもので、若竹が全面に勢いよく描かれている。器の胴回りの曲面に、ほとんど迷いなく一筆でこれほど見事に竹が描けるのであろうか。そんな驚きが、いまもこの猪口を手にするたびにわき上がってくる。

そんな私に、「いわさき」という彦根の骨董店の店主がプレゼントしてくれたのが③の猪口で、岩の上でセキレイが実に生き生きとさえずり、その声がいまにも聞こえてきそうな筆遣いである。④の少し小ぶりな猪口は多賀大社の門前にある骨董店で求めたもので、ただ側面を線で区切ってそのなかに野草を一輪配しただけの単純な図柄であるが、何とも素朴で邪心のないほのぼのとした味わいがある。まさに、柳宗悦のいう「民芸の味わい」である。

⑤は、片手のなかにすっぽりと収まってしまうほど小ぶりのものである。胴回りには、天空を流れる雲がさわやかに描かれてい

①花の絵の猪口

②竹図猪口

③岩にセキレイ図猪口

る。これは彦根で求めたものであるが、湖北の丹生ダム建設で水没する村落のなかから出てきたものといい、木箱のなかには埃にまみれてこの猪口がいくつも詰まっていた。あまりに汚れていたので二つだけ求めて帰ったが、家に帰って汚れを洗い流してみると、こんなにも上品で愛らしい小品となって現れたのである。あんな山奥の村落にも、このような古伊万里の逸品が使われていたのか。そんな感慨が、彼の地周辺で七年に一度行われる「茶碗祭」の祭事と重なって胸をよぎったのを覚えている。

　これらの蕎麦猪口も、元は向付としてつくられたものが転用されたといわれているが、その本来の向付をいくつか紹介しよう。⑥の器は胴回りが四つのくびれで区切られ、その一つには蛸唐草の文様が白抜きに表され、いま一つの面は金字でクロスに区切られて、その左右に網目の文様を、上下に草花と麒麟《きりん》が紅色で配されるという凝ったデザインが施されている。このかなり上手の向付は、私の職場のすぐ近くにある植木屋さんでたまたま飾ってあったのを見つけたもので、山野草を見に行くたびに私があまりに

④野草図猪口

⑤雲図猪口

⑥麒麟に唐草文様向付

誉めるので植木屋のご主人が安価で譲ってくれたものである。

本来の蛸《たこ》唐草でいまも気に入っているのが、長浜の「西川」という骨董店で手に入れた筒型の猪口である（⑦）。高台がついた珍しい形で、胴の上の部分が若干狭まっているため持ちやすく、また胴回りが少し楕円にかしいでいるところがユーモラスで面白い。その全面に蛸唐草が丁寧にしっかりと描かれ、現代アートのような存在感と迫力をもって迫ってくる。

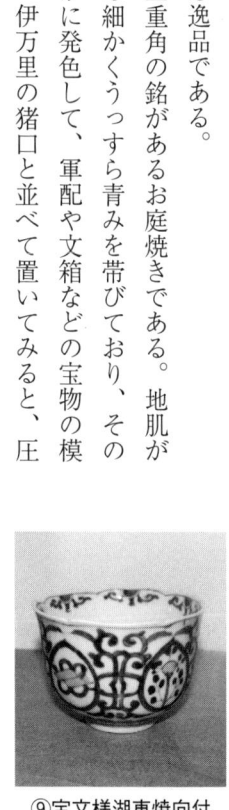

⑧も、やはり長浜で見つけた向付である。胴の半分には、花々などをあしらった七つの丸文が配され、裏半分には金字と朱で唐草文様と幾何文様が描き分けられている。なかの見込みや胴にも意匠が施され、江戸後期にはすでにモダンデザインの域にまで達していたのかと思わせる逸品である。

⑨は湖東焼で、底に二重角の銘があるお庭焼きである。地肌がしっとりとして実にきめ細かくうっすら青みを帯びており、そのなかに呉須《ごす》が実に鮮やかに発色して、軍配や文箱などの宝物の模様を浮き立たせている。伊万里の猪口と並べて置いてみると、圧

⑦蛸唐草文様向付

⑧丸文文様向付

⑨宝文様湖東焼向付

倒的な迫力で他を圧してまるで王者の風格を漂わせている。

⑩の器は底に「乾隆《けんりゅう》年製」の銘があり、一九世紀の初頭ごろのものである。白抜きの花唐草を底に配して、線描きでびっしりと模様が描き込まれている。その線の細さ、繊細さはとても人間業とは思えない。だが、全体を眺めると淡い青の色調で統一されたなかに幾何学模様のアクセントが効いた模様が浮かび上がり、実に上品で優雅な雰囲気を醸し出している。ここには、「民芸の美」が見逃した、細部にこだわる洗練された細やかで繊細な美意識が凝縮されている。

これら古伊万里の器たちはみな薪で焼かれ、その質感は現代の電気やガス釜のそれとは異なってしっとりと手になじんでくる。呉須の色もどれも微妙に異なり、どれ一つとして明治期以降のような品を落としたものはない。私はこれらを折々に使い分け、モーニング・コーヒーやデミタス・コーヒー、たっぷりのカフェオレ、煎茶に玉露、そして冷酒やオンザロックのときに愛用している。また、貫乳《かんにゅう》が入っていたり、小さな傷があるものは季節の花を生けて楽しんでいる。器は使ってこそ命が吹き込まれるというが、骨董の器を使うときには、過去の命が現在の食材や自然と溶け合って蘇ってくるような気がする。今日は、どの猪口で新蕎麦の香りを楽しもうか。

⑩幾何文様向付

14 菊への思い

——朽木盆と菊紋古伊万里

旧暦の重陽の節句（陰暦の九月九日）も過ぎ、秋の深まりが感じられる今日このごろであるが、彦根にある護国神社の境内では恒例の菊花展が開催され、色とりどりの大輪の菊が訪れる人の目を驚かせている。

今回は、そうした菊にちなんだ品々を紹介しよう。近江の国、菊花と聞いて、まず思い起こされるのはやはり菊の文様を全面に施した「朽木盆」であろう。①の盆は、小振りながら一六弁の菊紋が朱塗りで鮮やかに施されている。菓子器などにも最適で、おそらく明治期以降のものであろう。これに対して②の盆は、楕円形で、菊紋もややかすれているが古色を帯びた深い味わいが醸し出されている。おそらく、江戸期のものであろう。

湖西の山里朽木ではいまも轆轤《ろくろ》という名の集落があるように、

①朽木盆　明治期

②朽木盆　江戸期

中世以来多くの木地屋が集結し、地元豪族の朽木氏の庇護を受けて椀・盆など木器の木地を生産してきた。岩神という集落には塗師もいて、木地に漆工して仕上げ、そのなかでとくに黒地に朱で一六弁の菊文様を描いたものが「菊盆」と呼ばれて重宝がられた。

杯の　下ゆく菊や　朽木盆

　こうして芭蕉の句に詠まれているように、江戸の中期には朽木盆は畿内に広く流布して著名であった。八世紀、平安時代に中国から伝来したとされる菊は、高貴で気品があり、また長く花が保ち枯れにくく薬効もあったことから不老不死・長寿をもたらす霊力があると信じられ、彼の地でも、日本でも、そうした菊の神秘の力にまつわる伝説が多く残されてきた。長寿をもたらす神の水として酒（菊水）とのかかわりを説いた養老伝説などもその一つであり、右の芭蕉の句も、そうした菊花と酒の浅からぬ縁を背景に詠まれたものである。

　③の大振りの片口は、そうした朽木の塗物と酒との関係を直截に示す逸品である。おそらく神事の際などに用いられたものと思われるが、たっぷりとした大振りの胴回りに黒漆が施され、その両側に朱で八弁ずつ菊紋が描かれている。内側は朱漆で塗られ、そこになみなみと酒が注がれ、神性を宿した清めの酒が神事の列席者にこの片口から振る舞われた様が髣髴とさせられる。

秋

さて、古代中国から伝った重陽の節句に際して、宮中では菊《きく》襲《がさね》の衣をまとい、菊酒を飲し、真綿を冠した菊花に宿った露で顔や体を払って長寿の霊力にあやかろうとしてきたのである。天皇家もそうした儀式を重ねるなかで、鎌倉時代の初期ごろから一六弁八重の菊紋を自家の紋章として採用してきている。

そうした高貴な菊のイメージを全面にデザインした上手の皿に、彦根の骨董店で出合った。江戸中期ごろの古伊万里の皿（④）であるが、店主が参考品として一枚残しておいたものを、あまりに見事なものなので私が無理を言って譲ってもらったものである。まず、皿全体が一六弁の菊型に仕上げられ、中央には白地に金で菊花が描かれ、さらに菱垣などさまざまな文様に彩られた花弁の部分に六輪の菊花が配されている。裏面にも同様のデザインが施されており、全体に豪華な彩色があでやかに演出されている。まるで色とりどりに咲く菊花展の会場にいるような、あるいは菊襲の着物の文様をも連想させる逸品である。

こうした豪華な菊のイメージとは面持ちを異にし、菊花によっ

③朽木、片口

④菊紋の皿

て別の魅力を漂わせている古伊万里の茶碗が⑤の品である。胴と蓋の部分に大輪の菊花を四輪あしらい、全体を唐草風の文様で包んだ姿は何とも優雅で気品がある。派手さや豪華さはないが、柔らかな気高さに満ちている。

⑥の古伊万里の長皿は、それらのいわば貴族的ともいえる菊の魅力とは異なり、いわば庶民のなかにある菊を思い起こさせる品である。中央には松竹梅が染付けで描き込まれているが、その周囲には朱と金で間垣の菊が図案化され、さらに黄と薄桃色で六輪の菊花が愛らしく配されている。全体に秋の風情を漂わせているが、決して暗くなく明るく親しみやすい雰囲気を醸し出している。

日本人はこうして、桜や紅葉のなかにはかなさや散ることの美学を見いだす一方、菊花のなかに恒久的で気品に満ち健康で長寿を願う神秘の美を認めてバランスを取ってきたのである。いやおうなく無常観に包まれる秋という季節にこそ、こうした菊に秘められた美の要素を人は必要とし、それを心の糧にして来るべき冬に備えてきたのである。

⑤菊花の碗

⑥長皿

冬

15 正月の初酒
――湖東焼の酒器

季節もいつしか晩秋から初冬になり、師走のあわただしい日々を乗り越えてようやくお正月を迎えることができた喜びは、誰しも格別であろう。元日は、地元の平野神社に初詣に行き、二日には、近江の国で一番歴史が古いとされる湖西の白鬚神社までお参りに行った。私は、湖西の風景が好きで、西より比良の山並みが迫り、東には眼下に琵琶湖が広がり、遠くに三上山などの山容が望める。

白鬚神社は、そうした湖西の山並みと湖の岸辺が一番接近したところに位置し、その鳥居は湖上に聳立している。浜に出て、鳥居越しに雄大な琵琶湖と遠くの山々を見ていると、昇る朝日のなかで湖と山

白鬚神社の鳥居風景

の双方の神を前にして心が洗われ、実に清々しい心持になってくる。

そんな清新な気分になって家へ帰ると、正月に初絞りをしたという、愛知川の藤居酒造の吟醸酒「旭日」が届けられていた。今日はお正月なので、湖東焼の酒器を出してこの銘酒をご馳走になろう。

冬

数年前、幕末の彦根を舞台に湖東焼の興隆にかけた商人をめぐる歴史ドラマ、幸田真音著の『藍色のベンチャー』（新潮社、二〇〇三年）が出版されて以来、湖東焼への人気・関心が高まってブームが到来しそうである。

湖東焼は、徳川時代二世紀半の間に絢爛たる展開を遂げた有田焼（伊万里焼）に伍して、それに優るとも劣らない技術と美的領域にまで達した優れた磁器であるが、私もまた彦根にいて、伊万里焼にはない湖東焼の魅力に捕われた一人である。
①の徳利は、もっとも湖東焼らしく全体が薄い青で包まれ、そのなかに筆を持つ人物の衣が深く渋い茶の色調を醸し出していて味わい深い。それに、初しぼりの「旭日」を注いで、②の猪口に受けてみる。手に取ると何ともしっとりとしたきめの細かい地肌が手に馴

①湖東焼人物図徳利

染んでくる。そして、その側面には躍動する五爪の龍がただ一匹大胆に描かれており、群青の濃い青が人を刺すような鋭さを発していまにも踊り出さんとするかのような迫力を伝えている。

今度は、③の大ぶりの酒盃になみなみと二杯目を注いでみる。琵琶湖に望む御浜御殿と遠くに連なる伊吹山が描かれ、そこに酒が注がれると湖面に波がさざめくような趣がある。裏もまた、朱で描かれた青海波と空色の唐草が上品に配されている。さらに、④の赤絵の猪口には、自然斉の細密な筆で実に繊細に柳と人物が活写されている。赤絵に注がれた酒は、まるで違ったもののように映る。

近江の銘酒「旭日」に酔いながら、幸田真音さんの描いた湖東焼きをめぐる人間模様に思いを馳せてみる。これまで湖東焼が語られるとき、それはほとんど彦根藩や直弼との関連で意味づけられたり、「湖東」の銘があるかないか、あるいは藩窯であるかないかによって価値が左右される傾向にあったように思われる。

②湖東焼龍図猪口

③湖東焼写杯

たしかに、藩窯の完璧なまでの作品は素晴らしい。しかし、彦根に新しい窯を造り、ブランドの伊万里や瀬戸に伍して新たな産物と文化を興隆しようとした商人や職人たちの夢と苦労、そして彼らを支えた女性たちの生き様に思いを馳せた人がこれまでにどれだけいただろうか。

湖東焼を興した絹屋半兵衛は、内に熱い情熱を秘めながら、商売で培った冷静な判断力と人物掌握術をもって、ときに藩士たちと軋轢や駆け引きも演じながら着実にしかも粘り強く己の夢を一歩一歩実現に導いていく。そうした半兵衛の周辺をとりまく陶工や絵師たちも己の腕を実現する場に賭ける職人としてその生き様が熱い共感の眼差しをもって描かれている。

さらに興味深いのは、才気煥発でよく気が付き商家を切り盛りする半兵衛の妻留津と、世を斜に見てすねたところがある職人の妻ひさが対照的に描かれていることである。そのなかでも、子宝に恵まれぬ留津の人知れぬ苦悩をそっと慰める半兵衛のやさしさや、富籤に当たったことを天罰ととらえて己の人生と真摯《しんし》に立ち

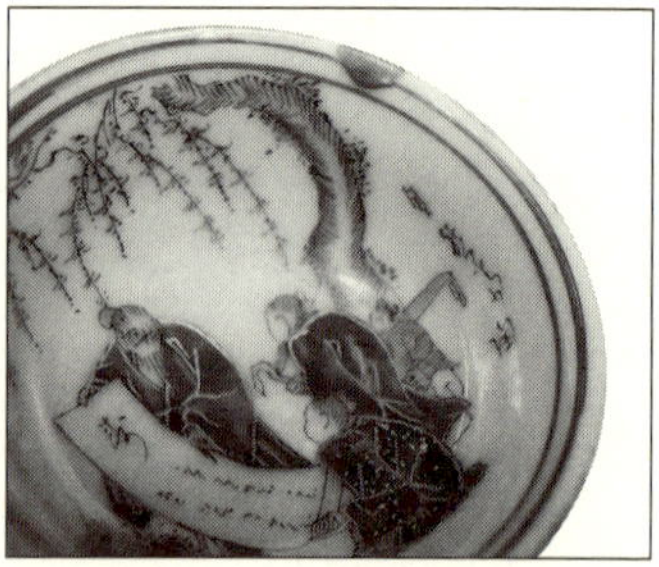

④自然斉作、湖東焼赤絵人物図杯

⑤湖東焼碗

向かっていこうとするひさの誠実さや信心深さを描いているところに、著者の女性ならではの深い人間洞察の目が光る。

冬

私は、改めて全体が青みを帯びてつややかな地肌をもつ湖東焼の一碗（⑤）に緑々たる抹茶を点て、自服でいただいてみる。そのほろにがい味がふくよかに広がるなかで、この焼き物にかけた多くの人々の夢が心にしみてきた。商人（コーディネーター）、職人（技術者）、女性たち（多くの市民）、そして藩（官・行政）が協力して湖東焼という素晴らしい文化と経済を創業した。そのベンチャー魂こそ、いまの我々が引き継ぐべきもっとも貴重な宝なのだと幸田さんの本は教えてくれる。

湖東焼の器に注がれた初酒と薄茶が五体に染みわたるのを感じながら、幕末彦根のベンチャー魂をいまに引き継ぎ、この地に新しいまちづくりと新しい学問が打ち立てられることをひそかに願いながら年頭の誓いを新たにした。

（後記）　右に紹介した③の酒盃は、明治後期から大正期に、瀬戸や九谷で湖東焼を模してつくられたものであることが後日判明した。いやはや、湖東焼とは難しいものである、と改めて実感した。だが、この盃も実に素晴らしいものなので、もっと気軽に日常の晩酌で用いることにしよう。

16 雪輪と水仙
――古伊万里の皿、高麗青磁の壺

おりおりに　伊吹を見てや　冬ごもり

この芭蕉の句は、曇天や雪の日が多く冬ごもりを強いられる湖北・湖東の地で、折々に訪れる晴れた日に伊吹山を望んだときの感慨を詠んだものである。

近年は冬ごもりをするほど雪も多くなく、今年も暖冬といわれていたが、それでも時折激しい雪に見舞われる日もあってやはり湖国らしい冬を思わせる。冬といえば澄んだ青空とからっ風が当たり前と思っていた関東育ちの私は、湖国の冬を重ねるに従い、自然と雪というものの存在に敏感になっていった。横風に舞い上げられて吹雪く雪の激しさに驚き、晴れわたった空のかなたにお城や遠い山々が白銀に染め上げられた姿を見て、ほのかな美しさに心がときめく。そして、豪雪地帯の湖北の山村に泊まりがけで旧正月の祭事である「おこない」（二六七ページ参照）の調査に行った夜のような、山や家を包み込むように降り積もる雪が運ぶ深い静けさも忘れがたい。

そんな雪の魅力にとらわれていくなかで、①の古伊万里の皿に彦根で出合った。濃い群青の染

冬

付けのなかに白抜きの雪の輪が三重に配され、雪の夜のしんしんと降り積もる様を思い起こさせる。その中央には八角の窓が切られ、十字の文様がデザインされている。雪の聖夜に密かに集うキリシタンの祈りであろうか、いや舞い上がる雪中に刃を交えて桜田門外に散った直弼の無念であろうか、この皿を見つめているとふとそんな思いが頭をよぎる。

雪はまた、町並みだけでなく草木にも新しい装いを施す。

初雪や　水仙の葉の　たはむまで　　芭蕉

寒風や雪化粧は植物たちにいっそう凛とした趣を与え、馥郁たる香りを授けたのかもしれない。平安末期ごろに日本に伝えられた水仙は、そうした冬の花の代表として親しまれ、この季節の生け花の花材として欠かせないものとなった。和名を「雪中花」といい、右の芭蕉の句にもあるように雪の風情にひときわ映える花でもある。

①古伊万里、雪輪の皿

②古伊万里、水仙図皿

芭蕉の生きた江戸時代には、庶民が使う有田の磁器にも水仙の柄が取り入れられるようになっていった。②の皿もそうしたものの一つであり、やや深みのあるなます皿にスイセンが一輪咲く様が、葉がたわみねじれるところまで描かれている。この季節の、我が家の食卓を飾る一番人気の皿でもある。

水仙の自生地は寒風吹きすさぶ海岸線にあることが多く、そのなかでも、日本海の荒海を前に越前海岸に群生する水仙の姿はとくに印象深い。水仙はギリシャ神話のなかでも川の神と水の精の間に生まれたナルシスの化身として現れるが、日本でもさまざまな伝説と結びついている。越前海岸のスイセンも、その一つである。

平安末期、木曽義仲が平家追討の兵を挙げるが、その軍に馳せ参じた地元豪族の兄弟は、やがて嵐にあって遭難し、漂着した先で出会った美しい娘を愛し合い、やがて互いにいがみ争いあうようになる。それを知った娘は、自分さえいなくなればと荒れ狂う海に身を投げた。やがて、美しいスイセンの花が海岸一面に咲きほこるようになった。それが、身を投げた娘の精であったという。

その越前海岸から海を隔てた韓国の高麗青磁の壺（③）に、水仙の花をふわっと幾本か生けて

冬

みる。高麗青磁の大地のようにどっしりとした胴には、鉄釉で何とも素朴で生き生きとした野の花が一輪描きこまれている。その壺に、すっーと伸びる生きた水仙はなんとも清々しい。この壺もまた、彦根で得た忘れがたい逸品である。

木曽義仲は近江粟津が原で鎌倉軍勢と戦って壮絶な戦死を遂げる。その愛妾山吹御前は義仲を慕って京洛から逢坂山を越えてやって来るが、ついにまみえることができずに秋岸寺の境内の竹薮で敵刃に倒れる。JR大津駅のすぐ脇には、大正一〇年（一九二一）、駅の新設と同時に移築を余儀なくされた秋岸寺に祀られていた山吹御前を弔う地蔵尊が再建され、祠を建ててその霊が慰められている。

越前では水仙が、ここ大津では山吹が、人と人が争うことのむなしさやはかなさを、そっと美しい物語として教えてくれる。「反戦・平和」などと声高に叫ばなくても、日本では平家物語に結晶したような戦《いくさ》のむなしさとおろかさを諭す物語が、美しい旋律とともに脈々と民衆のなかに語り継がれてきたのではあるまいか。

③高麗青磁

17 赤い命

——野口謙蔵、冬の蒲生野の絵

近江ゆかりの骨董をめぐる旅は、それらに愛着をもって収集された方々との出会いの旅でもある。冬のある夜、彦根の行きつけの喫茶店「邂逅」のマスターのご紹介で、素晴らしいコレクションをお持ちのS先生のお宅を訪ねてみた。S先生は耳鼻科を開業されているお医者さんで、湖東焼の著名なコレクターとしても知られる方である。

S先生は、私を応接間に通されると、奥様ともども実に温和な笑顔を浮かべながら、柔らかな語り口で骨董に出合ったときの感激や出合いにまつわるさまざまな逸話を話してくださった。私も、そのお話に胸をときめかせながら、次々に紹介してくださる名品・逸品に驚きの声を上げていた。目の前に展開する信楽や湖東、李朝や伊万里の逸品はどれも私の予想を超えるものばかりで、どの品にも品格と深く心に響く美しさが宿り、たしかな存在感とともに親しみやすい愛らしさに満ち満ちていた。集められた品々からは、そのままS先生の並々ならぬ審美眼がうかがわれた。今日は、そうした品々のなかから、応接間の壁に飾られた野口謙蔵の二点の油絵を紹介しよう。いずれも、雪の冬景色を描いたものである。

野口謙蔵は、明治三四年（一九〇一）、滋賀県蒲生町綺田《かばた》に生まれ、彦根中学から東京美術学校に進んで黒田清輝や和田英作について洋画を学び、卒業後は故郷の風景や人々の営みを描き、「帝展」にも何度も入選、次選の栄誉を勝ち得ている近江が生んだ偉才である。

私はもう近江に来て二〇有余年目を迎えるが、この間、近江八幡で田園生活を経験したり自然の動植物に慣れ親しんでいくにつれ、野口の絵は観るたびに私の心をとらえるようになっていった。それは、紛れもなく私を育んだ関東平野の自然でもなく、大好きな富士山麓の雄大な山並みの風景とも違う、空も山も田も畑も草木もすべて近江の自然としか言いようのないものであった。とくに、冬景色のどんよりとしたなかにもほの明るい空の色は近江特有のものであろう。

そして、野口の絵はその鋭敏な心と幾重にも重なった心象風景を形成していた。野口の描く冬景色には、まず透徹とした孤独感のようなものが漂っている。それを野口は、詩集「凍雪」のなかで次のように表現している。

雪がふる。霰がはねる。さみしい自分の道を私は一途にゆくだけだ。
はるかなはるかなひとすぢの道、私のうしろ姿に風ふいてゐる。

冬

野口謙蔵作　油絵

野口謙蔵作　油絵

冬

この寂しさは、蒲生野に立てこもりながら未踏の画境へ一人赴こうとする孤高の厳しさから来るものである。だからこの雪景色には、じめじめした湿った情感よりは広大無限に広がっていく広さと「香気」さえ漂う清らかさがある。だが、そうした厳しい冬景色でありながら、不思議なことにそこに冷たさや非常さは感じられない。

　ほの白く雪を透かすから、麦の芽は冬陽の位置を知っている。
　竹の雪はらはら背中におちて、野棲動物の心にふれる。

こう詠む野口は、雪の下にたくましく伸びる麦の芽を見、雪を落とす竹のざわめきに生き物の息吹を感じていた。利休がかつて「花をのみ待つらん人に山里の雪間の草の春を見せばや」と詠んだのと同じように、雪間に生まれ出る新しい命へのまなざしが、冬の景色のなかにさえほのかに明るい紅や緑を滲ませているのではないだろうか。

さらに、冬の麦を詠んだあとにこう続けている。

　燃えあがる画心が一途なタッチとなり、拙い私の画が生きてくる。
　冬空。雨降る。縹渺とした世界の中に、燃え上がる心いだいている。

冬

飛ぶ群鳥が、画心に点火する。初冬の夕日あかく燃え。
四十年のいのち、何のしるしもなく、あたたかい冬の日なた。
ゆらゆらあがる小さい赤い凧が冬空一面に彰一の歓びを撒く。

私がもっとも野口の絵のなかにひかれるもの、それはほとんどの画題に現れるといってよい鮮烈な「紅」、「朱」、「茜」の色である。冬の雪景色のなかにさえ、この「赤」を見た画家は少ないだろう。一体、この「赤」は何なのだろう。それは、右の歌に見るような野口の理想に燃えた画心そのものであり、愛すべき人々の命であり、自然のなかの生きとし生きる生物の息吹であるにちがいない。

こうして近江や蒲生野の自然の真髄を描き続けた野口は、昭和一九年（一九四四）に四四歳の若さで没するが、その画業は、自然回帰が叫ばれる今日、ますます輝きを増して人々の心を潤してゆくことだろう。

18 生活のなかの木の文化

——火鉢・臼

日本は、「木の国」、「木の文化の国」だという。だが、横浜港近くの下町で、戦後の安普請で造られた小さな木造の家に育った私には、「木の文化」など実感として感じられるものは何一つなかった。使う家具は合板の既製品の洋風家具がほとんどで、高度経済成長期に両親が骨身を削って働いて、その小さな家を新しいコンクリートの三階建ての店舗兼住居に建て替えたときには心から喜びがこみ上げてきたものである。

コンクリート建築は、いまでこそ無機質で景観を害する無粋な建物のように非難されているが、当時、木造暮らしの庶民にとっては富と成功の象徴で憧れの的であった。そんな私が日本の木の文化の素晴らしさを初めて知ったのは、冬の寒さのなかで、いまでも湖北や湖東地方で

滋賀県米原市梓河内での「おこない」の餅つき

行われている「おこない」という旧正月の神事を調査したときのことである。神饌に供するための餅つきを若衆が総出で行うところを間近に見、冬の暖をとるために大きな木製の火鉢が現役で使われているのに接したとき、改めてかつての日本の生活には木の文化が息づいており、木のもつ神性や温もりが生活を彩っていたのだと実感したのである。

そんな折、彦根の骨董店でさまざまな時代箪笥や木工品に出合った。

私が最初に出合って度肝を抜かれたのは、彦根の骨董店で見た幅六二センチ・長さ一一七センチもある大型の長火鉢である。それを見たとき、圧倒的な存在感の前に言葉がなかった。厚さ四・五センチもある欅《けやき》が上板に使われており、内部には銅版が張られ、また余熱で燗ができる銅壺が備え付けられている。使い込まれた欅の木目はまるで龍のようにうねっていて、その感触はしっとりと手に馴染んでくる。

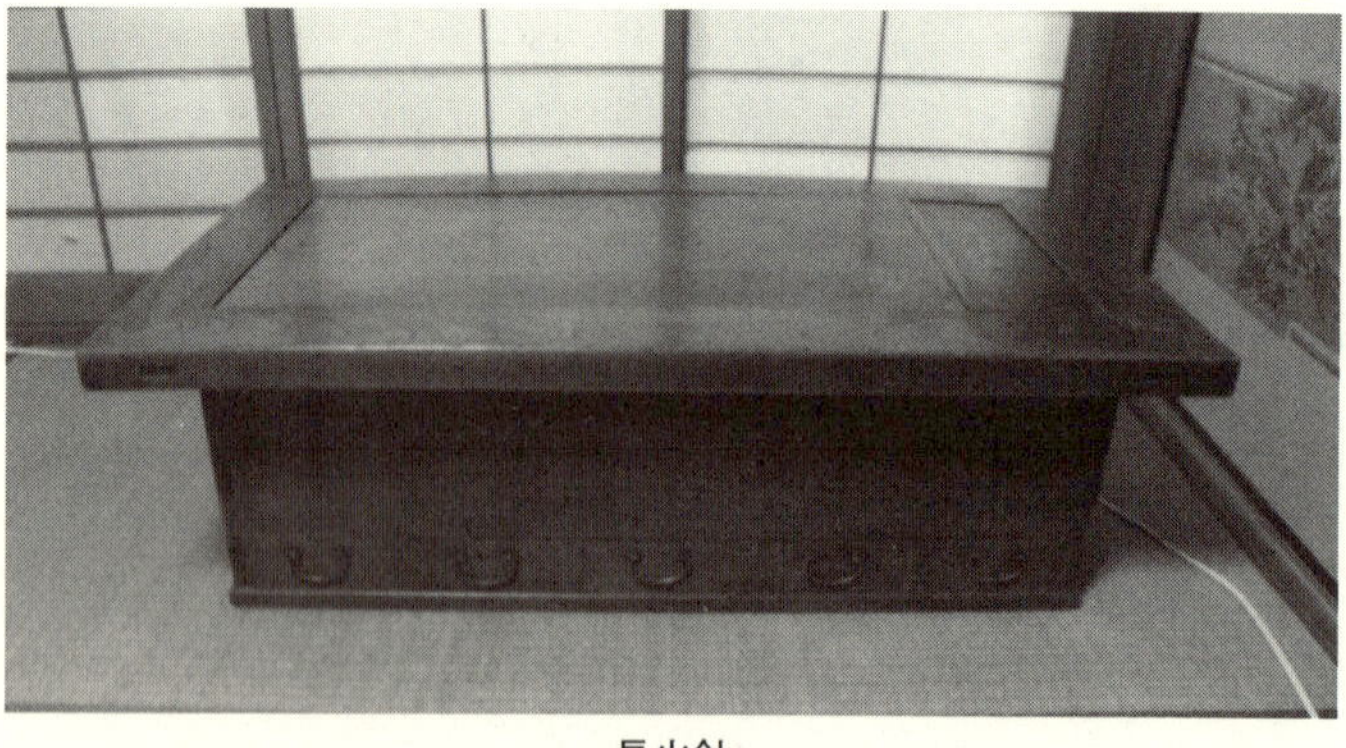

長火鉢

冬

北陸三国の船問屋から出た明治初期のものというが、寒い北陸の冬日に商いを仕切る大番頭がこの大火鉢の前にでんと構えて暖をとり、キセルを燻らせている様が目に浮かぶようである。長火鉢として使うにはあまりに大きいので困った顔をしていたところ、店主が気を利かせてこれに合う古材の上板をあつらえてくれた。それを、いまはミニテーブルとして使用している。

この大迫力の長火鉢とは趣を異にする小さな座敷用の火鉢がある。どこの産かは明らかにしえないが、材質は松でできており、梅や椿の花が彫り込まれている。冬の日に炭をおこして火をくべると、その熱で松の油がにじみ出てよい艶が醸しだされる。お気に入りの鉄瓶を乗せて湯を沸かすもよし、はたまた炭火で近江牛を焼くのもよし、である。春になって役目を終えると灰を取り出して、ダンボールに洒落た模様の布をかぶせて内側に敷き詰め、上にガラスの蓋をしつらえれば和室用のサイドテーブルに早変わりする。和の暮らしには、なくてはならない逸品である。

このほか、彦根の骨董店ではさまざまな形状の臼《うす》によく出合った。最近では、家庭用の餅つき器が普及して正月に餅をつく光景も見られなくなり、役目を終えた臼たちが骨董店に流れてくるのである。私は、改めて湖東・湖北地方での「おこない」

松の火鉢

の神事を思い出した。冬の寒さに吐息が白く舞い上がり、村人みんなが見守るなか、蒸したもち米を若衆が交代で勢いよくつき、子どもたちは目をキラキラさせながらつきあがるのを待っている。ここでは、臼は村人や子どもたちみんなが見守る主役である。

　そうした懐かしい光景が脳裏に焼きついているときに出合った臼が写真のものである。全体が黒光りしている見事な袴型の臼で、もちろん欅《けやき》からの一木づくりである。もう、このくらい太い良質の材の取れる欅が日本ではどのくらい残っているのだろうか。そんな木への慈しみの感情とともに、この臼は我が家の住人となった。いまでは、なかに猪口《ちょこ》などの小物を入れて、丸いガラス板をはめ込んで、縁側に置いてテーブルとして蘇っている。

　とにかく、私は木目や木肌の独特の味わいがあるものや木地師の椀の見事なものなど、木工品全般が好きで、見るとついほしくなってしまう。そのなかでも、生活における木の文化としてもっとも馴染みのあるものがやはり膳・椀・盆の類であろう。我が家には旧家から初出《うぶだ》しで出たもので、大変安価に譲っていただいた五客揃いの膳がある。輪島の朱塗りの膳に椀が四客ずつ揃っ

臼

ている。とびきり高級な漆器ではなさそうだが、明治期ごろまで時代はあるといい大変綺麗に使われている。おそらく、「おこない」などハレの日に供されたものであろう。使ってみるといまの椀より木が厚くしつらえられており、その質感がなんともいえず心地よい。私も正月など特別なときにこの膳を用いて、雑煮や煮物、和え物など懐かしい和のご馳走をいただいている。

そのほか、朱塗りに黒漆が掛けられた小ぶりの丸盆で、天保年間の箱に入れられていたものがある。これもまた、木の芯を中心にしっかり刳《く》り抜かれてつくられていて、木目の年輪が中心から放射線状に出ている。通称「コマ盆」といい、正月などの茶会に菓子器として用いられたものという。

そのコマ盆の上に載せた器は一体何を入れたものなのであろうか。本物のナスと見まがうばかりのこの入れ物は、蔕《へた》が蓋になっていて回すと開けられる器物である。まったく薄づくりで、轆《ろく》轤《ろ》の腕の見事さに感嘆する。その横にあるのは大工が用いていた墨壺《すみつぼ》で、大工自らがさまざまな意匠を凝らしてつくったものである。墨入れの部分の形もそれぞれで、古伊万里の猪口かガラスの器を入れて小さな花を生けると室内を飾る洒落たインテリアになる。これらを載せてある盆は欅づくりで、堅くて重厚にしつらえてあり、木目と木肌の味わいが素晴らしい。ほかには欅の煙草盆もある。逆台形をなしていて珍しく、釘を用いず独特の高度なあわせ方で木板を組んでつくってあり、木目の味わいも素晴らしい。これにも、伊万里や湖東の火入れなどを置いて花を生け、玄関を彩っている。

最後に、我が家のとっておきの代物を紹介しよう。長椅子のように見えるが、実はアフリカのどこかの部族で用いられていた木製のベッドである。歴史民族博物館などで展示されているアフリカの民具を何度か目にしたことがあり、一時期、その独特の迫力と木の魅力の虜《とりこ》になっていたことがあった。座敷に置けば酒盃を傾ける和のテーブルにもなるし、さまざまな骨董を飾る台にも活用できる、と思っていた折に信楽でこのベッドに出合ったのである。

信楽には数多くの和家具・時代箪笥・西洋アンティーク家具を取り揃えている「フレックス」というお店があって、そこにいくつものアフリカンベッドが輸入・展示されていた。そのなかで、かなり木が反り返っていて実用には不向きだが、木の魅力を存分に発揮しているこのベッドに目がとまったのである。翌日、彦根で軽トラックを借りて、夢中で当時暮らしていた狭い官舎の住居に運び込んだ日のことが昨日のことのように蘇る。

膳と椀

盆と木工品

冬

　このアフリカンベッドは、予想どおりテーブルとしては使えず、結局、無用の長物すなわちオブジェとして、いまでもデーンと縁側に居座っている。来客者は、決まってこのへんてこりんな物体を見つけては苦笑している。私もいま思うと、当時どうしてあれほど夢中になってこれを購入したのか首を傾げたくなることもある。

　ときおり、アフリカの草原を思って寝そべってみたり、お気に入りの花器に季節の花を添えて楽しんでみたりしている。たまに飼っている手乗り文鳥がすべり台として遊んでいることもあるが、いまでは二歳になった長女が興味を示しはじめ、いつ這い上がって遊び怪我でもしないかとひやひやする毎日である。

　まあ、こういうものも一つくらい置いておいてもいいか……せっかくアフリカから来たのだから。

煙草盆

アフリカのベッド

冬

19 木の存在感
——時代箪笥あれこれ

蝋梅の花が終わり、節分が過ぎ、寒さのなかにもようやく春の息吹が感じられるようになると、我が家では雛祭りの準備に取りかかる。二年半前に長女が生まれるまでは、雛祭りなどまったくの他人事であったが、いまはこの時期になるとなぜかソワソワしてくる。我が家では、購入した雛人形を「階段箪笥」に飾りつけるのだ。階段箪笥とは、階段部分をそのまま箪笥として活用したもので、かつての二階建ての旧家などにはよく造り付けられていたものである。今回は、この階段箪笥に代表される古い時代箪笥の話をしよう。

彦根では、仏壇産業や箪笥などの製造が盛んであり、時代箪笥や古い木の製品がよく骨董店の店頭に並んでいる。私がそうしたなかから最初に手に入れたのは、実に使い勝手がよい帳《とばり》箪笥であった。この箪笥は、上部が引き戸の戸棚、下部は抽斗《ひきだし》が大一、中二、小一二と合計一五もついている珍しいもので、さまざまな書類入れなどに使うのに実に重宝なものである。我が家では、上段は下駄箱として利用している。全体に紅柄が施してあり、鉄製の引き手は大量生産でない手製の釘が使用されており、裏には「明治一八年製」の文字が記されている。産地の三国は、衣装箪笥以外にも堂々とした車箪笥や船箪笥の産地として著名であるが、それらに見られる卓越した加工技術が施された柔らかい蛭手の引き手がこの家具にも確認できる。

次に、近江といえば、古い民家を覗けば大概の家の台所などでお目にかかることができる「近江水屋箪笥」を忘れるわけにはいかない。彦根の伝統工芸品である仏壇制作に用いられた指物技術が素地となって、明治・大正期に近江水屋を生んだものといわれている。私も、いつか手ごろなものが欲しいと念願していたが、総欅《けやき》のものなどはかなり高価なのであきらめていたが、近年、上部のみの出物を実に手ごろな値段で手に入れることができた。

次ページの写真がそれで、細かい竹の縦桟（京都産のものは、丸い横桟のかまぼこ桟）が用いられ、奥行きが浅く、戸棚の数が多くて使いやすいという、近江水屋の特徴がよく出ている明治ごろの逸品である。大きさがちょうどいいので、居間に置いてさまざまな食器や日用品の収納に用いている。

帳箪笥、下段

そのほかにも、我が家には福島県二本松産の二段の衣装箪笥（第3章扉の写真）がある。前板は紅柄・溜塗りの欅で、顔を近づけると鏡のように写し出される。また、二本松の名のとおり二つの松が引き手を受ける金具に施され、錠前には金色の俵、枡、打出の小槌の金具が取り付けられており、この小槌をずらすと鍵穴が現れるように工夫されている。これを知らないと抽斗《ひきだし》を開けられないようになっているわけだ。防犯の知恵とともに、洒落た遊び心が感じられる。

　こうして、ようやく時代箪笥にも目が肥えてきたとき、「せんせい、彦根の旧家から仕入れたばかりの初《うぶ》出《だ》しで、実にいいトロ味の階段箪笥が入りましたよ」と、彦根のベルロードに店を構える「やまげん」という店のご主人から声

近江水屋箪笥、下段

をかけられた。「やまげん」では、中古の家電製品などとともに古い和家具などを仕入れて扱っており、そのなかに、いわゆる「初出し」のものも数多くあったと記憶している。

この階段箪笥は、古い箪笥や家具に興味を抱きはじめると誰でもいつかは欲しくなるものであるらしい。私も店主の声に誘われるままにその掘り出し物を見てみると、前板がすべて欅の一木で一切直しが入っておらず、長年にわたって使い込まれて階段部分は黒光りしている。しかも、そこには木目が玉状に浮き出た「玉杢《たまもく》」が現れていて、なお魅力を引き立てている。もう少し使われて状態が悪化すると味わいが失われてしまうという、その一歩手前で留まって「トロ味」を醸し出している。引き手の形状が前に見た近江水屋と同じことから、近江産のものと推定できる。

現在、階段付きの古屋に暮らしているので、この階段箪笥は階段としての用はなさずに居間にでんと居座っている。この箪笥は、実にさまざまなタイプの戸棚が付いているので骨董品の収納に最適で、前述のように長女の雛祭りには雛壇として用いている。重厚な黒光りする階段箪笥に、あでやかで愛らしい雛人形が実によく映える。それは、まるで年老いた老父にあどけ

階段箪笥

ない孫が抱かれているようである。

このように、時代箪笥はいずれも生活の機能に即した美を備えながらも産地ごとの特色をもち、それぞれ木の特性と人々の営みが育てた深い味わいを醸しだしている。これらを部屋に置くと、その圧倒的な存在感のなかで部屋の雰囲気は一変し、木のやさしい香りとともに現在の自分も過去の人々の生活史とつながっているのだという、満ち足りた安堵感に包まれるのを感じる。

こうして見てくると、かつて日本人の生活のなかには木の文化が脈々と生きていたことがわかる。何よりも、家そのものが偉大な木の文化そのものであり、家具や食器や燃料も木で加工されたものであった。しかし、戦後の燃料革命と石油加工製品の氾濫の前にそれらの多くは人々の生活から消えていき、長年月をかけて培われた職人の技能も多くはそれとともに途切れてしまった。

木を生活のなかで使い、味わい、それを管理する能力を身につけてこそ、木のふるさとである森の保全にも関心が広がっていくのであろう。身の周りのかつての木の文化の主人公たちを見るにつけ、木の文化の復活と森の文化の再生とをいかにして結びつけていくかが、私たちに課せられた大きな課題なのだと思わずにはいられない。

階段箪笥に飾られた雛人形をしまえば、春はもうすぐだ。そう、森にもまた春がめぐってくるのだ。

20 冬の厳しさ、温かさ

——茨木杉風の絵と比良焼茶碗

私の大津の家の庭には、都会でありながらメジロ、シジュウカラ、ヒヨドリなどの鳥がよく集まってきて、梅や椿の花の蜜や南天の実をついばんでいる。家でもここ何年間にわたって文鳥を飼っていて、ヒナが何羽も孵ってかわいらしい声で囀《さえず》っている。

彦根の土川さんのお店で、おばあちゃんがかつて鶯《うぐいす》を飼ってはよく手なずけ、お正月のころから徐々に発声練習を開始して、雛祭りが過ぎるころには「春告げ鳥」の名に恥じずに見事な声で独唱会を開催していた。お店に来た客も、並べられた古器たちも、みんな観客となってこの麗しい歌手の虜になる。

そんな光景を見ながら、私も鳥そのものに愛着を感じるとともに骨董のなかにも鳥を描いたものが多くあることに改めて驚き、興味をいっそう深めていった。そうするうちに、今度は近江の山野や水辺に現れる渡り鳥や水鳥たちの存在にも自然と心を動かされるようになっていった。そんな私が、最近、骨董店で出合った忘れがたい鳥たちを紹介しよう。

次ページの掛け軸は、冬の寒風吹きすさぶ吹雪のなかを飛翔していく二羽の白鷺を描いたものである。波立つ水面には、魞《えり》漁に用いられた杭が、まるで冬の厳しさと寂しさを象徴するものの如くにそそり立っている。そんな厳しい環境のなかを二羽の白鷺は決して優雅でもスマートな姿でもなく、烈風にはむかいながら必死で天に向かって昇っていこうとしている。

茨木杉風作、白鷺図。

作者は茨木杉風《さんぷう》。明治三一年（一八九八）に近江八幡の豪商の家に生まれながら画業を志し、生涯をかけて近代水墨画の表現の可能性を追求していった画家であり、近江八幡の自然や風俗に画題を多く求め、故郷を深く愛した人でもあった。

私も一〇年以上前に近江八幡の田園に一年以上暮らした経験があるので、杉風の絵にはことさら愛着が深い。その絵からは、近江八幡で出合った琵琶湖や山々の風景、祭りや人々の生活が髣髴とされており感慨を禁じえない。多くは親しげで穏やかな画調のものが占めるが、この絵には珍しく厳しさがにじみ出ている。だが、やはり厳しさだけではない。この二羽の白鷺には、世の逆境・逆風に抗して不器用に志を貫いて生きてゆこうとする者への杉風の温かい眼差しが注がれている。ここには、洋画全盛の世に抗して、水墨画に固執して最後までその孤塁を守り貫こうとした杉風の思いが込められているのかもしれない。

だが私は、まるでいまの自分が無言のうちに励まされているような気がして、この絵の前で釘付けとなってしまった。また、スミス記念堂の保存運動の渦中では何度もこんな心境に立たされたことがあった。そのたびに志を貫いてゆけば逆鏡や逆風もいつか暖かい順風に変わる日がやって来るにちがいないと思い返し、勇気を奮い立たせたものであった。

今度は、そんな穏やかな順風を思い抱かせてくれる器に出合った。それが比良焼の抹茶茶碗である（巻頭口絵二ページ参照）。比良焼は、琵琶湖西岸の「比良三千坊」といわれた寺社仏閣で長年にわたって茶席や懐石膳の器として用いられてきたという。江戸中期ごろまではかなりの窯元で焼かれていたらしいのだが、いまはその窯跡

比良焼茶碗

一つ発見されていない。この抹茶茶碗の地肌は茶褐色で渋い色調に包まれているが、手に取ると思わぬ軽さに驚かされ、その薄づくりでしっとりとした肌が手になじみ、なんとも心地よい。

この茶碗の側面には、二羽の水鳥が寄り添う姿が描かれている。堅田の落雁であろうか、いやいやかの杉風の絵のなかのように、逆境に抗して飛翔していった二羽の鳥たちがようやく湖面に下りて、安らぎと安堵のなかでゆったりと羽を休めているのであろうか。この茶碗に緑の抹茶が注がれ、茶席のなかでそれを静かに口に含んだときには、二羽の雁たちのように穏やかな心持ちで主客の心が通いあうのであろう。

逆境に立ち向かい志をまっとうするための強い力と、人と和し穏やかに心通わす心情の双方が人生には必要なのだと、これらの古器物は静かに語りかけているような気がする。ここに見る冬の日の暖かさと厳しさこそ、やがて来る春を実りあるものとするための準備となるのである。

エピローグ

「筒井先生、どうしてや骨董や古器物が好きになられたのですか？」

骨董や日本文化などにトンと興味がなく、どちらかといえば西洋の新しもの好きであった昔の私を知る人からよくこう尋ねられる。

それはいまから一六年前、イギリスのオックスフォード大学に一年間の留学の機会を得たときからであった。そこで私は、「歴史を刻みながら生きる」ということの本当の意味、大切さを学んだような気がする。絵葉書に描かれた一五、一六世紀ごろのオックスフォードの街並みや風景は、そのまま現代に脈々と受け継がれている。そうした歴史的な景観は、ただ単に残ってしまったというようなものではなく、人々がときにはかなりの不便さにも耐えながら必死で守り抜いてきたものなのである。そして、人々は過去から引き継いだものを土台にし、それを改良して発展させながら現代生活を営んでいる。そこには、根こそぎ他国の文化様式と入れ替えるといった断絶はない。政治的な「保守党」も革新陣営に属する「労働党」も、伝統的文化的基盤という土台の上での対立である。

オックスフォードでは、よく幾種類もあるアンティークショップを巡った。骨董ファンの友人達と訪れたお店では、日本からやって来た陶磁器や木工品にも数多く出合った。このとき、当時、愛知淑徳短期大学から来られていたやまだようこさん（現・京都大学教授）には、モノの見方、東西両洋の文化の違いなど多くのものを教えられた。改めて、感謝申し上げたい。

さまざまなお店や美術館を巡りながら、私は初めて、モノに対して理屈や書物からだけではなく五感で接することの重要性を学んだ。伝統文化というものを、直接、肌で具体的に感じ、それとともに暮らせる喜びを知った。モノと心を分離し、どちらかに偏重した見方や、西洋近代を普遍的で人類の発展史上の到達点とみる見方は近代の病であろう。

モノに心を見、心を豊かにするモノの土台があってこそ心も豊かになる。そして、私のいまの生命も暮らしも、私を育んでくれた過去からの無数の生命とそうしたモノたちの土台の上にあり、それと深くつながっているのだという当たり前のことの発見が私が日本人であるということの喜びとなって心を満たした。それは、他を排する心情ではなく、自国の文化的土壌にどっかと腰を据えて、他国の文化の魅力や違いを改めて素直に感得できる心根である。根無し草のインターナショナリズムではなく、まして独善的な国粋主義でもない、地域の歴史と文化に根を張った相互尊敬に基づくインターナショナリズムがいまほど求められている時代はない。その象徴が、本書で紹介したスミス記念堂である。

だが、留学体験だけではこれほど「過去の事物」に敏感になったとは思わない。実は、この留学期から三か年余の間に、肉親をはじめ無二の親友も含めてごく近しい大切な人が一〇人余も相次いで亡くなるという事態に遭遇し、私もまた深く病に沈んだ。この洪水のような喪失体験が、「過去」とこれからどう向き合っていくのかという根本的な問いを私に投げかけたのであった。漠然とこうした思いを胸に抱いて、留学が終わって近江に帰ると、そこにはかつて目にも留まらなかった「過去の展示場」である骨董店がまったく新たな存在意義をもって立ち現れてきた。また、以前その魅力を感じることもできなかった近江の町も、多くの文化遺産に富んだ魅力ある町として私の目に蘇った。朽ち果てそうなスミス記念堂を「発見」したのもちょうどそうした時期であった。いや、スミス記念堂だけではない。私にとっては、すべてが発見の連続であった。その軌跡が本書である。

その過程で、多くの人々に出会った。そのなかの一人、土川秀子さんについて書いた私の文章は、彼女一人にとどまらず骨董店に対する私のオマージュである。骨董店は、いわば町中にある美術館・博物館であり、そこの店員は学芸員である。残念なことに、本書に登場した幾人かのユニークな骨董店主はすでに他界されたかご高齢で引退されている。骨董店の方々には、若い人が興味津々でお店を覗いたときには是非優しく導いていただきたい。そこには、将来の柳宗悦や白洲正子が居るかもしれないのだから。

もう一つ、本書を書く過程で痛感したことは、膳所焼美術館しかり、中川美術館しかり、義仲寺の再興しかり、スミス記念堂の再建しかり、地域の貴重な文化財や建造物を自腹を切って献身的に顕彰、保全して、町づくり・地域づくりに貢献している人々が多々いることである。しかし、それらに対し、国や自治体さらに企業などからの支援が十分に行き届いているとはいえない。大変な財政力で巨大なハコモノを建てることのみが文化行政ではない。投資目当てで巨万の富を不動産や骨董につぎ込むことが、国の豊かさにつながるとは思えない。地域社会に根を張って、本物を守り発展させていこうと努力を惜しまない人々への公的・私的援助がいまほど求められているときはないのである。

本書の元になった原稿は、二〇〇四年から二〇〇七年にかけて彦根の地方誌〈ＤＡＤＡジャーナル〉に掲載したものを土台としている。それらに十数編を加え、さらに全面的に書き直して編集したものが本書である。〈ＤＡＤＡジャーナル〉の杉原正樹氏、とくに新評論の武市一幸氏には、その過程で大変お世話になった。また、お名前は記さないが、本書に登場する取材先でも多くの方々に助力していただいた。改めて、お礼を申し上げたい。また、本書では私の能力の限界から、滋賀県内にある数多くの魅力的な地域や骨董店、美術館に触れることができなかった。御寛恕を乞いたい。

最後に、本書は、ＮＰＯ法人たねや近江文庫が主催する「シリーズ近江文庫」の第一冊として刊行されることになった。こうした機会を与えていただいた株式会社たねやのご厚意に感謝申し上げる。

二〇〇七年　五月

筒井正夫

フィラデルフィア美術館　1877年、アメリカ建国100周年を、ペンシルベニア州フィラデルフィアに建設されたメモリアルホールを擁して開設された美術館。

文琳《ぶんりん》　茶入れの形状を表す言葉で、文琳とはリンゴに似た果実のことで、小振りで膨らみのある姿を文琳に擬えている。

行器《ほかい》　平安時代以降、食物を運ぶのに用いられた木製の容器で、多くは曲物で円形、外側に足がつき、黒漆塗り、杉の白木製などがある。

【ま】

三井寺　大津市園城寺町にある天台宗寺門派の総本山園城寺のこと。天智、弘文、天武の三天皇の勅願により大友与多王が田園城邑を投じて長等《ながら》山に建立（686年）、長等山園城寺と称した。平安時代以降、比叡山延暦寺や武士団との確執等から幾度となく焼かれ、また復興を遂げている。

皆口《みなくち》茶入れ　口回りが胴回りとほぼ同じで、胴部の切り立ちがそのまま口部になり、寸胴で円筒形の茶入れ。

向付《むこうづけ》　会席料理などで膳の向こう側に配される陶磁器などの器。膾・刺身・酢のものなどを入れた。

【や】

柳宗悦《やなぎむねよし》の『心偈《こころうた》』　1959年、柳宗悦が「偈」と称し折に触れて自己の美観・仏教思想・人生観などを漢字片仮名文に認めていたものの中から69首を選び、注解を付して刊行したもの。

寄棟《よせむね》桧《ひ》皮《わだ》葺《ぶき》　上部の大棟の両端から四隅に棟が降りている屋根で、檜《ひのき》の樹皮で葺いてあるもの。

【ら】

螺鈿《らでん》　おうむ貝・夜光貝・あわび貝・蝶貝などの真珠光を放つ部分をとって薄片とし、漆器あるいは木地などの面にはめ込んで装飾したもの。

琳派《りんぱ》　江戸初期の俵屋宗達が創始、中期の尾形光琳が大成した装飾画の流派で、宗達光琳派ともいう。その芸術は公卿、大名、町衆の諸層に受け入れられ、また近代の日本画・工芸意匠にも影響を与えている。

宴が催された。菊の節句。

縮緬《ちりめん》　絹織物の一つで、緯糸に強撚糊つけの生糸を用いて平織りしたあと、ソーダを混ぜた石鹸液で煮沸することによって絹の撚が戻ろうとして布面に細かく皺をたたせたもの。

堆朱《ついしゅ》**づくり**　彫漆技法の一種で、器胎の上に朱漆を何層にも塗り重ね、その上に文様を浮彫りする技法。

月次棗《つきなみなつめ》　井伊直弼の指示によって作られた各月ごとの12個の棗（薄茶を入れる容器）のセット。

東海寺《とうかいじ》　1637年、臨済宗京都紫野大徳寺の末寺として3代将軍家光の命により沢庵のために創建された寺である。現在東京都品川区にある。

土佐派　土佐行広《ゆきひろ》を祖とし、室町時代より江戸時代末までつづいた大和絵の中心的流派。宮廷絵所預を世襲し、宮廷・公家・武家・社寺などに多くの作品を残した。

【な】

海鼠釉《なまこゆう》　陶磁器に彩色する藁灰釉のうち、青みを帯びた失透性の白濁したものをいう。珪酸分の多いと斑文が現れ、海鼠に似ていることからこの呼び名がある。

なます皿　口径が15cm前後の古伊万里の皿で、少し深め。これは汁気の多い料理を盛り付けるのに用いた。酢のものを主に盛り付けていたためこの名がついた。

【は】

白圭《はくけい》**（珪）尚可磨**《なおみがくべし》　中国最古の詩集とされる『誌経』からの言葉で、完全なるみごとな玉である白圭をもなお磨くべしという意味で、謙虚さを忘れず絶えざる精進に励むべきことを諭している。

蛭手《ひるで》　和箪笥などの木工家具に取り付けられた金具の一つで、蛭がうねるような形をしているところから「蛭手」と呼ばれた。

比良三千坊《ひらさんぜんぼう》　785年、最澄が比叡山に延暦寺を建立して以来、比叡山に連なる比良山麓においても、数多くの僧坊が建てられ「比良三千坊」と呼ばれた。

【さ】

更《さら》紗《さ》　人物・鳥獣・花卉など様々な文様を手描きであるいは木版や銅板を用いて捺染《なっせん》した綿布。

佐和山城　彦根市北部にある標高233mの山。1595年には石田三成が築く。関ヶ原の戦い後井伊直政がこの地に封ぜられたが、子の直勝のときに廃城となった。

志野焼　桃山時代に美濃で焼かれた、粗いもぐさ土に長石釉を施した乳白色の陶器。釉の下に鬼板などで鉄絵を施した絵志野、鬼板などを全面に掛けた鼠志野など種類も多い。

絞《しぼ》り　糸で布帛をつまみ、また縫い締めてその後に竹皮や合成樹脂等で包んで液の浸入を防いでから染め上げる染織方法、またそうしてできた布のこと。

白鬚《しらひげ》神社　滋賀県高島市鵜川に鎮座する神社で、祭神を猿田彦大神とし、社伝によれば垂仁天皇の25年、倭姫命《やまとひめのみこと》により社殿が創建されたと伝えられる。

墨壺　大工や石工などが直線を引くのに用いる道具。

石州《せきしゅう》　千利休の長男・千道安《せんのどうあん》からその弟子桑山宗仙へと伝わった茶系で、4代将軍徳川家綱の茶道師範となった桐山石州が開いた茶道の一派。武家茶道を展開し、井伊家もこれに倣った。

染付け　白地に藍青色の絵文様のあるもので、白色胎の器面に筆で呉須など酸化コバルトを主成分とする顔料で文様を描き、その上に透明釉をかけ、強力な還元炎で焼成した加飾陶磁器である。

【た】

煙草《たばこ》盆《ぼん》　煙草用火入れ・灰吹きなどを載せる小さい箱。

玉杢《たまもく》　欅《けやき》には波型や渦巻き状の木目が現れる部分があり、「玉杢」と呼ばれて珍重されてきた。4～500年位経った木からしか「玉杢」は取れない。

重陽《ちょうよう》の節句　古代中国では奇数をめでたい陽の数とし、それが最も重なった陰暦9月9日を五節句の一つとして祝った。日本に奈良時代頃に伝わり、宮中では観菊の

花頭窓　上部が曲線状になっている窓で、禅宗建築とともに日本にもたらされた。

唐津焼　佐賀県西部から長崎県一帯にかけて焼かれた陶器。室町時代末から桃山時代にかけて焼かれ、一時廃絶したが、豊臣秀吉が朝鮮出兵のおりに連れ帰った陶工たちが、蹴轆轤《けろくろ》や連房式登り窯などの新しい技術により、地元陶工とともに操業したといわれる。

唐破風《からはふ》　玄関・門・神社の向拝などの屋根や軒に多く造られる、そり曲がった曲線状の破風（装飾板）。

閑院宮《かんいんのみや》　宝永七年（1710）に創設された世襲四親王家の一つ。明治5年から昭和20年5月まで六代載仁親王が当主。載仁親王は、陸軍大将ののち元帥の称号を賜わる。

貫乳《かんにゅう》　陶磁器表面に現れる細かなひび。貫入とも書く

木地師　轆轤《ろくろ》などを用いて木材から盆や椀などの器物をつくる職人。

擬宝珠《ぎぼし》　欄干の柱頭などにつける宝珠の飾り。

金襴手《きんらんで》　金彩色絵磁器のこと。上絵付けののち、金箔を焼きつけたり、金泥を絵の具として筆で描いたもの。

国焼《くにやき》　中国・朝鮮産の陶磁器（唐物）に対して日本国内産の陶磁器のこと。

高台《こうだい》　茶碗、鉢、皿などの本体底部の基台。

こうほね　スイレン科の多年草で、沼沢等に自生し、夏に長い花柄を水面に出し、黄色の一花を開く。

高麗《こうらい》青磁　朝鮮、高麗時代につくられた青磁。白土や赤土を用いられ、象嵌《ぞうがん》が施されたものがよく知られている。

呉須《ごす》　磁器の染付に用いる藍色顔料。

胡粉《ごふん》　日本画に用いる白色の顔料。

事 項 解 説

【あ】

安政の大獄　日米修好通商条約勅許問題・将軍後継問題に対する一橋派・尊攘派の反対運動が激化し、1858年（安政５）、大老井伊直弼はこれを弾圧。吉田松陰・橋本佐内・頼三樹三郎ら８名が死刑となった。

石山寺　大津市石山寺にある真言宗東寺派の別格本山。西国三十三所第13番札所。749年、聖武天皇の勅願により良弁が開創。

初《うぶ》だし　骨董品などを市などから仕入れるのではなく、直接使用または保管している家などから仕入れること。

越前焼　平安時代末期の12世紀後半より、福井県丹生《にゅう》郡織田町と宮崎村を中心として焼かれた焼締《やきしめ》陶（釉薬を用いない灰かぶりによる自然釉の陶器）。壺、甕などには、肩にヘラ描きによる窯印がある。

魞漁《えり》　定置漁法の一つで、河川・湖沼などで魚の通路に細長い屈曲した袋状に竹簀《たけす》を立てて魚を捕らえる漁法。

円満院　大津市園城寺《おんじょうじ》町にある天台宗の寺院。三井三門跡の一つ。長久元年（1040）12月、園城寺の僧明尊《みょうそん》の開創。

お歯黒壺　歯を黒く染める風習があり、その時お歯黒のための液を入れた小壺のこと。越前焼のものが名高く、掛け花入に転用される場合が多い。

【か】

絣《かすり》　経糸・緯糸を先に染めてから織り合わせて文様を作った織物。

形代《かたしろ》人形　人の身代わりとして厄や災いを引き受けるために作られた人形。

肩衝《かたつき》茶入れ　上方部（肩）が横に張り出した茶入。

ばれる新しい画風を創り出す。1923年には水墨画「生々流転」を発表。1937年、初の文化勲章を受章。…148

米原雲海《よねはらうんかい》　(1869～1925) 島根県生。彫刻家。高村光雲の門に入り、橋本雅邦に画技を学ぶ。1907年、山崎朝雲らと日本彫刻会を組織。代表作に『寒山子』『仙丹』等。…141

【ら】

頼山陽　(1780～1832) 漢詩人、史家。武家の歴史を記した『日本外史』は死後出版され、幕末の志士たちに読まれて山陽の名を有名にした。幕末の志士三樹三郎は山陽の三男。…141

【ろ】

六角高頼《ろっかくたかより》　(1462～1520) 南近江の戦国大名。応仁の乱では西軍に属した。応仁の乱後、公家・寺社勢力の統御を行おうとしたが、時の将軍・足利義尚や足利義稙らの反発を受ける。のちに足利との関係修復し、都の騒乱から避難してきた義澄らを庇護している。…160

【わ】

鷲尾光遍　(1879～1967) 真言宗の僧。山階派管長。大本山勧修寺門跡。大本山石山寺座主。…144

和田英作　(1874～1959) 鹿児島生。洋画家。東京美術学校卒。文展審査員。帝国美術院会員・帝室技芸員。文化勲章受賞。…263

…26、27

黙雷禅師（もくらいぜんし）（1854～1930）1868年博多崇福寺の蘭陵の門に入り、翌年亀井南溟、近藤木軒らについて漢学を修めた。姓は竹田。1880年建仁寺派に転派し、1892年から建仁寺派官長に就任。…141

森寛斎（1814～1894）萩生。日本画家。円山派の森徹山に師事し、25歳のとき徹山に認められて養子となり、維新後に多くの博覧会等で名声を高め、京都画壇の中心として如雲社を主宰。門下人に野村文挙、山元春挙らがいる。…141

【や】

保田與重郎（やすだよじゅうろう）（1910～1981）奈良県生。文芸評論家・歌人。東京帝大卒。ロマン主義と日本回帰の主張で論壇・文壇に大きな影響を与える。著書『日本の橋』『近代の終焉』等。…153～156

柳宗悦（やなぎむねよし）（1889～1961）東京都生。美術評論家・宗教哲学者。手仕事の民衆的工芸美の評価と育成を図る民芸運動を、陶芸家河井寛次郎、浜田庄司、バーナード・リーチらとともに進める。…11、91～94、171、212、230～233、285

山岡鉄舟（1835～1888）江戸生。幕末・明治の剣術家・政治家。千葉周作の門に入り、のち無刀流を開く。また槍術を山岡静山に学び、山岡家を継ぐ。維新後は静岡県権大参事・茨城県参事等を歴任。…109、110

山元春挙（1871～1933）本文参照。…129、135、138～141、143～146、148～150、179

山本梅逸（やまもとばいいつ）（1782～1856）画家。尾張生。頼山陽・貫名海屋・梁川星巌らと親交し、詩歌・煎茶・鑑識にも長じた。晩年、尾張藩の御用絵師。…194

楊守敬（1838～1915）中国の学者・書家。号は隣蘇老人。明治13年、駐日公使の随員として来日。『日本訪書志』（16巻）を著す。…33

横山大観（1868～1958）水戸市生。東京美術学校第1期生、卒業。岡倉天心や菱田春草らとともに日本美術院を創立。朦朧体と呼

挿絵を描き、また『続近世畸人伝』を著す。俳諧も能くした。…192

三熊《みくま》露香《ろか》　文化（1804～1817）頃の人。女流画家。三熊花顚の妹。呉春に桜花の画法を学ぶ。…192

皆川《みながわ》淇園《きえん》　（1734～1807）儒学者。詩書画を能くする文人。『名疇』を著し、京都で儒学を講じて多くの儒者を養成した。著書『淇園詩話』『問学挙要』等。
…124、143

三橋《みつはし》節子《せつこ》　（1939～1975）大阪生。日本画家。京都市立美大卒。日本画家鈴木靖将と結婚、大津三井寺近在に居住し、近江の民話を題材とした作品を制作。鎖骨腫瘍のため右腕を切断後は左手で描き、『花折峠』で滋賀県芸術祭賞受賞。
…177

宮本順三　（1915～2004）本文参照。…64～70

三宅一生　（1938～　）広島県生。ファッションデザイナー。多摩美術大卒業後、パリに留学。73年にパリ・コレクションに初参加。97年に紫綬褒章、2005年に世界文化賞を受賞。…228

明恵《みょうえ》上人《しょうにん》　（1173～1232）紀伊生。華厳宗の僧。後鳥羽上皇より栂尾山を賜わり、高山寺を創建。著書に『摧邪輪』等。…234

向井《むかい》去来《きょらい》　（1651～1704）肥前国長崎生。俳人。庵号落柿舎。1684年以降芭蕉に師事し、翌年嵯峨落柿舎に隠棲。『猿蓑』編纂の任を与えられる。蕉風随一の俳論書として評価の高い『去来抄』等を著した。…151、154

村山たか女　（1809～1876）近江多賀神社尊勝院主尊賀の娘。詩歌に長じ、井伊直弼、長野主膳とも親交を深め、政治情報収集にも協力した。1862年勤皇派の志士達に捕らえられ三条川原に晒される。晩年は、京都金福寺に弁天堂を庵んで、尼僧として直弼・主膳・帯刀らの冥福を祈って暮らした。
…42

鳴鳳《めいほう》　湖東焼の陶工、絵師。1852年より3年間彦根に滞在し、赤絵・金襴手などの名品を生む。献上品の作成でも著名。「洞笙館主人」「湖東」「湖東鳴鳳」の銘あり。

波多野庄平 （1813〜1892、初代）京都生。龍文堂四方安平の弟子となり、のちに亀文堂として独立。頼山陽の教えを受け、安政の大獄にかかわり幽閉される。明治初期から滋賀県能登川町に居を移し、鋳金を業とする店を営む。…48

服部土芳(はっとりとほう) （1657〜1730）伊賀上野生。俳人。松尾芭蕉の感化により俳諧に専念し、『猿蓑』刊行に際しては29名もの伊賀俳人の作を入集。さらに、芭蕉の聞書『三冊子』を書き残し、『蕉翁句集』『蕉翁文集』『奥の細道』の三部作も完成させた。…188

福森雅武 （1944〜　）伊賀市生。7代続く伊賀焼窯元土楽窯のオーナー。…231

藤原鎌足 （614〜669）藤原氏の祖。中大兄皇子（のちの天智天皇）の側近として、蘇我蝦夷・入鹿を打倒。大化改新を主導し、律令国家体制の基礎を築いた。…76

藤原房前 （681〜737）奈良時代の政治家。藤原不比等の二男で北家の祖。…76

ブレーク，ウィリアム （1757〜1827）イギリスの神秘主義思想家・詩人・版画家・画家。著書『無垢と経験の歌』『天国と地獄の結婚』等。…204

本阿弥光悦 （1558〜1637）京都生。能書・陶芸・漆芸などの芸術家。徳川家康より拝領の鷹峯に多くの工芸家とともに移住し、光悦村とよばれるいわば芸術村を開く。「光悦流」と言われた華麗で装飾的な書、国宝「不二山」に代表される茶碗を作陶。…130、131

【ま】

松尾芭蕉 （1644〜1694）本文参照。…124、151、152、154、155、188、258、260

円山応挙 （1733〜1795）丹波生。画家。円山派の祖。狩野派の画法を学び、幽汀の写生的画法に、宋・元画の技法を取り入れると共に西洋画の遠近法を研究。動植物の写生を最も能くする。…177

三熊花顚(みくまかてん) （1729〜1794）京都生（一説に加賀生）。画家。写生画風に長じ、殊に桜の画を得意とした。伴高蹊著『近世畸人伝』の

中林《なかばやし》梧《ご》竹《ちく》　（1827～1913）佐賀県生。書家。名は隆経。書は篆・隷・楷・行・草の各体にわたり、長鋒柔毫の筆を駆使して規模の大きい闊達な作品を多く残した。…33

中村元麻呂　井伊直忠氏が当主の頃井伊家の家職を務め、御道具係として東京本宅の土蔵にある絵画や刀剣、その他文化財の手入れ、点検を行う。…81

鍋井克之　（1888～1969）大阪生。洋画家。第二回二科展で二科賞を受け、渡欧後二科会会員となる。のちに小出楢重・黒田重太郎らと信濃橋洋画研究所を設立する。二紀会創立会員。芸術院賞・大阪市民文化賞受賞。…65

奈良本辰也　（1913～2001）山口県生。日本史家、前立命館大学教授。幕末維新史に関する書や評伝のほか、京都・骨董・庭・滝等に関する著書多数。…iv、170、171

仁《にん》阿《あ》弥《み》道八《どうはち》　（1782～1855）二代高橋道八。京都の陶工。代々道八を名乗り仁阿弥は二代にあたる。父の家業を継ぎ、29歳で京都五条坂に開窯。楽焼色絵陶器においては琳派の画風を応用した雲錦手が著名。手ひねりで人物、動物の置物、彫塑の名手でもあった。…179

野口謙蔵　（1901～1944）滋賀県生。洋画家。東京美術学校西洋科で黒田清輝・和田英作に師事。帝展審査員・東光会会員。近江蒲生野の田園風景の四季と農村風俗に対する深い愛情に溢れた珠玉の作品を残した。…29、30、262、263、265、266

【は】

パーソンズ，アルフレッド（1847～1920、Alfred William Parsons）イギリス・サマセット州生。風景画や植物画を得意とし、王立水彩画家協会会長を務める。1896年、『NOTES IN JAPAN』を著す。…38、40，44

白廷菁　（1888～1981）1925～44年まで彦根高等商業学校で中国語を教える。専門は中国語の詩韻に関する研究で、日本人向けの中国語教科書も執筆した。…70

を受け品川に東海寺を創建。
…143

竹内栖鳳(せいほう) (1864〜1942)京都生。日本画家。土田英林や四条派の幸野楳嶺に師事し、第1回内国絵画共進会に入選。渡欧後号を栖鳳と改め、清新な画風を開いた。京都市立絵画専門学校教授を務めた後、第1回文化勲章を受賞。門下には、上村松園、土田麦僊、小野竹喬、徳岡神泉らがいる。
…138、148

谷 清右衛門(たに せいえもん) (1913〜)信楽町生。郷土史家として古窯調査や古陶資料の収集を行う一方で、古信楽・古伊賀の再現を目指す陶芸家。1970年代に桂又三郎らと行った古窯跡分布調査は、古信楽研究の重要な基礎資料となっている。
…225

張月樵(ちょうげっしょう) (1771〜1832)近江生。画家。名古屋に住し、藩命により城内の杉戸・襖・屏風等を描く。長沢蘆雪と親交があり、奇抜な着想と斬新な意匠で、花鳥・人物を能くした。著書『不形画譜』。
…194

蝶夢上人(ちょうむしょうにん) (1731〜1795)別号五升庵・泊庵。俳諧は机墨庵宋屋に学ぶ。仏に仕える傍ら各地を旅行。高潔・篤実・敬虔な一仏徒で、職業俳人ではなかった。
…152

東郷清児 (1897〜1978)洋画家、本名鉄春。有島生馬に師事し、仏留学後、独特なデフォルメされた柔らかな曲線と色調で描かれた女性像で名を馳せる。二科会会長。日本芸術員賞受賞。文化功労者。
…65

【な】

中島誠之助 (1938〜)東京青山で骨董店「からくさ」を営む。骨董・古美術鑑定家。テレビ番組『開運!なんでも鑑定団』に鑑定士としてレギュラー出演中。…9

長野主膳(ながの しゅぜん) (1815〜1862)名は義言(よしとき)。国学・歌道の師として井伊直弼が師事し、藩主の時弘道館国学方に召し抱えられ、大老就任後は懐刀的存在となるも、1862年の政変で斬罪に処せられる。著書『古学答問録』『沢之根世利』など。
…31、38、40、41、44、165

に北面武士として仕えたのち出家。平清盛・時忠、崇徳院・徳大寺実能らと交わる。仏道修行、和歌に励み、『新古今集』に94首収められ、家集に『山家集』がある。…154、196、197、234

佐々木義賢　（1521～1598）戦国期の近江の守護大名。六角弾正定頼の子。大坪流馬術、弓術を学び、弓馬の道に優れた明主といわれ、佐々木流馬術の宗師となった。…125

志村ふくみ　（1924～　）近江八幡生。柳宗悦の民芸運動に参加していた実母に機織りを習い、染織作家の道を歩き始める。57年、第4回日本伝統工芸展に初入選。90年には「紬織」の重要無形文化財保持者に認定。93年、文化功労者。…228、229

白洲正子　（1910～1998）東京都出身。青山二郎・小林秀雄らと親交を深め、能、工芸、骨董、きもの、短歌、仏教美術、近江、西行、明恵上人などに関する多くの著作を刊行。…ｖ、228、229、231～235、285

スミス，パーシー・アルメリン
（1876～1945）アメリカ・イリノイ州生。聖公会牧師。英語教師。1903年に来日し、1925年に彦根高等商業学校英語教師として赴任し、布教活動も行いながら和風のスミス記念礼拝堂を建設する。1939年、アメリカへ帰国。…66、67、87、88

赤水　（1808～1868）湖東焼の陶工、絵師。名は善次郎。上田華堂に絵を習い、彦根に1852～68年滞在。錦手・金襴手・銀欄手、色絵の品を作り、「赤水」「湖東赤水」「湖東赤水造」等の銘がある。…25

【た】

高橋楽斎（三代）　（1899～1976）江戸期から続く楽斎窯の三代目。上田直方と並び称される信楽焼きの名工。ブラッセル万国博覧会大賞。滋賀県重要無形文化財保持者。…226

沢庵　（1573～1645）臨済宗の僧。37歳で大徳寺153世の住職。1629年に大徳寺の強行派を率い、幕府の宗教行政に抵抗し流罪（紫衣事件）。のち、徳川家光の帰依ダブリンに育ち、渡米して新聞記者となる。1890年来日後、日本に帰化し、夫人の小泉家を継いで小泉八雲と名乗る。島根県松江、熊本で教師を勤め、東京帝国大学文科大学講師となり英文学を講ずる。

…11

幸斎(こうさい) 湖東焼の陶工、絵師で、姓は岡。もと飛騨高山の僧で、1767～1833年の間彦根に滞在し、錦手・金襴手・細密画の名手として活躍。作品は墨味を帯びた赤で光沢が抑えられているのが特徴。
…25、27

後白河法王 (1127～1192) 保元の乱後、58年には上皇となり、69年には出家して法皇となって院政を行う。源平の争いのなか、権謀術数を用いて朝廷の権威の存続を謀った。造寺・造仏・参詣を行い、『梁塵秘抄』を編纂。…150

籠手田安定(こてだやすさだ) (1840～1899) 旧平戸藩士。貴族院議員。元老院議官・島根県令・新潟県知事・滋賀県令・知事等を歴任。…110

近衛政家(このえまさいえ) (1445～1505) 戦国時代に関白・太政大臣を務めた近衛家の13代当主。応仁・文明の乱に際し、家伝の古文書を京都の岩倉に疎開させた。近江八景の和歌8首を詠んだことでも知られる。
…160

小林一三(いちぞう) (1873～1957) 山梨県出身。阪急、東宝、宝塚少女歌劇団などの創始者。40年、商工大臣、45年、国務大臣兼戦災復興院総裁に就任。茶人としても著名。
…135

小林秀雄 (1902～1983) 東京生。評論家。東京帝国大学仏文科を卒業。29年『改造』の懸賞評論『様々なる意匠』で文壇に登場。著書に『無常といふ事』『モオツアルト』『本居宣長』など。
…228

小堀遠州 (1579～1647) 近江坂田郡小堀村(長浜市)生。江戸初期の武家、茶人。遠州流茶道の開祖。遠州の名は1604年、従五位下遠江守に叙任されたことによる。
…128、130、132、149

【さ】

西行 (1117～1190) 平安後期の歌人。名は佐藤義清。鳥羽上皇

門の高弟。15歳ごろ芭蕉門に入る。芭蕉他界の前日、大坂の病床に参じえて葬儀万端を済ませ、追悼俳諧・俳文集『枯尾華』を刊行。…151

北大路魯山人　(1883～1959)京都生。陶芸家・篆刻家・料理研究家・書家・画家。大正期から大雅堂美術店を開き、美食倶楽部星岡茶寮を営み、料理に適した食器を求めて昭和の初めから作陶を試みる。…228

絹屋半兵衛　(?～1860)江戸後期彦根城下、石ヶ崎村に生まれる。呉服商を営むが、1829年、工人を有田等から招いて、彦根城南の晒山に窯を築き湖東焼を創始。湖東焼は1842年に彦根藩の藩窯となる。…iv、4、256

紀貫之　(872?～945)平安前期の歌人。『古今和歌集』の撰者、『土佐日記』の作者、『新撰和歌集』の編者として著名である。三十六歌仙の1人。…187

九鬼隆一　(1850～1931)兵庫県生。枢密顧問官・男爵。文部官僚・駐米特命全権公使を務めながら、美術行政・美術奨励に務める。東京美術学校開設にも尽力。…144

日下部鳴鶴　(1838～1922)本文参照。…30～36、42、43、112

黒田清輝　(1866～1924)鹿児島県生。洋画家。パリに留学中に山本芳翠らを知り洋画を志す。久米桂一郎と画塾天真道場を設立。白馬会を結成し、明治洋画壇革新の中心人物となった。東京美術学校西洋画科初代教授。貴族院議員。…263

黒田辰秋《たつあき》　(1904～1982)京都生。木工・漆芸作家。漆匠の父亀吉に学ぶ。柳宗悦らの民芸運動に共鳴、昭和2年に上賀茂民芸協団に参画する。昭和43年、皇居新宮殿調度品を制作。日本工芸会理事。重要無形文化財保持者。…228

元正《げんしょう》天皇　(680～748)第44代天皇。養老律令編纂完成、「日本書紀」完成、三世一身の法の制定を見た。…76

小泉八雲　(1850～1904)ラフカディオ・ハーン。ギリシア生。

大東義徹 （1842〜1905）本文参照。…36、42、43

大村益次郎 （1825〜1869）山口県出身。緒方洪庵に師事し、蘭学と兵学を学び、長州藩の軍事指導者として戊辰戦争に活躍。維新後に兵部大輔となり、近代軍隊の創出を進めたが、守旧派により暗殺。…iv、v

岡島波香（はこう） （1863〜？）彦根藩士で井伊家の家職を務めた絵師。岡島正夫の父。…94

岡島正夫 （1890〜1986）彦根生まれの日本画家。号は徹州。1912年、京都市立美術工芸学校（現京都芸術大学）絵画科を卒業。花鳥画、虎図などを得意とする。…72〜74、94

岡本半介 （1811〜1898）彦根藩家老。井伊直弼が藩主・大老の時、開国に反対し攘夷を唱えて罷免される。直弼亡き後の1862年、長野主膳や宇津木六之丞を斬首して藩論を勤皇に転換させた。…31、41

織田瑟瑟（しつしつ） （1779〜1832）本文参照。…194、195

【か】

可水 幕末、湖東焼の陶工、絵師。1843年頃彦根に確認できる。井伊直弼の兄十男「親良」という説もある。久平窯の土焼の素地を使用し、赤色が白みを帯び、表面が荒れているのが特徴。…26

狩野探幽 （1602〜1674）江戸前期の画家。鍛冶橋狩野派の祖。永徳の孫。狩野派に新風をもたらし、同派中興の祖と仰がれた。15歳にして将軍の御用絵師となり、江戸城、二条城、名古屋城などの公儀の絵画制作に携わった。…160

河瀬敏郎 （1948〜 ）京都生。花人。幼少より池坊の花を学ぶ。日本の原初の生花である「立花」と、千利休により大成された「なげいれ」の形式に基づき、花をいけることを通して独自の創作活動を展開。著書に『花会記』など。…228、229

其角（きかく） （1661〜1707）江戸生。姓は宝井。江戸中期の俳人。芭蕉

上村松篁《しょうこう》　(1902～2001) 京都生。日本画家。本名信太郎。母は上村松園。京都市立絵画専門学校を卒業。1948年創造美術の結成に加わり、74年の創画会創立に参画した。文化功労者。文化勲章受章。…80

ヴォーリーズ (William Merrell Vories)　(1880～1964) 米カンザス州生。1905年、県立近江八幡商業学校教師として来日。近江キリスト教伝道団(後の近江兄弟社)を設立し、医療事業やメンソレータム販売、伝道活動、学園経営を行う。建築事務所を開いて、日本人の生活に適した西洋近代建築を数多く残した。1941年日本国籍を得て、一柳米来留《ひとつやなぎめれる》と改名。…45

宇津木六之丞《うつぎろくのじょう》　(1809～1862) 彦根藩士。13歳のときに伯父宇津木景俊の養嗣子となる。1854年、井伊直弼の側役となり信認を得るも、1862年の政変で失脚し斬罪される。著書に『公用方秘録』。…31、41

永楽和全《えいらくわぜん》　(1823～1892) 京都出身の陶工。11代永楽保全《ほぜん》の長男。染付、赤絵、交趾、仁清写、特に赤絵金襴手に秀でた。仁清《にんせい》の窯跡を再興し『おむろ』名を使用した。…25、179、180、192

役《えん》の行者《ぎょうじゃ》　7世紀後半の山岳修行者。日本の山岳宗教である修験道の開祖として崇拝される。大和国葛上郡茅原郷に生まれ、葛城山に入り、山岳修行しながら葛城鴨神社に奉仕した。陰陽道神仙術と密教を日本固有の山岳宗教に取り入れて、独自の修験道を確立した。…77、78、83

大谷光瑞《おおたにこうずい》　(1876～1948) 真宗本願寺派本願寺第22世宗主。法名は鏡如。信英院と号する。ヨーロッパに留学後。その帰次西域の探検を行い、インド、中央アジアなどの資料を持ち帰った。西本願寺住持を継職と同時に本願寺派管長となる。『大谷光瑞全集』がある。…144

大谷尊由《おおたにそんゆう》　(1886～1939) 宗教家・政治家。京都生。西本願寺21世光尊の4男、22世光瑞の弟。号は心斎。画を中島華陽に学び「心斎」と号。書、茶道にも堪能であった。貴族院議員、第一次近衛内閣の拓務相となる。…144

津平蔵町の船屋を継ぎ、太郎兵衛と称した。1867年、石川嶂とともに長崎へ行き造船技術を学び、大聖寺藩が建造資金を出資し、69年３月、木造蒸気船「一番丸」を就航させた。…172

伊東陶山《とうざん》　(1846～1920) 京都生まれの陶芸家。亀屋旭亭、三代高橋道八、村田亀水らの指導を受ける。山城朝日焼の復興に尽力。明治29年、京都陶磁器同業組合の頭取となって陶磁器試験場と伝習所を設立。大正９年、滋賀県膳所焼の復興に尽力。…129

糸屋宗仙　奈良・中筋町の漢方医で、慶長年間に白瓜を酒粕に漬けて奈良漬を製造し、大阪夏の陣の際に徳川家康に献上。家康は、天下を取った後に宗仙を江戸に呼び寄せ幕府御用の奈良漬商として抱かえた。…214

茨木《いばらぎ》杉風《さんぷう》　(1898～1976) 日本画家。滋賀県生。本名は芳蔵。近藤浩一路に師事し、また太平洋画会研究所で洋画も学ぶ。日本美術院院友となるが、のちに退会し小林巣居人《そうきょじん》らと新興美術院を結成。日本学士会名誉会員。…280、281

今井兼平《かねひら》　(1152？～1184) 平安時代後期の武将。木曽義仲の乳母の子。1180年、義仲の平家追討の挙兵以来義仲と運命を共にし、義仲が戦死するとすぐさまその後を追って自刃を遂げた。JR石山駅北側に、膳所《ぜぜ》藩主本多俊次が建立した兼平の墓がある。…150

巌谷《いわや》一六《いちろく》　(1834～1905) 政治家。書家、漢詩人。名は修。近江水口藩医の家に生まれる。明治維新後は内閣書記官、貴族院議員などを務める。書家として著名で、日下部鳴鶴らと近代書道の発展に努め、一六流の一派を開いた。…33、112

上田《うえだ》直方《なおかた》５代　(1927～) 滋賀県生。信楽焼の陶工の５代目。1946年、京都国立陶磁器試験所伝習科修了し、父４代直方に指導を受けて茶陶制作に専念。1991年、滋賀県指定無形文化財。…226

上村松園　(1875～1949) 日本画家。本名津禰。1887年、京都府画学校に入学、鈴木松年、竹内栖《せい》鳳《ほう》らに師事し、独自の美人画を構築する。1948年、女性で初の文化勲章を受賞。…80

井伊直忠　（1880～1947）東京生。井伊直弼の孫、井伊直憲の次男で彦根市長となった直愛氏の父。号を琴堂《きんどう》といい、能楽書・能衣装などの収集に努める。…78

井伊直政　（1561～1602）遠江に生まれ、若年より徳川家康旗本軍の有力武将となる。上野国箕輪城12万石を賜ったが、その後関が原の戦いで勲功を立て、石田光成の居城佐和山城を与えられ初代彦根藩主となる。…4

池大《いけのたい》雅《が》　（1723～1776）江戸中期の文人画家。京都生。中国の絵画を独習したが、その作風は単に中国南宗画の模倣ではなく、桃山以来の障屏画、土佐派や琳派などの装飾画法、また西洋画の写実的画法に受容し、品格の高い名作を数多く残した。…141

石川嶂《たかし》　（1839～1913）大聖寺藩士の子に生まれる。大津で蒸汽船を建造後の1869年８月、七尾造船所の閉鎖に伴いその設備を借り受け、金沢藩兵庫製鉄所を開設した。石川新聞主幹、また伏木・直江津間汽船の創設者の一人。…172

石川忠総《ただふさ》　（1582～1651）大垣藩主の子に生まれ３代藩主。徳川家康・秀忠の信任厚く、大坂冬・夏の陣でも戦功をあげる。その後豊後、下総へ移封の後、初代近江膳所藩主となる。…128、132

石田光成　（1560～1600）近江坂田郡石田村に生まれ、豊臣秀吉に仕える。秀吉に認められて近江佐和山21万石の城主となるも、関が原の戦いに敗れ、斬首に処せられた。…4、107

石《いし》本《もと》暁《ぎょう》海《かい》　（1888～1935）島根県出身の彫刻家。1907年、同門の山崎朝雲らと日本彫刻会を組織、木彫による日本固有の彫刻美を追求する一方、塑造にも才能を示す。代表作に『寒山子』などがある。…141

板倉重宗《しげむね》　（1587～1656）駿府生まれ。徳川家光時代の京都所司代。下総国関宿城主。在任中は幕藩体制確立期にあたり、朝幕関係において幕府の威信を高めつつ平和的維持に努めた。…132

一《いち》庭《ば》啓《けい》二《じ》　（1844～1911）京都の商家加賀屋に生まれる。のち大

人名索引

【あ】

青木木米(あおきもくべい) (1767〜1833)京都生。文人画家・陶工。奥田頴川(おくだえいせん)に陶法を学び、粟田に築窯。染付・青磁・赤絵・南蛮等の作風を受けて、煎茶器を中心に独自の境地を開く。…25、179

青根九江(あおねきゅうこう) (1804〜1854)彦根城下の下魚屋町(現城町)で藩主御用の茶屋の子として生まれ、山本梅逸(ばいいつ)の門人となり、京都に出て活躍した。花鳥画、山水画を得意とした。…194

青柳恵介 (1950〜)東京生まれ。成城学園教育研究所に勤務。専門は中世国文学であるが、古美術評論家として美術雑誌にエッセイを寄稿する。著書に『骨董屋という仕事』など。…228

青山二郎 (1901〜1979)東京都生。美術評論家、骨董鑑定家、装丁家。10代より絵画や陶器に親しみ、中国・朝鮮・日本の陶磁器を究める。柳宗悦らの民藝運動に参画するも離脱。小林秀雄・白洲正子にも大きな影響を与えた。…228、229、231

荒川豊蔵 (1894〜1985)岐阜県生。陶芸家。北大路魯山人の助手を務めて、のち志野・瀬戸黒など桃山時代の焼物の再現に尽力。また、長男武夫と共に水月窯を築窯した。重要無形文化財保持者。文化勲章受章。…228

井伊直亮(なおあき) (1794〜1850)彦根藩第12代藩主。大老を務める。直弼の異母の兄。…iv、25、26

井伊直弼 (1815〜1860)彦根藩第13代藩主。幕府大老として勅許を待たずに日米修好通商条約など安政五ヶ国条約を結び、将軍後継者に家茂を決定。これに反対する一橋派や尊皇攘夷派を弾圧(安政の大獄)するも、水戸・薩摩の浪士たちによって暗殺される(桜田門外の変)。…iv、4、20、22、25、27、28、31、32、34、38、40〜42、44、88、165、166、255、259

「シリーズ近江文庫」刊行のことば

美しいふるさと近江を、さらに深く美しく

海かともまがう巨きな湖。周囲230キロメートル余りに及ぶこの神秘の大湖をほぼ中央にすえ、比叡比良、伊吹の山並み、そして鈴鹿の嶺々がぐるりと周囲を取り囲む特異な地形に抱かれながら近江の国は息づいてきました。そして、このような地形が齎したものなのか、近江は古代よりこの地ならではの独特の風土や歴史、文化が育まれてきました。

明るい蒲生野の台地に遊猟しつつ歌を詠んだ大津京の諸王や群臣たち。束の間、古代最大の内乱といわれる壬申の乱で灰燼と化した近江京。そして、夕映えの湖面に影を落とす廃墟に万葉歌人たちが美しくも荘重な鎮魂歌（レクイエム）を捧げました。

源平の武者が近江の街道にあふれ、山野を駈け巡り蹂躙の限りをつくした戦国武将たちの国盗り合戦の横暴のなかで近江の民衆は粘り強く耐え忍び、生活と我がふるさとを幾世紀にもわたって守ってきました。全国でも稀に見る村落共同体の充実こそが近江の風土や歴史を物語るものであり、近世以降の近江商人の活躍もまた、このような共同体のあり様が大きく影響しているものと思われます。

近江の自然環境は、琵琶湖の水環境と密接な関係を保ちながら、そこに住まいする人々の暮らしとともに長い歴史的時間の流れのなかで創られてきました。美しい里山の生活風景もまた、近江を特徴づけるものと言えます。

いささか大胆で果敢なる試みではありますが、「ＮＰＯ法人　たねや近江文庫」は、このような近江という限られた地域に様々な分野からアプローチを試み、さらに深く追究していくことで現代的意義が発見できるのではないかと考え、広く江湖に提案・提言の機会を設け、親しき近江の語り部としての役割を果たすべく「シリーズ近江文庫」を刊行することにしました。なお、シリーズの表紙を飾る写真は、本シリーズの刊行趣旨にご賛同いただいた滋賀県の写真家である今森光彦氏の作品を毎回掲載させていただくことになりました。この場をお借りして御礼申し上げます。

2007年６月

ＮＰＯ法人　たねや近江文庫

理事長　山本徳次

著者紹介

筒井正夫（つつい・まさお）

1955年、横浜生まれ。52歳。
1985年一橋大学大学院経済学研究科後期博士課程　単位取得退学
現在、滋賀大学経済学部教授。専門は、近代日本経済史、地方行財政史（都市と農村）、近代化遺産・ヴィジュアル資料の保存とまちおこし、近江商人等の研究。
現在彦根市史・愛知川町史・日野町史の編纂に従事。
〔主要論文〕
「城下町における近代都市の成立」『歴史と経済』第183号、2004年４月
「スミス記念堂の保存運動をめぐる市民運動とまちおこし」『彦根論叢』第348号、2004年５月
「地方改良運動と農民」『20世紀日本の農民と農村』所収、東京大学出版会、2006年１月

《シリーズ近江文庫》
近江骨董紀行
―城下町彦根から中山道・琵琶湖へ―　　（検印廃止）

2007年６月25日　初版第１刷発行

著　者　筒　井　正　夫
発行者　武　市　一　幸

発行所　株式会社　新　評　論

〒169-0051 東京都新宿区西早稲田３-16-28
電話　03(3202)７３９１
振替・00160-1-113487

落丁・乱丁はお取り替えします。
定価はカバーに表示してあります。
http://www.shinhyoron.co.jp

印刷　フォレスト
製本　桂　川　製　本
装幀　山　田　英　春

ISBN978-4-7948-0740-3

〈シリーズ近江文庫〉刊行記念

第1回　「たねや近江文庫　ふるさと賞」
懸賞作品募集

主催：NPO法人 たねや近江文庫

後援：株式会社たねや　株式会社クラブハリエ

美しいふるさと近江を、さらに深く美しく

応募規定を記した上記パンフレットをご希望の方は、下記へご連絡下さい

〒529-1303　滋賀県愛知郡愛荘町長野415番地
NPO法人たねや近江文庫「たねや近江文庫ふるさと賞」係
電話：0749-49-5932／FAX：0749-42-5775
E-mail: omibunko@taneya.co.jp

NPO法人 たねや近江文庫

日牟禮の地に月日を重ねてきたヴォーリズ建築。
瀟洒なその建物の2階に、たねやは2004年11月18日に数年にわたる準備期間を終え、
念願のNPO法人「たねや近江文庫」を設立致しました。
深く豊かな表情の近江の大湖。その大湖にも似て、近江の風土と歴史は
古代より様々に表情を変えながら私たちに美しく、また興味深く語りかけてくれます。
当文庫ではこのようなたねやのふるさと近江をより深化し、
近江の語り部さながらいろいろな角度から情報を発信していきたいと思っております。
現在、近江文庫の本拠地はたねや本社に移転しておりますが、
関連する書籍や美術品の蒐集・保存・公開のみならず、
美しいふるさと近江のこれからの環境保全などについても、
志を同じくする団体や人々との連携のもと積極的に取り組み活動していきます。